JÜRGEN HÖLLER

UN
ZER
STÖR
BAR

Die Kunst, niemals aufzugeben

AF850450

NXTLVL

Bibliografische Information der Deutschen Nationalbibliothek
Die Deutsche Nationalbibliothek verzeichnet diese Publikation in der Deutschen Nationalbibliografie; detaillierte bibliografische Daten sind im Internet über dnb.dnb.de abrufbar.

Wir freuen uns auf eure Anregungen und Fragen
info@nextlevelverlag.de

Wichtiger Hinweis
Die im Buch veröffentlichten Empfehlungen wurden von Verfasser und Verlag erarbeitet und geprüft. Der Inhalt dieses Buches beruht ausschließlich auf den persönlichen Erfahrungen des Autors und erhebt keinen wissenschaftlichen Anspruch. Die benutzten Begrifflichkeiten sind wertfrei. Eine Garantie kann dennoch nicht übernommen werden. Ebenso ist die Haftung des Verfassers bzw. des Verlages und seiner Beauftragten für Personen-, Sach- und Vermögensschäden ausgeschlossen.

Originalausgabe
1. Auflage 2026
© 2026 NXT LVL GmbH, An der Dornwiese 2, 82166 Gräfelfing
www.next-level-verlag.de
Alle Rechte vorbehalten.

Dieses Buch ist urheberrechtlich geschützt. Jede Verwertung ist ohne Zustimmung des Autors nicht zulässig. Das gilt gleichermaßen für Vervielfältigungen, Übersetzungen, Verfilmungen und Einspeicherung und Verarbeitung in elektronischen Systemen. Wir behalten uns die Nutzung der Inhalte für Text und Data Mining im Sinne von § 44b UrhG ausdrücklich vor. Falls die Publikation Links zu externen Webseiten Dritter enthält, haben wir auf deren Inhalte keinen Einfluss; für diese fremden Inhalte können wir keine Gewähr übernehmen. Rechtswidrige Inhalte waren zum Zeitpunkt dieser Veröffentlichung nicht erkennbar.

Auch wenn eine gendergerechte Sprache wünschenswert ist, gibt es aus Sicht des Verlages bisher keine befriedigende, gut lesbare Lösung. Der leichten Lesbarkeit zuliebe haben wir des Öfteren von der Doppelung männlicher und weiblicher Formen Abstand genommen. Selbstverständlich liegt es uns fern, dadurch einen Teil der Bevölkerung zu diskriminieren.

Korrektorat: Christiane Otto
Satz: inpunkt[w]o
Cover- und Umschlaggestaltung: www.b3k-design.de, Andrea Schneider & diceindustries
Druck: GGP Media GmbH, Pößneck
Printed in the EU

ISBN Print: 978-3-68936-024-5
ISBN E-Book (PDF): 978-3-68936-025-2
ISBN E-Book (EPUB, Mobi): 978-3-68936-026-9

Inhalt

VORWORT: VERHAFTET

Ein für mich unvorstellbarer Tiefpunkt ereignete sich am 31. Oktober 2002. Es war Halloween, 12:30 Uhr. Meine beiden Söhne, Alexander (sechs) und Maximilian (zwei), saßen mit mir im Wohnzimmer und bastelten Masken. Damals war es auch in Deutschland gerade modern geworden, dass Kinder von Tür zu Tür zogen und um »Süßes oder Saures« baten. Mit kindlicher Begeisterung und vollem Eifer waren sie bei der Sache. Alexander, der später Maler werden sollte, zeigte schon damals handwerkliches Geschick. Maximilian hingegen war einfach mit dabei.

Meine Frau Kerstin öffnete die Tür von der Küche zum Wohnbereich und sagte, sie wolle kurz in den Supermarkt fahren, um etwas für das Mittagessen einzukaufen. Kurz darauf fuhr sie los.

Gegen 13:15 Uhr klingelte es an der Haustür. Ich stand auf und öffnete. Draußen standen zwei Polizisten in Zivil – Männer, die schon seit einiger Zeit gegen mich ermittelten.

»Grüß Gott, Herr Höller«, sagten sie.

»Was kann ich für Sie tun?«, fragte ich.

»Wir müssen mit Ihnen aufs Präsidium fahren«, antwortete einer.

Ich erwiderte: »Oh, das ist gerade wirklich ungünstig. Ich bastle mit meinen Kindern Halloween-Masken. Können wir das nicht auf morgen verschieben?«

»Nein, das geht leider nicht. Sie müssen jetzt mitkommen«, sagte der zweite Beamte bestimmt.

»Wie lange wird es denn dauern?«, fragte ich.

Die beiden sahen sich an und grinsten – in meiner Erinnerung: gehässig. »Das könnte ein wenig länger dauern«, sagte der eine.

»Wie lange genau?«, fragte ich erneut.

Wieder tauschten sie Blicke. Der eine antwortete mit einem hämischen Grinsen: »Vielleicht ein paar Jahre.«

Ich verstand nicht und fragte, was das heißen solle.

Daraufhin zog einer der Beamten ein Schriftstück aus seiner Jackentasche, zeigte es mir und erklärte sachlich: »Herr Höller, dies ist ein Haftbefehl. Wir müssen Sie jetzt mitnehmen. Sie sind verhaftet.«

In diesem Moment brach meine Welt zusammen. Ich konnte nicht mehr denken. Es war, als würde ich mit Tempo 300 in meinem Ferrari (den ich mittlerweile verkauft hatte) gegen eine Betonwand rasen.

Die Polizisten rieten mir, ein paar Kleidungsstücke und etwas Geld einzupacken. Ich warf hastig einige Sachen in eine Reisetasche und ging zurück ins Wohnzimmer, wo meine beiden Söhne immer noch voller Inbrunst bastelten.

Zu Alexander sagte ich: »Ich muss jetzt leider weg, und es kann lange dauern, bis wir uns wiedersehen. Aber vergiss nie, dass Papa dich lieb hat – und dass ich wiederkomme, egal, wie lange es dauert.«

Alexander schaute kurz auf und sagte nur: »Ja, ja, Papa, ist schon gut. Lass mich bitte weiter basteln.«

Ich nahm ihn kurz in die Arme. Die Tränen liefen mir übers Gesicht. Auch von Maximilian verabschiedete ich mich – aber mit seinen zwei Jahren konnte er noch nicht begreifen, was es bedeutet, wenn etwas »lange dauert« …

Ich verließ das Haus gemeinsam mit den beiden Beamten – in diesem Moment fuhr Kerstin vor. Sie stieg aus und fragte: »Wo willst du denn hin? Ich wollte doch gerade Mittagessen machen.«

Ich antwortete flüsternd, kaum ein Wort herausbringend: »Die beiden Herren haben mich gerade verhaftet. Ich muss aufs Präsidium.«

Daraufhin stammelte sie – in einer Mischung aus Schluchzen, Weinen und Schreien: »Aber warum denn? Du bist doch kein schlechter Mensch. Warum verhaften sie dich?«

Wir nahmen uns in die Arme und heulten beide wie die Schlosshunde. Nach nur zwei, drei Sekunden wurden wir von den Polizisten unsanft getrennt. Noch heute frage ich mich, warum man mir damals nicht etwas mehr Zeit ließ, mich würdevoll von meiner Frau zu verabschieden.

Ich wurde auf die Rückbank des Autos gesetzt, die beiden Beamten stiegen ebenfalls ein. Kerstin kam langsam näher und legte ihre Hand von außen an die Seitenscheibe, während ich meine Hand von innen dagegen presste. Es war kalt, die Scheibe beschlug um unsere Hände herum. Der Motor startete, der Gang wurde eingelegt, und das Auto fuhr los. Unsere Hände glitten auseinander. Ich blickte zurück – das letzte Bild war Kerstin, wie sie auf der Straße zusammenbrach.

Wie hatte es nur so weit kommen können? Ich war von ganz oben nach ganz unten gestürzt. Noch zwei Jahre zuvor war ich eine halbe Milliarde schwer gewesen, hatte Welt-, Europa- und Deutsche Meister trainiert, war in praktisch jeder deutschen Talkshow zu Gast gewesen und hatte einen Nummer-1-Bestseller veröffentlicht. Meine Seminare füllten die größten Hallen in Deutschland, Österreich und der Schweiz – im Jahr 2000 allein mit 250.000 Teilnehmern. Diese Veranstaltungen glichen Rockkonzerten.

Die Presse hatte mir viele Etiketten verliehen: »Einer der 25 größten Redner unserer Zeit« (*GQ*), »Einer der 500 wichtigsten Deutschen« (*Bunte*), »Der Nummer-1-Motivationstrainer Europas« (fast alle Medien), »Der Erfolgsguru« (*Bild*) – und vieles mehr.

Und nun hatte ich alles verloren.

Es war nicht die erste Krise meines Lebens – und es sollte auch nicht die letzte sein …

Zeitsprung: 2. Dezember 2018, 18:30 Uhr. Ich stehe auf der Bühne der ausverkauften Münchner Olympiahalle und kündige unseren Stargast bei den legendären Power-Days an. 10.000 Menschen springen auf, jubeln, schreien, drängen nach vorn. Vor der Bühne: 40 bis 50 Kameras der Presse aus verschiedenen Ländern.

Der Stargast ist mein Vorbild seit meinem 16. Lebensjahr. Einer meiner großen Lebensträume war es, diesem Menschen zu begegnen – und nun kündige ich ihn an. Gleich wird er auf die Bühne kommen, einen Vortrag halten, und ich werde ihn zu seinem außergewöhnlichen Leben und seinen Erfolgsstrategien interviewen.

Er erhält einen Preis, den ich ins Leben gerufen habe: den Lifetime Award for Success. Der Mann heißt: Arnold Schwarzenegger.

Ich hatte es wieder geschafft: Ich war wieder Europas Nr. 1.

In diesem Buch werde ich dir meine offene, ehrliche, schonungslose – und manchmal selbst für mich surreal erscheinende – Lebensreise schildern. Ich gebe dir tiefe Einblicke in alles, was passiert ist: meine Niederlagen, meine Erfolge, meine Höhen und Tiefen, mein Leiden, meine Kämpfe, meine Triumphe – und meine Tragödien.

Mittlerweile habe ich die 60 überschritten und fülle noch immer große Hallen mit meinen Seminaren. Ich bin erfolgreicher denn je. Vor kurzem erhielt ich von der *Financial Times* die Auszeichnung Long-Term Growth Company 2025. Das bedeutet, dass die Jürgen Höller Academy das 287. am schnellsten wachsende Unternehmen in den letzten 10 Jahren in Europa ist. Darum maße ich mir an, dir in diesem Buch – das ich als autobiografischen Ratgeber verstehe – auch Strategien, Werkzeuge und ein positives Mindset zu vermitteln, mit denen du deine eigenen Krisen meistern, Probleme lösen und Ziele erreichen kannst.

Mein Wunsch: Dass du dein volles Potenzial ausschöpfst. Ich bin überzeugt: Jeder Mensch trägt es in sich – ganz gleich, wo er herkommt, welche Ausbildung oder Beziehungen er hat, oder wie viel Geld ihm zur Verfügung steht.

Ich habe ein Ziel mit diesem Buch: ein geglücktes Leben. Einen geglückten Erfolg.

PS: Während meiner Haftzeit schrieb ich das Buch *Und immer wieder aufstehen*. Darin beschreibe ich meine Haftzeit schonungslos – und liste die zehn Schritte auf, die ich durchlaufen habe, um diese Lebenskrise mental zu bewältigen. Du kannst es dir gratis runterladen:

KAPITEL 1: DIE ABENTEUERREISE BEGINNT

Plötzlich wurde meine heile Welt zur Hölle. Alle vier Wände rückten auf mich zu, pressten mich von allen Seiten zusammen, bis mir die Luft wegblieb. Der Sauerstoff in meinem Gehirn wurde knapp. Gerade als ich an der Schwelle zur Todesangst stand, gaben mich die Wände wieder frei. Was war los? Bis dahin hatte ich in einer intakten Welt gelebt – meinem Paradies, in dem ich versorgt wurde, reichlich Sauerstoff bekam und von Liebe umgeben war. Doch plötzlich wurde alles durcheinander gerüttelt. Kaum hatte ich mich wieder beruhigt und das Ganze als einmaligen Ausrutscher abgetan, begann es von vorn. Noch einmal derselbe Ablauf. Und es geschah nun immer wieder – in immer kürzer werdenden Abständen. Schließlich war es soweit: Die Wände pressten mich mit solcher Kraft voran, dass ich durch einen Ausgang geschoben wurde. Es dauerte so lange, dass ich glaubte, mein letztes Stündlein hätte geschlagen. Genau in dem Moment, in dem ich aufgeben wollte, war ich plötzlich befreit – und erblickte am 19. Oktober 1963, kurz nach acht Uhr morgens, das Licht der Welt.

Genauer gesagt: Es war weniger das Licht der Welt als vielmehr das grelle Scheinwerferlicht im gynäkologischen OP-Saal des St. Josef-Krankenhauses in Schweinfurt. Ich wurde so stark geblendet, dass ich ein paar Tage lang nichts sehen konnte. (Heute ist das Licht bei der Geburt eher gedämpft.) Es war zudem bitterkalt. Ich hatte neun Monate lang bei tropischen 36,5 Grad gelebt, aber damit niemand – vor allem nicht die werdende Mutter – ins Schwitzen kam, herrschten im Kreißsaal gerade einmal 21 Grad. (Auch das hat sich inzwischen geändert: Wie ich bei der Geburt meiner beiden Söhne erlebte, wird heute auf eine höhere Raumtemperatur geachtet, damit das Neugeborene keinen so großen Temperaturschock erfährt.) Zu allem Überfluss wurde ich an den Füßen gepackt, senkrecht nach oben gehoben – und zur Begrüßung in der neuen Welt bekam ich gleich den ersten Schlag meines Lebens auf den nackten Hintern. (Auch das ist heute glücklicherweise anders. Ich habe nie ganz verstanden, warum wir früher einen neuen Erdenbürger so empfangen haben. Heute wird das Baby auf den Bauch der Mutter gelegt, und Mama und Papa freuen sich über den kleinen Neuankömmling.)

Da war ich also. Und hätte ich gewusst, was alles auf mich zukommen würde – welche Abenteuer ich erleben, welche Siege ich erringen und welche Niederlagen ich erleiden würde –, dann hätte ich vermutlich einen Puls von 250 gehabt.

Meine Mutter Heidemarie, die sich überall nur als Heidi vorstellte, und mein Vater Horst waren mit 21 Jahren Eltern geworden – für mich heute unvorstellbar. Welche Lebenserfahrung hat man mit 21? Welches Wissen bringt man da mit? Wie soll man ein Baby großziehen, wenn man noch nicht einmal wirklich mit sich selbst umgehen kann? Meine Mutti – für mich war und ist sie immer »die Mutti« – hatte Friseurin gelernt. Sie wurde 1941 mitten im Krieg geboren. Ihre Familie besaß nicht viel, aber immerhin betrieben sie ein wenig Landwirtschaft, was ihnen ein bescheidenes Auskommen sicherte.

Mein Vater hatte es von Anfang an schwerer. Als er 1942 geboren wurde, war sein Vater gerade im Russlandfeldzug gefallen. Seine Mutter – meine Oma Elsa – heiratete erneut. Leider war der neue Mann alkoholsüchtig und neigte dann betrunken zur Gewalt – sowohl gegenüber meiner Oma als auch gegenüber meinem Vater und dessen Halbbruder. Meine Oma zog sich zunehmend zurück, wurde eigenbrötlerisch und sonderbar. Die Familie war arm. Das bedeutete, dass mein Vater schon mit fünf oder sechs Jahren bei den Bauern im Dorf auf dem Feld helfen musste, wenn er etwas zu essen haben wollte. Diese Notwendigkeit begleitete ihn durch seine gesamte Schulzeit.

Mit 14 fand er seinen Stiefvater erhängt auf dem Dachboden. Doch mein Vater hatte einen ausgeprägten Überlebenswillen. Irgendwie schaffte er seinen Schulabschluss, fand selbstständig eine Lehrstelle als Bauschlosser, bezahlte sich ein Moped auf Raten von seinem schmalen Lehrlingsgehalt – und kämpfte sich durchs Leben.

Der Höhepunkt seiner Woche war die Tanzveranstaltung am Samstagabend in Heugrumbach, einem kleinen Dorf in der Nähe von Schweinfurt. Dort lernten sich meine Eltern kennen. Mein Vater war ein leidenschaftlicher Tänzer. Er fiel meiner Mutter auf, forderte sie auf – und ab diesem Moment wollte er nur noch mit ihr tanzen. Und wie es in den frühen Sechzigern noch oft geschah – die Antibabypille war gerade erst erfunden worden –, kündigte ich mich bald darauf an.

Nach meiner Geburt musste meine Mutter mit dem Arbeiten aufhören und kümmerte sich fortan um mich, meinen Vater und den Haushalt. Das war damals üblich. Frauen, die gleichzeitig Mutter und berufstätig waren, waren selten und wurden von der Gesellschaft kritisch beäugt, wenn nicht ausgegrenzt. Wie sich die Zeiten ändern: Heute sehen sich Frauen, die sich ganz auf die Familie konzentrieren wollen und nicht berufstätig sind, teils demselben Argwohn ausgesetzt.

Meine Eltern hatten nichts. Auch von ihren Familien erhielten sie kaum Unterstützung – von Papas Seite überhaupt nichts, von Mamas Seite immerhin ein paar D-Mark zum Start.

Dann zogen wir nach Schweinfurt, in eine winzige Wohnung in einem Reihenhaus. Unten wohnten die Eigentümer mit vier Kindern, oben wir. Unsere Wohnung bestand aus einem kleinen Wohnzimmer, einer winzigen Küche von vielleicht vier Quadratmetern, einem Schlafzimmer und einem kleinen Bad – das war alles. Mein Vater arbeitete praktisch rund um die Uhr, um die Familie zu ernähren. Damals war ein zehnstündiger Arbeitstag ganz normal, auch der Samstag war ein voller Arbeitstag. Zusätzlich suchte er sich einen Nebenjob. Kam er abends von seiner

Schicht, aß er kurz etwas, um danach noch ein paar Stunden auf irgendeiner privaten Baustelle zu arbeiten. So kann er locker auf 60-70 Wochenarbeitsstunden. Heute sind 40 Stunden die Woche schon ein Alptraum …

Bis ich viereinhalb war, lebten wir am Stadtrand von Schweinfurt. Ich weiß nicht warum, aber ich habe noch erstaunlich viele Erinnerungen an diese Zeit. Ich hatte ein Kettcar, mit dem ich wild auf dem Gehweg herumfuhr. Kinder durften damals, auch wenn sie noch klein waren, allein nach draußen. Niemand hatte Angst. Es gab kaum Autos. Wir spielten Fußball auf der Straße. Im Winter liefen wir mit unseren Schlitten den Hügel direkt hinterm Haus hoch und rodelten stundenlang hinunter.

Ein Erlebnis ist mir besonders im Gedächtnis geblieben: Ich war krank, und die Kinderärztin machte einen Hausbesuch – ja, das gab es damals noch. Während sie mich untersuchte, spielte mein bester Freund Peter – einer der vier Kinder der Hausbesitzer – mit mir unter dem Tisch. Die Ärztin trug einen Rock, und wir, neugierige Jungs, schauten, was sich darunter verbarg. Ich muss damals etwa drei oder vier Jahre alt gewesen sein – es ging bei mir wohl früh los …

Ich erinnere mich auch an einen Nachbarjungen, den ich ein bisschen dominierte. Ich war der aufgeweckteste Junge in unserer Straße – quasi der *Leader of the Gang,* der Anführer der Kinderbande. Und dieser Junge stand irgendwie unter mir. Eines Tages warf ich ihn in ein Brennnesselfeld, um ihm klarzumachen, wo sein Platz war. Er lief weinend nach Hause. Damals ließ mich das kalt. Aber wenige Jahre später, als ich erfuhr, dass er an Leukämie gestorben war, belastete mich diese Erinnerung schwer. Noch lange dachte ich daran zurück und bedauerte, ihn damals so behandelt zu haben.

Trotzdem war mein Leben herrlich. Ich war glücklich. Wir hatten in den ersten Jahren kein Auto, aber ich durfte manchmal bei meinem Vater auf dem Moped mitfahren. Das war ein großartiges Gefühl. Vielleicht ist es kein Wunder, dass ich auch heute noch nichts lieber tue, als mit meiner Harley durch die Gegend zu fahren …

Das erste Auto – ein weißer VW-Käfer – bekamen wir, als ich etwa vier Jahre alt war. Es war ein aufregender Tag, als mein Vater mit dem

Wagen vorfuhr. Alle Nachbarn kamen zusammen, bestaunten das Auto, und mein Vater war sichtlich stolz. Doch bald wurde die winzige Wohnung mit ihren geschätzten 25 bis 28 Quadratmetern zu klein für uns. Also zogen wir nach Schwebheim, einen Vorort von Schweinfurt. Ich verstand das nicht. Warum sollten wir weg von diesem wunderbaren Ort, weg von meinen Freunden?

Plötzlich befand ich mich in einem neuen Dorf, in dem ich niemanden kannte. Meine Mutter meldete mich direkt im örtlichen Kindergarten an. Aber von dem Moment an war ich ständig krank. Ich bekam eine eitrige Mandelentzündung nach der anderen. Kaum war ich eine Woche gesund, kam die nächste. Es fiel mir schwer, Freunde zu finden – ich war der Außenseiter. Nach etwa einem Jahr wurden mir schließlich die Mandeln entfernt. Damit lag ich zum ersten Mal allein im Krankenhaus – eine Woche lang. Und doch habe ich gute Erinnerungen an diese Zeit: Zur Kühlung meines Halses gab es täglich zweimal Eiscreme. Manchmal kann etwas Negatives eben auch etwas Gutes mit sich bringen.

Ich war etwa fünfeinhalb Jahre alt, als ein Schulpsychologe in den Kindergarten kamen. Ich war ausnahmsweise einmal gesund und anwesend. Sie führten Tests durch, um festzustellen, welche Kinder bald eingeschult werden konnten. Ich nahm daran teil. Danach eröffneten die Psychologen meinen überraschten Eltern, dass ich bereits intelligent genug sei, um im kommenden September eingeschult zu werden. Meine Eltern stimmten erfreut zu. Sie glaubten, mir – und vermutlich auch sich selbst – damit etwas Gutes zu tun. Ein Jahr früher in die Schule zu kommen, bedeutete schließlich, ein Jahr früher die Schule zu beenden, ein Jahr früher Geld zu verdienen – und ein Jahr weniger auf Kosten der Eltern zu leben.

So kam ich im September 1969 mit fünf Jahren in die Schule. Ich war im Schnitt sechs bis acht Monate jünger als meine Klassenkameraden. Die anderen Kinder kannten sich aus dem Kindergarten und lebten meist schon ihr ganzes Leben lang in Schwebheim. Sie waren eine eingeschworene Gemeinschaft – und ich war der zugezogene Außenseiter. Hinzu kam: Ich war einer der Kleinsten und Schmächtigsten. Und es stellte sich heraus, dass ich praktisch keinerlei sportliches Talent besaß. Weder konnte ich gut Fußball spielen noch glänzte ich in anderen Sportarten. Ich war während meiner gesamten Schulzeit schon hoch zufrieden, wenn ich eine Drei in Sport bekam.

Mein Vater hatte einen handwerklichen Beruf erlernt und arbeitete als Fabrikarbeiter. Ein paar Monate vor meiner Geburt hatte sein Cousin, mein Onkel Alois, ihm ein Angebot gemacht: Er sollte gemeinsam mit ihm in die Versicherungsbranche einsteigen. Onkel Alois hatte ein Angebot der Allianz angenommen, absolvierte eine mehrmonatige Ausbildung am Bodensee und wollte danach als Versicherungsvertreter durchstarten. Mein Vater hatte ernsthaft darüber nachgedacht und hätte das Angebot gern angenommen – aber ich war bereits unterwegs. Also stand er vor einer Entscheidung zwischen Herz und Verstand. Schließlich hörte er nicht auf sein Herz, sondern auf den Verstand, und nahm das Angebot einer Fabrik in Schweinfurt an: der FAG Kugelfischer Georg Schäfer. Dort hatte er einen sicheren Arbeitsplatz und einen ordentlichen Lohn.

Später erzählte er mir oft von dieser Entscheidung, diesen beiden Wegen. Er verteidigte seine Wahl leidenschaftlich, doch ich spürte, dass sie an ihm nagte. Denn Onkel Alois machte Karriere, verdiente viel Geld, hatte später viel Freizeit und reiste durch die Welt. Mein Vater hingegen arbeitete bis zu seiner Rente hart in der Fabrik. Ich verstehe ihn heute gut. Er war sehr jung und musste Verantwortung übernehmen. Aber ich schwor mir damals: Ich werde nie aus Vernunftgründen eine bedeutende Entscheidung treffen. Ich wollte nicht später so wie mein Vater zurückblicken und bereuen, eine Chance nicht genutzt zu haben.

Mit der Zeit wurde mir immer klarer, dass ich Risiken eingehen wollte. Hätte ich mehr von meinem Vater, wäre mir zwar einiges erspart geblieben. Aber weil ich bei wichtigen Entscheidungen auf mein Herz hörte, meiner Intuition vertraute, konnte ich eben auch diese Karriere machen, meine Träume leben und dorthin gelangen, wo ich heute stehe.

Und auch wenn die Ausbeute nicht immer überragend war – sie reichte zum Überleben. Denn jenseits der bekannten Fischgründe liegt das unbekannte Gewässer. Dort findet man neue Chancen, aber auch mehr Gefahren: unbekannte Riffe, vielleicht Piraten oder gefährliche Tiere. Viele Menschen leben lieber innerhalb ihrer Komfortzone. Sie kommen irgendwie durch. Sie führen ein Leben, um nichts zu verlieren – ein Leben, das auf bloßes Überleben ausgerichtet ist. Ich jedoch habe mich irgendwann entschieden, ein Leben zu führen, bei dem ich gewinnen kann. Dafür braucht es Mut. Man muss bereit sein, die Komfortzone zu verlassen.

Kennst du die Geschichte von der Muschel und dem Adler? In einem alten indischen Märchen heißt es, dass der liebe Gott die Muschel und den Adler erschuf. Zur Muschel sagte er: »Dir schenke ich Sicherheit. Wenn Gefahr droht, musst du nur deine beiden Schalenhälften schließen, und niemand kann dir etwas anhaben. Aber du wirst einen Preis zahlen: Langeweile. Du wirst immer an einem Ort bleiben, dort festwachsen. Du wirst dich nicht bewegen. Dein Leben verläuft jeden Tag gleich. Klappe auf. Klappe zu. Vorausschaubar. Berechenbar. Aber langweilig.«

Zum Adler sagte er: »Dir schenke ich die Freiheit. Du kannst fliegen, wann du willst, wohin du willst, wie hoch du willst, so oft du willst, mit wem du willst – niemand wird dich aufhalten. Du bist frei. Aber auch du musst einen Preis zahlen: Unsicherheit. Du musst jeden Tag Beute machen. Wenn du an einem Tag keine findest, musst du am nächsten doppelt so viel jagen. Und wenn du Junge hast, vielleicht sogar viermal so viel.«

Dann wandte sich der liebe Gott an eine Seele, die sich auf das Leben vorbereitete, und stellte ihr eine Frage: »Und nun entscheide: Willst du im nächsten Leben Muschel oder Adler sein?«

Diese Frage stelle ich jetzt dir: Möchtest du Muschel oder Adler sein? Willst du leben, um nicht zu verlieren – oder willst du leben, um zu gewinnen?

LEARNINGS KAPITEL 1:

1. Folge immer deinem Herzen.
2. Im Zweifel zwischen Herz und Verstand: Vertraue immer deinem Herzen.
3. Entscheide dich – willst du Muschel oder Adler sein? Und wenn du ein Adler bist, dann verlasse deine Komfortzone und ergreife dein Potenzial.
4. Habe den Mut, die Chancen, die das Leben dir bietet, zu nutzen.

AUTOSUGGESTION:

Ich folge immer meinem Herzen.

Anwendung der Autosuggestion:

In jedem Kapitel wirst du eine oder mehrere Autosuggestionen finden. Wenn du das Buch vollständig gelesen hast, dann schreibe dir die für dich 10 wichtigsten Auto-Suggestionen auf einen A4-Zettel, hänge ihn an deinen Badezimmerspiegel und wiederhole sie täglich – am besten mindestens zehnmal. Noch wirkungsvoller ist es, wenn du sie auswendig lernst, dich vor einen Spiegel stellst, dir direkt in die Augen schaust (denn die Augen sind das Fenster zur Seele) und dir die Sätze mit viel Emotion direkt ins Unterbewusstsein sprichst.

Als ich vor vielen Jahren in meinen Seminaren mit den Autosuggestionen begann, wurde ich dafür belächelt – und von sogenannten seriösen Psychologen kritisiert. Heute gibt es weltweit Studien, die zeigen, wie wirksam die Kraft der Autosuggestion ist, um uns selbst zu beeinflussen. Mache es täglich so wie ich – oder lasse es bleiben. Du bist der Schöpfer deines Lebens …

Schon vor 3.000 Jahren kannte man diese Wirkung: Beim ägyptischen Tempelschlaf erzählten Kranke abends in den Tempeln den Priestern von ihren Leiden. Danach legten sie sich schlafen und die Priester setzten sich für etwa eine halbe Stunde neben die Schlafenden und flüsterten ihnen positive Botschaften ins Ohr. Die Folge: Die beflüsterten Patienten genasen schneller und besser als die übrigen.

Der französische Apotheker Émile Coué (1857–1926) erkannte, dass die Wirkung von Medikamenten davon abhing, welche Worte er bei der Ausgabe an die Patienten verwendete. Er experimentierte schließlich mit Placebos und stellte fest, dass diese oft dieselbe Wirkung erzielten wie echte Arzneimittel. So reiste er mit seiner Methode der Autosuggestion durch Europa und feierte große Erfolge. Leider sorgte er nicht für Nachfolger, und nach seinem Tod geriet seine Methode zunächst in Vergessenheit – vielleicht auch deshalb, weil die aufkommende Pharmaindustrie wenig Interesse daran hatte, den Menschen dieses wirkungsvolle Werkzeug weiterzugeben …

Erst mit der New-Age-Bewegung in den USA wurde die Autosuggestion wiederentdeckt – durch Autoren wie Dale Carnegie, Joseph Murphy, Norman Vincent Peale, Brian Tracy, Jim Rohn, Tony Robbins oder in Deutschland durch Kurt Tepperwein, Nikolaus Enkelmann und letztlich auch durch mich selbst.

Deshalb lege ich dir dringend ans Herz: Nimm diese Technik ernst. Belächle sie nicht. Menschen mit einem erhöhten Bewusstsein wissen um die Kraft ihrer Worte. Wenn du einmal mein Seminar »Lifing – Die Kunst, erfolgreich und glücklich zu leben« besuchst, wirst du ein Experiment erleben, das dir ganz praktisch zeigt, wie stark deine Worte dich beeinflussen – an dir selbst, direkt messbar.

KAPITEL 2: NUR EIN KIND MIT EINEM TRAUM

So saß ich also mit fünf Jahren erwartungsvoll am ersten Schultag in der ersten Reihe, stolz wie Oskar mit meiner Schultüte. Und was da für Sachen drin waren: Schokolade, Bonbons, Gummibärchen, ein Schreibmäppchen mit Stiften, Radiergummi, Spitzer, ein paar Hefte – einfach herrlich. Nun gehörte ich schon zu den größeren Kindern. Ich war ein Schulkind! (Hätte ich geahnt, wie schlimm ich die Schule später empfinden würde, hätte ich mir den ersten Schultag wohl gleich erspart.)

Wir hatten einen Lehrer namens Hansel. Es dauerte keine zwei Tage, bis er den ersten Schüler – einen Jungen aus meiner Klasse – mit Daumen und Zeigefinger an den Schläfenhaaren packte und kräftig nach oben zog. Er hatte geschwätzt. Und es vergingen keine weiteren zwei Schultage, bis ich zum ersten Mal ein großes, langes Lineal auf meinen Fingern spürte. In dem Moment, als er zuschlug, dachte ich: Was ist denn das für eine Scheiße?

Zwar war es nicht so, dass ich zu Hause nie eine Ohrfeige bekommen hätte oder ein paar auf den Hosenboden (aber nur ganz, ganz selten!) – aber das hier war etwas anderes. Ich war in der Schule, auf die ich mich so gefreut hatte, und dieser Mensch zog uns an den Haaren, dass es mir die Tränen in die Augen trieb. Er schlug mir so fest auf die Finger, dass sie noch eine Stunde später schmerzten.

Zum Glück dauerte diese Phase der physischen Bestrafung nur ein paar Monate an – dann wurde wohl irgendein Gesetz erlassen, ein Verbot eingeführt. Zumindest hörte die körperliche Züchtigung noch im Verlauf der ersten Klasse auf.

Einige Jahre später, als ich bereits auf dem Gymnasium war, begegneten einige von uns diesem Lehrer an der Hauptschule wieder. Doch diesmal waren wir alle schon 15, der eine oder andere sogar schon 16 Jahre alt. Und nun rächten sich die Schüler an Lehrer Hansel. Einmal hoben sie in einer Gruppe sein geparktes Auto – eine Ente – in der Straße vor der Schule immer wieder an und rückten es dabei jeweils einen halben Meter weiter, bis das Auto schließlich um die Ecke in einer Seitenstraße verschwand. Als Lehrer Hansel dann von der Schule kam, war sein Auto weg. Er rief die Polizei. Diese kam, nahm alles auf – und entdeckte das Auto um die Ecke. Die Polizisten fragten ihn, ob er denn zu viel getrunken habe.

Ein anderes Mal ging es wirklich ans Eingemachte: Einer der Schüler, der besonders unter Lehrer Hansels körperlichen Misshandlungen gelitten hatte und seinerzeit deshalb auf eine Sonderförderschule hatte wechseln müssen – ehe er Jahre später wieder auf die Hauptschule zurückkehrte –, lauerte ihm auf und verpasste ihm eine Tracht Prügel. Wie ich auf der Bühne manchmal sage: »Alles, was man weggibt – ob positiv oder negativ – kommt wie ein Bumerang zurück.«

Doch zurück zur ersten Klasse: Ich war etwa sechs bis acht Monate jünger als die anderen Kinder in der Klasse, die sich untereinander gut kannten. Ich war ein Zugezogener – noch dazu einer, der ständig krank war. Und nun war ich auch noch einer der Kleinsten, Schmächtigsten und Schwächsten der Klasse. Darüber hinaus hatte ich irgendwie keinerlei Talente geerbt – so erschien es mir damals zumindest. Ich war in allen Sportarten eher mittelmäßig oder schlecht. Ich war immer heilfroh, wenn es mir irgendwie gelang, eine Drei im Sport im Jahreszeugnis zu bekommen.

Vor allem beim Fußballspielen hatte ich einfach kein Talent. Mein Vater spielte dagegen regelmäßig Fußball. Und wenn er dann ab und zu bei mir im Dorf zuschaute, saß ich meistens als Auswechselspieler auf der Bank. Ich sah, wie er an der Seitenlinie litt – und ich schämte mich. Wenn ich dann eingewechselt wurde, wollte ich es besonders gut machen, es ihm zeigen. Doch bereits den ersten Ballkontakt vertändelte ich. Den ersten Pass schoss ich ins Aus. Und ich hörte, wie der Trainer, die Mitspieler und die wenigen Zuschauer aufstöhnten und abfällige Bemerkungen über mein Fußball-Desaster machten. Und ich sehe heute noch das Gesicht meines Vaters – wie er sich für mich schämte.

Mein Papa war Handwerker und wirklich geschickt mit seinen Händen. Er reparierte alles bei uns im Haushalt. Ich dagegen war handwerklich eine Katastrophe. Auch im künstlerischen Bereich – ob Malen, Singen, Musizieren oder gar Tanzen – war ich eine Niete. Heute springe ich zwar frisch, fröhlich, begeistert bei meinen Seminaren während der Powerbreaks auf der Bühne umher – aber selten im Takt und ohne tänzerisch anmutende Ausstrahlung. (Dafür aber voller Elan und Begeisterung …)

Da ich damals zwar durchaus intelligent war (sonst wäre ich ja nicht schon vor meinem sechsten Lebensjahr in die Schule gekommen), aber leider auch mit einem Gendefekt zur Welt kam, der »bequem und faul sein« hieß, konnte ich zwar noch mit guten Noten die ersten vier Klassen der Grundschule bewältigen und aufs Gymnasium wechseln – doch von da an nahm das Unheil seinen Lauf. Und so kann ich mich nicht erinnern, als Kind oder Jugendlicher jemals von meinen Eltern gehört zu haben, dass sie stolz auf mich gewesen seien, weil ich etwas gut konnte.

Darüber hinaus war ich ungeschickt. Wenn ich beim Spülen helfen musste (Geschirrspülmaschinen gab es ja noch nicht), fiel mir gleich der erste Teller auf den Boden – und das Geschrei war groß. Na ja, alles Schlechte hat ja auch immer etwas Gutes an sich (wie ich später dann in größeren Dimensionen erfahren sollte): Ich wurde vom Spüldienst offiziell befreit, um die Haushaltskasse nicht dauerhaft zu belasten. (Okay, ich gebe zu: Der Teller fiel mir nicht ganz aus Versehen herunter …)

Weil ich in der Grundschule kleiner und schwächer war als alle anderen in der Klasse, wurde ich mehr und mehr zum Außenseiter. Wenn es im Turnunterricht darum ging, dass die zwei besten Fußballspieler der Klasse zwei Mannschaften bildeten, blieben am Ende immer zwei übrig, die keiner in seinem Team haben wollte: der Dicke in der Klasse – und ich. (Anmerkung: Damals gab es in der Klasse einen Dicken. Alle anderen waren normalgewichtig. Heute gibt es oft nur einen Normalgewichtigen – und alle anderen sind zu dick … sorry, ist nur Spaß …)

Und wenn es darum ging, wer mal wieder eine Abreibung bekommen sollte – wer wurde ausgesucht? Der Dicke in der Klasse und ich. (Na gut, das habe ich jetzt ein wenig übertrieben, aber in die Richtung ging es schon.) Denn wenn es zu einer handgreiflichen Rangelei kam – und das war meistens bei den etwas dooferen und primitiveren Schülern der Fall – dann war ich der Unterlegene.

Aus dem *Leader of the Gang* der ersten fünf Lebensjahre wurde in den nächsten fünf Jahren ein eher introvertierter, nicht auffallen wollender, sich zu klein, ungenügend und schwach fühlender Außenseiter und Einzelgänger. Als ich später mein Leben analysierte, wurde mir klar, dass ich damals einen Minderwertigkeitskomplex entwickelte. Und dieser sollte zugleich Fluch und Segen für mich werden. Segen, weil er mich antrieb, wachsen und größer werden zu wollen, Bedeutung zu erlangen und Anerkennung zu bekommen. Und gleichzeitig Fluch, weil das, was ich erreichte, nie genug war – ich wollte immer noch mehr.

Ich sollte im Außen lange Zeit nie das finden, was ich im Inneren zu wenig hatte: Selbstwertgefühl und Eigenliebe.

Ich habe im Laufe meines Lebens wohl an die 700 Auto- und Fremdbiografien über erfolgreiche und berühmte Persönlichkeiten gelesen. Bei den meisten fiel mir auf, dass auch sie in ihrer Kindheit Außenseiter und Einzelgänger waren. Franz Beckenbauer wuchs in armseligen Verhältnissen auf den Straßen Giesings auf. John D. Rockefeller war eines von elf Kindern einer armen Hausiererfamilie. Muhammad Ali war ein Abkömmling eines Sklaven und bekam automatisch den Nachnamen des Sklavenbesitzers Clay (deshalb sein Geburtsname Cassius Clay) und wurde in seiner Heimatstadt in den Südstaaten selbst als Olympiasieger geächtet; ihm wurde als »schwarzer Nigger« (bitte nicht falsch verstehen – so wurde er von den Kneipenbesitzern genannt) der Zutritt zu den Lokalen verweigert.

Udo Jürgens war ein ständig krankes, schwächliches Kind. Arnold Schwarzenegger wuchs als Sohn eines kriegsgeschädigten Nazis auf, der ihn äußerst hart anpackte. Und Elon Musk war ein hyperintelligenter Nerd, der von seinen Mitschülern regelmäßig verprügelt wurde. Albert Einstein konnte bis zu seinem vierten Lebensjahr kaum ein Wort sprechen, und es heißt, dass in einem seiner Zeugnisse der Kommentar stand: »Albert ist geistig zurückgeblieben, gegenüber seinen Mitschülern unsozial und scheint für immer in seinen törichten Träumen gefangen.«

Mir wurde klar, dass es durchaus ein Turbo sein kann, sich als Kind ausgegrenzt und klein zu fühlen. Denn es gibt dann nur zwei Möglichkeiten. Erste Möglichkeit: sich anpassen und unter gar keinen Umständen auffallen, um nicht wieder neuen Ärger auf sich zu ziehen – also alles genauso machen wie die breite Masse. Wer so denkt wie die Masse, wer so entscheidet wie die Masse, und wer das tut, was die Masse tut, der fällt nicht auf – und gilt als »normal«. So verhalten sich fast 95 Prozent aller Menschen. Die restlichen 5 Prozent, die anders denken, entscheiden und handeln, sind in den Augen der Masse automatisch unnormal.

Aber was heißt eigentlich »normal« und »unnormal«? Normal bedeutet schlicht, der Norm der Mehrheit zu entsprechen. Und unnormal heißt, gegen die Norm der Masse, der Mehrheit, zu verstoßen. Es bedeutet nicht, dass normal sein richtig oder falsch ist. Normal zu sein bedeutet auch nicht, dass diese Lebensweise nicht funktioniert. Es bedeutet nur: nicht auffallen. Wer aber genauso denkt, entscheidet und handelt wie die Masse, bekommt auch das, was die Masse bekommt: nichts. (Also gut – in der Regel bekommt man gerade so viel, dass man irgendwie überleben kann.)

Und deshalb sage ich: Normal zu sein ist scheiße!

Wer sich vom Denken, den Entscheidungen und Handlungen der Masse entfernt – also ver-rückt ist – hat die Chance, mehr zu bekommen. Aber dafür muss er einen Preis zahlen:

1. Phase: Wir werden ausgelacht.
2. Phase: Wir werden beneidet und misstrauisch beäugt.
3. Phase: Wir werden manchmal sogar bekämpft – gern mit bösartigen, oft unwahren Behauptungen und Gerüchten.
4. Phase: Wir werden kopiert, und man klopft uns auf die Schultern.

Ich will dir das einmal am Beispiel eines Dorfbewohners namens Schmidt Georg erläutern:

1. Phase – ausgelacht werden:
Zwei ehemalige Mitschüler treffen sich und unterhalten sich.
»Hast du schon gehört, was der Schmidt Georg jetzt macht?«
»Meinst du den Schmidt Georg, der mit uns in der Klasse war und Schreiner gelernt hat?«
»Ja, genau der. Aber jetzt macht er irgendwas mit Finanzdienstleistung, nennt sich Vermögensberater.«
Der andere lacht laut: »Der Schmidt Georg, der nur die Hauptschule schaffte und als Schreiner arbeitet, läuft jetzt im Anzug rum und will anderen erzählen, wie sie mit Finanzen umgehen sollen? Lächerlich! Ja, wenn das so einfach wäre, würden wir es ja auch machen.«

2. Phase – beneidet werden:
Zwei Jahre später, wieder ein Bierchen im Sportheim:
»Hast du das vom Schmidt Georg gehört?«
»Nein, was denn?«
»Der macht dieses Finanzdienstleister-Zeug.«
»Ja, ich weiß. Und?«
»Der hat jetzt gerade einen Mercedes von seiner Firma bekommen, weil er so viel verkauft.«
»Was? Einen Mercedes? Und wir fahren mit einem alten VW-Golf rum?«
»Nicht nur das. Er war gerade eine Woche auf einem Luxuskreuzfahrtschiff in der Karibik – alles inklusive, alles von der Firma bezahlt. Er hat wohl seine Verkaufsziele erreicht.«

»Da stimmt doch was nicht. Der ist doch erst ein oder zwei Jahre dabei. So schnell mit Finanzzeugs? Das kann doch nicht mit rechten Dingen zugehen, oder?«

3. Phase – bekämpft werden:
Ein paar Jahre später, auf der Schwebheimer Kirchweih:
»Hast du schon das Neueste vom Schmidt Georg gehört?«
»Nein, was denn schon wieder?«
»Der baut jetzt im Nachbarort eine Multimillionenvilla mit einer Garage für fünf Autos, darunter ein Ferrari und ein S-Klasse-Mercedes.«
»Sag mal, da ist doch was faul! Der zieht doch die Leute ab. Der war doch mit uns auf der Hauptschule und hat nur Schreiner gelernt – und jetzt verdient er Millionen.«
»Ja, er hat jetzt wohl 200 Leute, die für ihn tätig sind.«
»Ich sag dir was: Das ist ein Schneeballsystem. Das platzt bald. Ich lache mich jetzt schon kaputt über die Idioten, die ihm ihr Geld gegeben haben.«

4. Phase – kopiert werden:
Ein paar Jahre später läuft der Schmidt Georg zusammen mit seinen Eltern über das Erntedankfest in Schwebheim. Von jeder zweiten Bierbank aus wird er begrüßt, man klopft ihm auf die Schultern, erinnert sich daran, dass man früher mit ihm in der Klasse war. Viele Dorfbewohner machen mittlerweile das Gleiche wie er – weil man damit ja so leicht und schnell so erfolgreich wird wie der Schmidt Georg …

Wenn die Schulterklopfer und Kopierer kommen, wird es gefährlich. Denn jetzt bist du wieder einer wie alle anderen. Wenn dich alle anerkennen, bist du normal geworden. Und deshalb musst du dann dein Bündelchen packen, wieder ausbrechen, wieder größere Ziele suchen – dich erneut von den anderen entfernen. So wie Steve Jobs, der zuerst Apple, dann irgendwann den iPod, iTunes, das iPhone, das iPad und noch einiges mehr entwickelte. Und immer, wenn alle dachten, dass nichts mehr kommen würde, präsentierte er etwas vollkommen Neues – und wurde wieder ausgelacht, misstrauisch beäugt, beneidet und bekämpft. Und schließlich wurde er von allen Mitbewerbern kopiert. Doch zu diesem Zeitpunkt war er längst wieder aufgebrochen – zum nächsten Berggipfel.

Deshalb: Sei ver-rückt. Verrückt im Sinne von »anders als alle anderen«. Sei anders als die Masse. Ich sage: »Ein Hoch auf die Spinner und die Ver-rückten!«

Warum ich all das hier schreibe? Weil du vielleicht Ähnliches erlebt hast. Vielleicht warst du auch nie gut genug. Vielleicht hattest du keine besonderen Talente. Vielleicht wurdest du nicht anerkannt. Vielleicht war niemand stolz auf dich. Vielleicht hat man dir zu wenig oder gar keine Liebe gezeigt. Vielleicht warst du nie gut genug – mit deinen Noten, deinen Leistungen, deinen Ergebnissen. Vielleicht hast du dich als Einzelgänger und Außenseiter ungenügend gefühlt. Vielleicht fandest du dich nicht schön genug, zu jung oder zu alt. Wer weiß?

Kauf den anderen diesen Mist, diesen Müll nicht länger ab. Das ist alles nicht für dich bestimmt!

Du bist einzigartig, einmalig, wunderbar, großartig – ein individuelles, magisches, menschliches Wesen, wie es kein zweites auf dieser Erde gibt. Du hast ein einmaliges Aussehen – niemand sieht exakt so aus wie du. Du hast einen einmaligen Fingerabdruck, der nur dir zuteilbar ist. Du hast eine einmalige Stimme, die jederzeit erkennbar ist und sich nur dir zuordnen lässt. Und du hast eine einmalige DNA und DNS. Aus einem Haar lässt sich genau ablesen, dass es von dir stammt.

Ich glaube fest daran, dass die Kraft, welche die Materie so einmalig geschaffen hat, auch dafür gesorgt hat, dass wir eine einmalige Seele mit einmaligen Talenten, Begabungen und Aufgaben besitzen. Und mit genau diesen sind wir in dieses Leben, auf diese Erde gekommen. Immer wieder werde ich von irgendwelchen Psychologen oder Journalisten genau für diese Aussage angegriffen. Ich solle den Menschen doch nicht einreden, dass sie einmalig seien und ihre Träume leben könnten. Denn angeblich könne das nicht jeder.

Nun – das mag für diese Pessimisten, Nörgler, Kritiker und oftmals auch Versager gelten. Aber nicht für mich! Und schon gar nicht für dich! Jeder von uns ist einmalig, und jeder von uns hat ein einmaliges Potenzial und eine einmalige Aufgabe, die wir hier auf der Welt verwirklichen sollen.

Als ich etwa sieben Jahre alt war, feierte ein Nachbarjunge Geburtstag. Nennen wir ihn Thomas. Er war ein kleines bisschen jünger als ich. Während ich mittlerweile in der zweiten Klasse war, war er in der ersten. Deshalb spielte er auch gerne mit mir … Und ich spielte mit ihm – die anderen wollten ja nicht.

Damals liefen Kindergeburtstage so ab, dass die Kinder zusammen spielten, und um 15:30 Uhr gab es heißen Kakao und Kuchen für alle. Die Mütter waren in der Regel fast alle mit dabei, denn damals gab es unter den Müttern fast ausschließlich Hausfrauen. Sie aßen ebenfalls Kuchen, tranken dazu aber Kaffee.

Und schließlich wurde das Geburtstagskind gefragt: »Sag mal, Thomas, was willst du eigentlich später mal werden? Weißt du das schon?«

»Ja«, sagte Thomas voller Begeisterung mit vollem Kuchenmund, »ich mache mal das Gleiche wie mein Papa.«

»Oh!«, sagten alle Mütter, »da wird sich dein Papa aber sehr freuen.« (Er war selbstständiger Handelsvertreter – ich glaube, für irgendwelches Zubehör für Krankenhäuser.)

»Da kannst du ja dann mal das übernehmen, was er jetzt aufgebaut hat.«

Und seine Mutter strahlte voller Stolz.

Dann kamen alle anderen Kinder an die Reihe.

Petra wollte Stewardess werden. (»Oh, das ist ein toller Beruf. Da siehst du die ganze Welt.«)

Michael wollte Arzt werden. (»Das ist ja mal ein schöner Beruf. Da wirst du anderen Menschen sehr helfen.«)

Und schließlich kam ich an die Reihe. »Und was will der kleine Jürgen mal später werden?«

Und ich plapperte los, ohne lange nachzudenken: »Ich werde Millionär.«

Daraufhin sahen sich die Mütter sprachlos an, blickten schließlich zu meiner Mutter. Diese lief feuerrot an und sagte beschämt zu mir:

»Jetzt hör doch auf, so einen Unsinn zu verzapfen – und sag, was du wirklich werden willst.«

Ich merkte, dass ich wohl einen Fehler gemacht hatte mit meinem späteren Berufswunsch, und intelligent, wie ich anscheinend nun mal war, erzählte ich daraufhin: »Ich will Astronaut werden.« Erst wenige Monate zuvor war der erste Mensch, Neil Armstrong, auf dem Mond spazieren gegangen. Und bei uns in der Familie hatten wir mit den Nachbarn vor dem Schwarz-Weiß-Fernseher gesessen und konnten es kaum fassen, dass da oben auf dem Mond tatsächlich Menschen herumgeturnt waren.

Die Reaktion auf meinen zweiten Berufswunsch war jedoch die gleiche. Also erfand ich etwas wie »Polizist«, und dann waren wieder alle zufriedengestellt. In mir brodelte es aber. Warum sollte ich denn kein Millionär oder Astronaut werden können? Andere hatten das doch auch geschafft. Warum denn nicht ich? Ich schwor mir in diesem Moment: »Euch zeige ich es später – ich werde Millionär!«

Nun muss ich einen kleinen Abstecher machen. Wissenschaftler haben festgestellt, dass wir letztendlich die Summe der fünf bis sechs Menschen sind, mit denen wir die meiste Zeit unseres Lebens verbringen. In der Regel sind das die Eltern und noch ein paar andere Menschen, die uns wesentlich beeinflussen und mit denen wir häufig zusammen sind. 80 Prozent der Menschen verdienen auch ungefähr das Durchschnittseinkommen dieser fünf bis sechs Personen.

Prof. David McClelland von der Harvard University fand heraus, dass unser Umgang, unser Umfeld, das wir pflegen, zu 80 Prozent unseren Werdegang beeinflusst.

Meine Eltern waren einfache Menschen – ehrlich, mit Manieren, niemandem schadend, fleißig arbeitend, aber eben materiell nicht besonders gut gestellt. Und die meisten anderen Menschen, die ich kannte, waren genauso. Die Freunde meiner Eltern waren in der Regel ebenfalls Arbeiter. Meine wenigen Freunde, die ich hatte, stammten meist aus Arbeiterfamilien. Komischerweise spielten die anderen Kinder, deren Eltern aus der Oberschicht kamen, gar nicht erst mit mir.

Warum also hatte ich mit sieben Jahren diesen Wunsch? Warum wollte ich später möglichst schnell ausbrechen – hinaus in die große weite Welt?

Ich hatte zwei Einflussfaktoren:

Der erste war mein Onkel Alois. Er war derjenige, der meinem Vater anbot, mit ihm gemeinsam die Ausbildung zum Versicherungsvertreter bei der Allianz zu machen. Bei ihm konnte ich beobachten, wie er anfangs fleißig von Haustür zu Haustür zog und Versicherungen verkaufte. Ich erlebte aber auch, wie er dann immer mehr Geld verdiente, später weniger arbeitete – und schließlich am Ende nur noch vier Stunden am Tag. Er hatte ein Haus, einen Wohnwagen, Hunde, jede Menge Hobbys – und er reiste durch die Welt. Ich sah also: Es geht auch anders als das, was mir die anderen Bezugspersonen vorlebten.

Der zweite Einflussfaktor war unsere Wohnung. Sie lag im oberen Stock eines Hauses in Schwebheim. Um uns herum gab es damals ausschließlich Einfamilienhäuser. Die meisten waren etwas größer und hatten teilweise riesige Gärten. Das übernächste Haus gehörte einem Architekten. Dieses Haus hatte ein großes Grundstück mit Rasen, auf dem seine Söhne Fußball spielten, und einen Pool, in den sie mit ihren Freunden im Sommer fröhlich hineinsprangen und planschten.

Leider war der jüngere Sohn zwei Jahre älter als ich und dachte gar nicht daran, mich einmal dazuzuholen. Ich saß in meinem winzigen, zehn Quadratmeter großen Zimmer, das ich mit meinem Bruder teilen musste. Dort war gerade einmal Platz für zwei Betten und zwei winzige Schreibtische – das war alles. Ich konnte direkt über den Garten unseres Nachbarn auf das Grundstück des Architekten schauen. Von der Straße aus war es nämlich nicht einsehbar, weil es nach außen blickdicht abgeschottet war.

Ja, es tat mir weh zu sehen, wie herrlich die Jungs dort spielten – mit ihrem Hund, mit ihren Freunden, in ihrem Swimmingpool. Aber anstatt neidisch zu sein, dachte ich mir: Genauso will ich später auch einmal leben. Ich will ein riesiges Haus haben, mit einem großen Grundstück. Ich will dort Fußball spielen, ich will einen Swimmingpool haben – und vor allem: einen Hund.

Und genau so lebe ich seit 1999.

Aber bis es dazu kam, dauerte es noch eine Weile.

Ich konnte schließlich aufs Gymnasium. Dort war ich dann wieder allein. Ich war der Einzige aus meinem Dorf in meiner Klasse. Die anderen sechs Kinder aus dem Dorf, die ebenfalls auf dieses Gymnasium gingen, waren alle zusammen in einer anderen Parallelklasse. Ich hatte mal wieder die Arschkarte gezogen.

Natürlich dachte ich, es würde auf dem Gymnasium so weitergehen wie bisher: also kein Lernen und wenig Hausaufgaben. Doch nun gab es viele Fächer, viele Hausaufgaben – und viel zu lernen. Ich traf ein paar Entscheidungen. Die erste: Ich weigerte mich, Hausaufgaben zu machen. Zum Glück gab es in meiner Klasse zwei, drei andere, die noch kleiner und schmächtiger waren als ich – und trotzdem (oder gerade deswegen?!) die absoluten Streber. Von denen ließ ich mir fortan jeden Tag die Hausaufgaben vor Schulbeginn geben – und schrieb sie schnell ab.

Natürlich lernte ich auch nicht. Ich hasste Lernen.

»*Bottle* ist gleich Flasche. *Bottle* ist gleich Flasche. *Bottle* ist gleich Flasche.«

Was sollte das? Mir machte Lernen einfach keinen Spaß. Und obwohl ich mir vornahm, endlich mal zu lernen, konnte ich mich nicht dazu überwinden.

Dafür war ich einer der fleißigsten Buchausleiher in der Bibliothek des nagelneuen Alexander-von-Humboldt-Gymnasiums in Schweinfurt. Für viele Millionen wurde in Schweinfurt dieses damals wegweisende Gymnasium gebaut – mit einer großartigen Bibliothek und Tausenden von Büchern. Da ging mir das Herz auf! Ich las alles, was mir in die Finger kam: alle Bücher von Karl May, alle von Enid Blyton, *Fünf Freunde* – und vieles mehr. Ich denke, zwei bis drei Bücher pro Woche schaffte ich schon.

Und wie gelang mir das?

Indem ich in meinem Kinderzimmer mit dem Rücken zur Tür saß, ein Heft oder Schulbuch vor mir aufgeschlagen hielt – und darunter das eigentliche Buch versteckte, das ich gerade las. Meiner Mutter erzählte ich: »Ich mache Hausaufgaben und lerne.«

Nun, meine Mutter war schon misstrauisch – vor allem, weil meine Noten auf dem Gymnasium einfach nicht gut waren. Also kontrollierte sie mich ab und zu. Natürlich hörte ich, wenn sie sich anschlich. Schwupps – ließ ich das Heft nach unten sinken, sodass es das Buch verdeckte. Warf sie nur einen kurzen Blick darauf, war sie überzeugt, dass ich fleißig Hausaufgaben machte.

Abends wurde ich dann kontrolliert. Aber was wollten meine Eltern schon kontrollieren? Ich zeigte ihnen einfach das, was wir irgendwann mal in der Schule geschrieben hatten, und gab es als aktuelle Hausaufgabe aus. Wenn sie fragten, ob ich gelernt hätte, bejahte ich. Und wenn sie wissen wollten, was ich gelernt hatte, erzählte ich irgendwas von Englisch, Physik, Algebra – oder was mir gerade einfiel.

Als ich schließlich in Englisch eine Fünf hatte, beschlossen meine Eltern, mich täglich Vokabeln abzufragen. Doch wenn jemand selbst kein Wort Englisch spricht – wie soll er dann beurteilen, ob die Vokabeln stimmen? Letztlich holte mich das Ganze ein. Ich schaffte – dank meines damals noch intakten Intelligenzquotienten – gerade noch so die sechste Klasse und konnte in die siebte übertreten.

Doch dann war es aus. Es hagelte nur noch Sechsen – vor allem im neuen Schulfach Latein. *What the fuck* sollte ich mit Latein anfangen? Was sollte diese bescheuerte Sprache?«

»Ja«, antwortete man mir, »das brauchst du, wenn du zum Beispiel Arzt, Priester oder Lateinlehrer werden willst.«

Ich wollte alles werden – aber niemals einen dieser drei Berufe ergreifen, nichts gegen die drei Berufe. Sie sind toll – aber eben nichts für mich. Es erschloss sich mir nicht, warum ich eine tote Sprache lernen sollte.

Ähnliches galt für Physik (Note Sechs), für Chemie, für Erdkunde (das interessierte mich eigentlich schon – aber wenn man halt nie lernt oder Hausaufgaben macht, gibt's trotzdem eine Fünf), für Englisch (Note Fünf – wenn man nie Vokabeln lernt, nützt es auch nichts, wenn man die Grammatik kapiert hat) – und so weiter.

Also wechselte ich kurz vor Weihnachten 1975 auf die Wilhelm-Sattler-Realschule in Schweinfurt. Nun hatte ich beim Schulstoff etwa ein Jahr Vorsprung gegenüber den besten Hauptschülern, die es geschafft hatten, noch auf die Realschule zu wechseln. Aber dann war da wieder dieses leidige Thema: Lernen und Hausaufgabenmachen …

In der siebten Klasse waren meine Noten top, in der achten gerade noch erträglich, in der neunten kam ich irgendwie so durch. Dann kam die zehnte Abschlussklasse. Ich hatte zwar ein eher schlechtes Zeugnis in der neunten Klasse, aber meinem Papa Horst gelang es trotzdem, mir eine Lehrstelle zu ergattern. Er zog tatsächlich zwei Wochen lang durch das Industriegebiet in Schweinfurt und fragte bei jeder Firma persönlich nach, ob sie nicht für seinen Jungen eine Lehrstelle hätten.

Damals herrschte Lehrstellenmangel, es gab viel mehr Bewerber als Stellen. Ich hatte zu diesem Zeitpunkt bereits rund 80 Bewerbungen geschrieben – und ausschließlich Absagen erhalten. Auch der Staat wollte mich nicht als Beamten haben. (Gott, wie bin ich froh, dass dieser Kelch an mir vorbeigegangen ist.)

Im Halbjahreszeugnis der zehnten Klasse hatte ich schließlich vier Fünfen. Damit hätte ich glatt wiederholen müssen, meine Lehrstelle wäre geplatzt, und ich hätte noch ein Jahr dranhängen müssen. Nicht mit mir! Ich fasste den Entschluss, diese vier Fünfen loszuwerden. Und so ist das manchmal: Wenn man plötzlich einen Sinn in einer Sache erkennt, kann man alles verändern.

Also gründete ich einen Hausaufgaben- und Lernkreis in meiner Klasse. (Mittlerweile war ich wieder *Leader of the Gang* geworden.) Wir fragten bei den Lehrern nach, ob das erlaubt sei. Sie hatten so etwas noch nie erlebt – und waren begeistert. Jeden Tag blieben etwa 15 Schüler nach Schulschluss noch im Klassenzimmer, machten gemeinsam Hausaufgaben und lernten. Wir unterstützten uns gegenseitig. Oder – um ehrlich zu sein: Ich unterstützte weniger die anderen, denn ich wusste ja nichts. Aber die anderen unterstützten mich.

Und so hatte ich zum ersten Mal in meinem Leben Disziplin, Konsequenz und Ausdauer bewiesen – Eigenschaften, die mir später noch sehr zugutekommen sollten. Diese drei Tugenden konnte ich aber immer nur dann aufbringen, wenn ich einen Sinn dahinter sah. Und Sinn gab es nur, wenn ich ein Ziel hatte – in diesem Fall: mein erfolgreicher Realschulabschluss.

Und das Wunder gelang: Ich hatte am Ende nur noch eine Fünf im Jahreszeugnis – und war durch.

Und in welchem Schulfach war ich am besten?

Du wirst es nicht glauben – aber tatsächlich in Deutsch!

LEARNINGS KAPITEL 2:

1. Alles Schlechte erweist sich oft im Nachhinein als etwas Gutes.
2. Alles, was man weggibt – ob positiv oder negativ –, kommt wie ein Bumerang zu einem zurück.
3. Außenseiter und Einzelgänger wachsen manchmal zu außergewöhnlich erfolgreichen Menschen heran.
4. Normal ist scheiße.
5. Ein Hoch auf die Spinner und die Ver-rückten!
6. Wenn du von allen als ganz normal angesehen wirst, wird es Zeit, anders als alle anderen zu sein.
7. Du bist die Summe der fünf bis sechs Menschen, mit denen du die meiste Zeit in deinem Leben verbringst.
8. Glaube an dich und deine großen Ziele.

AUTOSUGGESTIONEN:

1. Ich folge immer meinem Herzen.
2. Ich glaube an mich und an meine Träume.

KAPITEL 3: DAS ERWACH(S)EN

Oma Berta war eine patente Person. Sie kochte hervorragend, was sowohl meinen Cousin Peter als auch mich zu Höchstleistungen antrieb, wenn es am Sonntagmittag Schweine- oder Rinderbraten mit selbst gemachten Klößen gab. (Sonntags gab es immer Punkt 12:00 Uhr das beste Essen der Woche.) Dann schraubten wir unseren Rekord auf sechs Klöße hoch – plus genügend Fleisch, das ich bei der Oma endlich einmal bekam.

Meine Eltern haben mir alles gegeben, es fehlte mir an nichts. Dennoch bekam ich schon als Kind früh mit, wie meine Eltern ständig sparten – ja, sparen mussten –, weil sie nur ein einziges Einkommen hatten. So verglichen meine Eltern am Donnerstagnachmittag, wenn mein Vater von der Fabrik nach Hause kam, beim Kaffeetrinken die aktuellen Sonderangebote der umliegenden Supermärkte und legten daraufhin verschiedene Einkaufslisten an. Wenn die Milch in einem Supermarkt diese Woche zehn Pfennig günstiger war, kam sie auf die Liste dieses Supermarkts. War sie in der Woche darauf bei einem anderen Markt billiger, wurde dort eingekauft. Und wenn sie eine Woche später wieder anderswo günstiger war, dann fuhren wir eben dorthin.

Ein weiteres Beispiel waren Weihnachten und Geburtstage. Es gab immer ein Spielzeug als Geschenk. Die übrigen Geschenke waren praktisch veranlagt: selbst gestrickte Socken und Pullover, mal eine Hose, mal eine Jacke – und so weiter. Von meinen beiden Omas bekam ich jeweils 50 Mark zu Weihnachten und 50 Mark zum Geburtstag –

was damals recht viel war. Doch davon hatte ich nichts. Das Geld wurde von meinen Eltern einkassiert und in die nächsten Kleider oder Schuhe investiert.

Komisch, dass meine Eltern nie verstanden, warum ich bei diesen Geldgeschenken nicht in Freude und Jubel ausbrach. (Heute sieht das natürlich anders aus. Heute freuen sich Jugendliche, wenn sie ein paar Barzuschüsse bekommen, um sich das eine oder andere Designerteil leisten zu können.)

Auch beim Essen wurde gespart – allerdings nie an der Menge. Ich konnte mich immer mehr als satt essen. Aber bei der Auswahl war es ganz normal, dass es zweimal die Woche kein Fleisch gab. Wenn es am Sonntag Rouladen mit Klößen gab, dann bekam jeder in unserer vierköpfigen Familie eine Roulade mit Soße und Klößen – dazu Blaukraut, so viel jeder wollte. Meine Mutter machte aber gleich mehr Klöße, sodass es am Montag immer gebratene Klöße mit Soße gab.

Und nun stand jeder in der Familie vor einem Dilemma: Aß man seine Roulade am Sonntag ganz auf, hatte man am Montag nur Kloß mit Soße. Mein Vater und meine Mutter entschieden sich stets dafür, jeweils eine halbe Roulade aufzuheben. Ich schwankte. Ich hätte für mein Leben gern die ganze Roulade sofort verputzt. Aber nachdem ich einige Male am Montag nur vor Kloß und Soße saß, während die anderen noch ihre halbe Roulade verspeisten, gewöhnte ich mir an, im Hier und Jetzt zu verzichten – um am nächsten Tag dann meine Belohnung zu bekommen.

Einerseits ist das eine gute Einstellung: Wir müssen im Hier und Jetzt manchmal auf etwas verzichten. Wir sollten zum Beispiel heute weniger Geld ausgeben, damit mehr zum Sparen und Investieren übrig bleibt – um später, durch den Zinseszinseffekt, ein Vielfaches davon ausgeben zu können. Wir müssen uns vielleicht jetzt ein wenig einschränken, um uns später eine eigene Wohnung oder ein eigenes Haus leisten zu können – und dann mietfrei zu wohnen und das Geld anderweitig zu verwenden. Wir müssen jetzt auf Freizeit verzichten, um im Sport oder im Beruf Vollgas zu geben – was dann dazu führt, dass wir den späteren Erfolg umso mehr genießen können.

So weit, so gut – und eine wichtige Lehre. Wenn jedoch das Pendel zu weit ausschlägt, führt es dazu, dass wir nur noch im Morgen leben und das Jetzt gar nicht mehr genießen können. Wir verschieben unseren Spaß, den Genuss, das Ausgeben unseres Geldes ständig auf später – und verkneifen uns im Jetzt alles, um es morgen besser zu haben. Doch bei vielen kommt dieses »morgen« nie. Denn wer sich über Jahre hinweg angewöhnt hat, sich immer einzuschränken und ausschließlich für die Zukunft vorzusorgen, kann das irgendwann nicht mehr einfach abstellen. Viele sterben, ohne sich je etwas gegönnt zu haben, ohne das Leben genossen zu haben – und die Erben freuen sich.

Ich habe irgendwann in meinem Leben gelernt – und auch meinen Kindern beigebracht –, dass beides wichtig ist: im Hier und Jetzt auf etwas zu verzichten, um seine Ziele zu erreichen und es später besser zu haben, aber gleichzeitig immer wieder auch dafür zu sorgen, dass man im Jetzt lebt, Spaß hat, genießt, sich Zeit nimmt – und auch mal Geld ausgibt.

Zwischen 1968 und 1974 führte Walter Mischel mit etwa vierjährigen Vorschulkindern der Stanford University Experimente zu genau diesem Thema durch. Dabei wurde den Kindern – jeweils allein im Raum – ein Marshmallow vorgesetzt (in anderen Varianten waren es Kekse, Salzgebäck und Ähnliches). Der Wissenschaftler teilte den Kindern mit, dass er den Raum kurz verlassen würde. Wenn der Marshmallow bis zu seiner Rückkehr noch unangetastet sei, würden sie einen zweiten dazubekommen. Die Versuchszeit betrug etwa 15 Minuten.

In den Nachuntersuchungen, die Mischel in den Jahren 1980 und 1981 mit denselben Probanden durchführte, zeigte sich: Die Fähigkeit zum Belohnungsaufschub war ein sehr verlässlicher Indikator für späteren Erfolg als Erwachsene. Je länger die Kinder im Experiment hatten warten können, desto kompetenter waren sie später in schulischen und sozialen Bereichen – und sie konnten besser mit Frustration und Stress umgehen. Höhere Leistungsfähigkeit, bessere Prüfungsergebnisse, harmonischere Beziehungen und ein geringeres Körpergewicht waren die Folge.

Der Zusammenhang zwischen Belohnungsaufschub und späterem Lebenserfolg wurde seither durch zahlreiche weitere Studien bestätigt. 2018 gab es zwar eine Untersuchung, die zeigte, dass auch der familiäre Bildungshintergrund eine große Rolle in Bezug auf den späteren Erfolg spielt – doch die grundlegenden Ergebnisse von Mischels Studie wurden erneut gestützt.

Nur etwa drei Stunden nach dem Mittagessen gab es bei uns sonntags immer Kaffee und Kuchen. Ich liebte Biskuitboden mit Erdbeeren und viel Schlagsahne. Und für Peter und mich musste meine Oma immer einen eigenen Kuchen backen – jeder von uns verdrückte nach den sechs Klößen auch noch sechs Stück Erdbeerkuchen.

Als ich in den Sommerferien 1973 in Zellingen bei meiner Oma Berta ankam, war mein dort lebender älterer Cousin Peter Teil einer Clique, deren Mitglieder meist noch ein bisschen älter waren als er – also etwa zwischen 15 und 17 Jahren. Und so wurde ich mit kaum 14 Jahren, regelrecht in eine neue Welt katapultiert. Die Clique rauchte, trank Bier, es gab Mädchen – und einige kifften sogar. Aufgrund meiner kleinbürgerlichen Erziehung hatte ich anfangs ziemlichen Respekt, vielleicht sogar Angst. Noch dazu war ich nicht einmal 14 Jahre alt und der absolut Jüngste. Zum Glück war ich inzwischen kräftig gewachsen und nicht mehr so klein und schmächtig wie früher. Und da Peter für mich bürgte, wurde ich in die Clique aufgenommen.

Natürlich wollte ich dort auf keinen Fall Außenseiter sein – schon gar nicht vor den Mädchen, mit denen ich nun zum ersten Mal so richtig in Kontakt kam. Also begann ich zu rauchen. Beim ersten Lungenzug stach es mir in der Brust. Ich hätte husten müssen, aber ich verkniff es mir. Ich wollte doch nicht das Landei sein, der kleine Jürgen, der nicht mal einen Lungenzug schaffte. Die Mädchen rauchten schließlich auch. Also unterdrückte ich meinen Husten, obwohl es mir die Tränen in die Augen trieb.

Ich entwickelte daraufhin eine eigene Rauchstrategie, die nicht so wehtat: Ich tat so, als würde ich tief an der Zigarette ziehen, zog aber in Wahrheit nur ein klein wenig. Ich ließ vorher auch noch relativ viel

Restluft in der Lunge, sodass ich nur oberflächlich inhalierte. So sah es aus, als würde ich normal rauchen, während ich den Rauch in Wirklichkeit gar nicht tief in die Lunge bekam. Das funktionierte einigermaßen, und nach ein paar Tagen hatte ich mich daran gewöhnt – der Reiz ließ nach.

Auch das Biertrinken fing ich an. Da ich Alkohol nicht gewohnt war, befand ich mich wahrscheinlich in einem leichten Dauerrausch – aber es war herrlich.

Die 15-Jährigen in der Clique besaßen Mofas, die etwas Älteren – die 16- oder 17-Jährigen – fuhren bereits Mokicks oder K50. Es gab immer jemanden, bei dem man sich hinten auf den Sattel schwingen und mitfahren konnte. Es war August, und ständig war irgendetwas los: ein Dorffest, eine Party bei jemandem aus der Clique – oder wir fuhren ein paar Kilometer weg von Zellingen und badeten im Main.

Ich traute meinen Augen kaum, als sich alle auszogen und nackt hineinstiegen. Noch mehr war ich entsetzt – aber ich gebe es zu: auch fasziniert –, als die ersten Paare im Wasser anfingen, miteinander zu knutschen. Einige fummelten sogar ein wenig herum; unter der Wasseroberfläche des Mains sah man schließlich nichts. Der Main war damals eine echte Dreckbrühe, und es wurde auch gewarnt, darin zu baden. Er war voller Pestizide und Chemikalien, es schwammen kaum noch Fische im Fluss. Das waren allerdings genau die richtigen Warnungen, die halbstarke Jungs als Herausforderung sahen – und sich erst recht mit Wonne in die Fluten stürzten.

Ich zog mich also irgendwie aus, möglichst unauffällig, und wollte heimlich ins Wasser steigen – doch einer der Jungs sah mich und entdeckte, dass ich noch fast kein Schamhaar hatte, was er auch lautstark kundtat. Nun blickten mich alle an. Die Mädchen kicherten, die Jungs verarschten mich, und ich lief feuerrot an.

Und da war es wieder: mein altes Trauma. Wieder wurde mein Minderwertigkeitskomplex bestätigt: Ich bin zu klein. Ich bin zu schmächtig. Ich bin nicht gut genug. Ich bin ein Außenseiter.

Das alte Programm in meinem Kopf wurde weiter vertieft.

Einige Tage später ging es zum Weinberg der Eltern eines Cliquenmitglieds. Dort sollte eine kleine Party steigen, also fuhr ich mit. Auf dieser Party musste ich dann das offizielle Aufnahmeritual in die Gruppe absolvieren. Die Jungs hielten mich fest, und die Mädchen zogen mir T-Shirt, Jeans und Unterhose aus. Die Klamotten wurden einbehalten, und ich stand splitterfasernackt da. Da ich noch kaum Schamhaar hatte, kannst du dir vorstellen, dass mein bestes Stück ebenfalls noch eher kindlich entwickelt war – was natürlich sofort für Gelächter und Hohn sorgte.

Nach vier Wochen packte ich mein Fahrrad und radelte die 42 Kilometer zurück nach Schwebheim. Dort, wo ich vier Wochen zuvor als Kind aufgebrochen war, kehrte ich nun als aufmüpfiger, rebellischer Jugendlicher zurück. Meine Eltern erkannten mich kaum wieder. Ich begann, nach dem Abendessen – das bei uns spätestens um 18:45 Uhr beendet war – noch einmal rauszugehen.

»Wohin willst du denn noch?«, fragte meine Mutter.

»Ein paar Kumpels treffen«, antwortete ich – und dann streifte ich ein wenig durch Schwebheim. Ich nahm mir das Recht heraus, bis 22:00 Uhr wegzubleiben. Zwar beschwerten sich meine Eltern, doch was kümmerte mich das schon?

Ich traf dann auf den ersten Jugendlichen, der ebenfalls »herumstrolchte«, und so taten wir uns zusammen. Wir saßen im dörflichen Schulbushäuschen und qualmten.

Wenige Wochen später wurde ich 14. Oma Berta und mein Cousin Peter kamen zu Besuch nach Schwebheim. Von der Oma gab es ein schönes Päckchen. Ich öffnete es vor aller Augen – und holte zwei Schachteln Marlboro heraus. Oma Berta hatte natürlich längst mitbekommen, dass ich in Zellingen geraucht hatte, und machte sich jetzt einen Spaß daraus. Ich schaute zu meinen Eltern und den anderen Familiengästen – und alle lachten quietschfidel. Nicht einmal meine Eltern wollten mir die beiden Schachteln abnehmen.

Das war damals eben noch eine andere Zeit. Wenn sich Familien trafen, wurde gequalmt, ganz gleich, ob Kinder mit im Raum waren. In den Büros wurde nachmittags auch gern mal ein Cognac gekippt. Und auf dem Bau tranken die Maurer und Dachdecker im Sommer täglich einen Kasten Bier. (Deshalb wurden auch immer fleißig neue Dachdecker gesucht …)

Also rauchte ich auch die beiden Schachteln – mit meinem neuen Freund an der Bushaltestelle. Es dauerte nicht lange, da gesellte sich ein dritter Halbstarker zu uns. Im Laufe der Zeit entwickelte sich daraus eine immer größer werdende Clique, die an der Bushaltestelle herumlungerte. Viele hatten ihre ersten Mofas und Mopeds dabei, und ein paar Ältere besaßen sogar schon ihr erstes eigenes Auto.

Und als ich 16 war, begann dann die absolute Freiheit. Meine Eltern kauften mir ein Mokick – eine Hercules von Fichtel und Sachs. Nicht das Modell, das alle anderen in meiner Clique hatten, sondern das Billigmodell: ein bisschen kleiner, ein etwas schwächerer Motor, ein wenig popeliger – dafür günstiger. Meine Eltern wollten und mussten eben immer sparen. Meine Ersparnisse wurden zusätzlich eingesetzt, meine Eltern zahlten etwas drauf – und so kam ich zu meinem Mokick.

In der Clique sorgte das natürlich wieder für Hohn und Spott, weil es im Vergleich zu den anderen Geräten minderwertig war. Erneut wurde mein altes Programm – mein Minderwertigkeitskomplex – gefüttert. Aber anstatt aufzugeben, schwor ich mir: Ich werde es euch allen noch zeigen. Der kleine, minderwertige Jürgen, der für nichts gut genug war, wird noch etwas Großes werden.

Und als ich 16, 17 Jahre alt war, hatte ich das schönste Jahr meines Lebens. Ich genoss die absolute Freiheit – hinfahren zu können, wohin ich wollte, mit meinen Kumpels Spaß zu haben, zu rauchen und zu trinken. Ich habe in meinem Leben schon so viel Mist gebaut, und ich weiß oft selbst nicht, was mich da jeweils reitet. Vermutlich ist es einfach die Lust am Neuen, der Drang, aus Grenzen und Komfortzonen auszubrechen, Risiken einzugehen, mich auszuprobieren – und noch vieles mehr. Vieles davon ist positiv, aber manchmal eben auch gefährlich.

Das Herrlichste an meinem schönsten Jahr war, dass es jetzt langsam auch mit den Mädchen besser lief. Ich hatte ja mit meinen Komplexen lange Schwierigkeiten, überhaupt auf Mädchen zuzugehen. Zwar wurde mir von allen Seiten (hauptsächlich von der Familie …) versichert, dass ich ein hübscher Junge sei, aber was nützte mir das, wenn ich mich nicht einmal traute, ein Mädchen anzusprechen?

Dann machte ich – auf Anraten meiner Eltern – einen Tanzkurs. (Du erinnerst dich: Sie hatten sich ja beim Tanzen kennen- und lieben gelernt.) Kaum hatte ich den Kurs abgeschlossen, wollte ich in einer der neu eröffneten Diskotheken groß auftrumpfen – so wie John Travolta. *Grease*, *Saturday Night Fever* und andere Discofilme waren damals gerade riesige Kassenschlager.

Bei uns hieß der neueste Disko-Hotspot »Chalet«. Um 19:30 Uhr drängelten sich freitags und samstags einige Hundert Jugendliche vor der Eingangstür. Punkt 20:00 Uhr wurde diese geöffnet, und wir strömten hinein, um die besten Plätze rund um die Tanzfläche zu ergattern. Um 20:15 Uhr ging dann die Musik los.

(Heute sind meine Jungs am Samstagnachmittag so gegen 15:00 oder 16:00 Uhr aufgestanden, haben dann ein bisschen gegessen und gechillt. Um 20:00 Uhr treffen sie ihre Freunde, ziehen ein wenig durch die Kneipen – und ab Mitternacht geht's dann langsam Richtung Club … So ändern sich die Zeiten.)

Und da saß ich nun – und checkte die Lage ab.

Wow, was waren da für hübsche Mädels! Bei uns im Dorf gab es höchstens drei oder vier – und die waren meistens schon an die Cracks vergeben. »Cracks« – das waren damals die großen, starken, selbstbewussten Jungs. Sie waren nicht unbedingt die Schlauesten und auch nicht immer die mit den besten Karrierechancen, aber als Maurer, Fliesenleger oder Arbeiter in der Fabrik verdienten sie schon ziemlich gut – und wirkten dadurch selbstsicher und attraktiv. Die Mädels wollten doch nichts mit so einem Pimpf wie mir zu tun haben, der ihnen vor lauter Schüchternheit kaum in die Augen schauen konnte.

Irgendwann musste man ein Mädchen auswählen und sie zum Tanzen auffordern. Aber wie sollte ich das machen? Was sollte ich sagen? Vielleicht: »Hallo erst mal, ich bin der Jürgen, komme aus Schwebheim, lerne gerade Speditionskaufmann, habe also später ein sicheres Einkommen und kann damit auch eine Familie ernähren«?

Oder was sonst? Ich bestellte mir das nächste Bier und ging in meinem Kopf das Gespräch durch.

Ich sage A, dann sagt sie B – super. Dann sage ich C, und sie sagt D – klasse.

Aber was, wenn ich A sage – und sie sagt F?

Nun – dann gehe ich eben zurück zu C … und bringe sie wieder zur Antwort D.

Nach zwei Stunden und einigen halben Bieren (in Bayern wurden damals auch in den Diskotheken 0,5-Liter-Bier ausgeschenkt) zündete ich mir eine Marlboro an. Dann ging ich auf das Mädchen zu – genauso, wie ich es in einer der letzten Ausgaben der *Bravo* gelesen hatte. Die *Bravo* war damals unsere Standardpostille. Dort stand alles über die neuesten Musikstars, erste Berichte über Fußballer und Schauspieler, die legendäre Fotostory mit hübschen Mädchen und Jungs – und natürlich das Allerwichtigste: die Aufklärungsseite mit Dr. Sommer. (Dr. Sommer gibt es übrigens immer noch. Er müsste heute mittlerweile 123 Jahre alt sein.) Ein Leser hatte mal gefragt, wie man erfolgreich ein Mädchen anspricht und kennenlernt. Die Antwort lautete:

1. Schau dem Mädchen tief in die Augen.

2. Lächle sie an.

3. Halte den Kopf ein wenig schräg – das wirkt nicht konfrontativ, sondern entspannt und freundlich.

Alles klar. Ich ging also los, die Kippe zwischen den Fingern. Doch je näher ich kam, desto lauter meldete sich mein alter Komplex: »Du bist zu klein, Jürgen. Du bist nicht gut genug. Du bist zu schmächtig. Du bist eine Pfeife. Du bist ein Einzelgänger.«

Und schlagartig fing ich an zu schwitzen. Ich spürte, wie mir der Schweiß übers Gesicht lief – vor allem über die Oberlippe. Verdammt, ich hatte das Gefühl, dass riesige Schweißtropfen an meiner Lippe hingen. Was würde das Mädchen wohl denken?

Zu spät – sie schaute mich schon erwartungsvoll an, als ich fast direkt vor ihr stand. Doch in dem Moment vergaß ich alles, was ich gelernt hatte. Mein Unterbewusstsein übernahm die Führung.

Anmerkung des Autors:

Sigmund Freud sagte: Bei einem Kampf zwischen Gefühl (Unterbewusstsein) und Verstand (Bewusstsein) gewinnt immer das Gefühl – also das Unterbewusstsein. Im Unterbewusstsein sind all unsere Programme, Glaubenssätze und Überzeugungen gespeichert, unsere Werte und die Erfahrungen unseres bisherigen Lebens. Und jeder Gedanke, den wir formen, wird letztlich aus diesem Unterbewusstsein gespeist.

Wir glauben oft, wir könnten mit dem bewussten Verstand logisch, vernünftig und rational handeln – zum Beispiel, wenn wir ein Mädchen ansprechen. Wir denken: *Ich muss nur die einstudierten Sätze sagen – erstens in die Augen schauen, zweitens lächeln, drittens Kopf schräg halten – und alles läuft.* Doch je näher ich dem Mädchen kam, desto stärker übernahm mein Unterbewusstsein – und das war ein dickes, fettes Programm, das mir sagte: *Du bist eine Pfeife. Schlechter als alle anderen. Schwächer. Kleiner. Ein Einzelgänger. Ein Außenseiter.*

(Und aufgrund der Zellinger Erfahrung hatte ich auch noch zusätzlich Angst, einen zu kleinen Penis zu haben …)

Also machte ich alles falsch, was man falsch machen konnte. Statt ihr in die Augen zu schauen, wanderte mein Blick 30 Zentimeter tiefer (und ich schwöre: Ich starrte wirklich nicht auf ihre Brüste). Statt zu lächeln, war mein Gesicht starr und angespannt. Statt den Kopf leicht zu neigen, war mein Nacken völlig verhärtet – ein Schutzreflex. Meine Stimme war leise, ich stotterte – und über meine Oberlippe hingen noch mehr dieser verdammten Schweißperlen.

Als ich sie dann endlich fragte, ob sie mit mir tanzen wolle, war ihre Antwort: »Nein.«

Und so trottete ich zurück zu meinem Platz – und bestellte mir das nächste Bier.

Fünf Minuten später sah ich, wie Günther aus meinem Dorf sie zum Tanzen aufforderte. Günther – der in der Schule nicht mal den Hauptschulabschluss geschafft hatte, den ich gemein, doof und bis heute hässlich finde. Aber Günther hatte ein paar entscheidende Eigenschaften: Er war grenzenlos selbstbewusst und fest davon überzeugt, der stärkste, beste, tollste, attraktivste Typ überhaupt zu sein. Keine Ahnung, wie der Kerl zu dieser größenwahnsinnigen, völlig irrationalen Einstellung kam – aber sie wirkte.

Das Mädchen sagte freudestrahlend zu und ging mit ihm auf die Tanzfläche. *What the fuck?*

Mit Günther, dem Doofkopp, dem hässlichen Vogel?

Mit dem, der keinen Schulabschluss hat?

Der heute als Maurer arbeitet?

(Schon damals prahlte er stolz damit, 1.500 Mark netto zu verdienen.)

Ich versuchte es dann noch einmal beim nächsten Diskothekenbesuch – und kassierte wieder eine Abfuhr. Damit bestätigte sich wieder einmal mein altes inneres Programm: *Ich bin eine Pfeife.*

Also sparte ich mir das weitere Ansprechen von Mädchen – und gesellte mich zu den Kumpels im Club, die ich aus dem Dorf, der Schule oder der Arbeit kannte. Genau die, die ebenfalls Angst hatten, Mädchen anzusprechen. Die sich auch zu klein, zu schlecht, zu jung, zu hässlich fühlten – und wir tranken einfach nur Bier.

Günther dagegen hatte nicht immer Erfolg. Auch er bekam hin und wieder eine Abfuhr. Aber weißt du was? Das hat ihn nicht im Geringsten interessiert. Er sagte einfach verächtlich: »Tja, Pech gehabt. Ciao, Baby!« – und ging direkt zur Nächsten, nur einen Meter weiter, und versuchte es dort mit dem gleichen Spruch noch einmal.

Und das machte er so lange, bis er wieder ein Mädchen zum Tanzen hatte.

Denn Günther kannte etwas ganz Entscheidendes: die Macht der Quote. Er wusste: Im Schnitt muss er zwei Mädchen fragen, um mit einer zu tanzen. Und aus seiner Erfahrung wusste er: Wenn er abends mit zehn Mädchen getanzt hatte, dann ging in der Regel eine mit ihm nach Hause – in seine Bude.

Halten wir drei Dinge fest, die du tun oder haben musst, wenn du erfolgreich sein willst:

1. Du musst wissen, was du willst.
So wie Günther abends ein Mädchen abschleppen wollte – das war sein Endziel. Das Zwischenziel war: mit möglichst vielen Mädchen zu tanzen.

2. Du brauchst grenzenloses Selbstbewusstsein.
Wenn du nicht an dich glaubst, wenn du nicht überzeugt bist, dass du deine Ziele erreichst – dann wird das nichts. Du kannst noch so gut vorbereitet sein (ich hatte ja einen Tanzkurs gemacht), du kannst ein tolles Potenzial und beste Voraussetzungen mitbringen (ich war damals echt ein schöner Junge – wenn ich mir heute die Bilder von damals anschaue), aber es wird nicht funktionieren.

3. Du musst die Macht der Quote kennen.
Gerade wenn du dich selbstständig machst oder im Verkauf arbeitest. Auch heute noch zögern Typen wie der Jürgen von damals, den Hörer in die Hand zu nehmen und Kunden oder Interessenten anzurufen. Sie könnten ja ein Nein hören – was das alte Minderwertigkeitsprogramm nur weiter nährt.

Sie haben keine klaren Ziele, sondern warten darauf, dass sich irgendwie was ergibt. Günther dagegen hat bis heute Ziele. Er weiß, was er bis zum Jahresende verdienen will, welchen Umsatz er als Verkäufer machen muss. Er bricht es auf jeden einzelnen Arbeitstag herunter. Und dann glaubt er – grenzenlos – an sich selbst. Er nimmt den Hörer in die Hand und ruft den ersten Interessenten an. Bekommt er aufgrund seines grenzenlosen Selbstbewusstseins gleich ein Ja – also einen Termin oder einen Abschluss? Nein, natürlich nicht.

Vielleicht liegt seine Quote bei 1:10. Das bedeutet: Er muss zehnmal telefonieren, um einen einzigen Termin zu vereinbaren. Das ist hart – denn es heißt auch, dass er neunmal ein Nein hört. Neun Absagen, neun Rückschläge. Neunmal wird das alte Programm der Minderwertigkeit genährt – und nur einmal gibt es Erfolg.

Also dreht Günther den Schlüssel um – und hat die Macht der Quote für sich begriffen.

Wenn er zehn Anrufe für einen Termin braucht, dann heißt das: Ein Termin = 100 Prozent Erfolg geteilt durch zehn Anrufe = 10 Prozent pro Anruf. Er weiß: Jeder Anruf bringt ihn 10 Prozent weiter in Richtung Ziel. Wenn er zehn Schritte gehen muss, um einen Treffer zu landen, ist jeder Anruf ein Schritt. Der zweite Anruf mit einem Nein ist der zweite Schritt. Es ist egal, wann das Ja kommt. Im Durchschnitt sind es zehn Anrufe.

Also geht er diese Schritte – einen nach dem anderen. Ein Nein? Kein Problem. »Pech gehabt für dich, Interessent. Ciao, mach's gut.« Und schon ist er beim Nächsten. Wie damals bei den Mädchen in der Diskothek.

Mit knapp 16 hatte ich dann meine erste Freundin. Sie war fast zwei Jahre älter als ich und stammte aus dem Nachbarort. Ich war verliebt bis über beide Ohren – und stolz wie Oskar vor meinen Dorfkumpels. Ich, der kleine Jürgen, hatte tatsächlich die hübsche, ältere Jutta aufgerissen – die Granate aus Gochsheim! Wir knutschten nicht nur herum, ich durfte sogar ihren Busen streicheln. Wow – war ich im Paradies?

Zwei Wochen später allerdings eröffnete sie mir, dass sie doch lieber mit einem älteren Typen zusammen sein wolle – und ich war wieder allein.

Zwei Wochen lang traute ich mich nicht mehr aus dem Haus zu meinen Kumpels, denn ich musste ihnen ja gestehen, dass ich nach nur zwei Wochen meine Granate Jutta wieder verloren hatte. (Und ja: Wir hatten lediglich geknutscht. Und – nein: Es konnte nicht mein kleiner Penis gewesen sein. Ich denke eher, es lag an meiner mangelhaften Knutschtechnik. Und um es endgültig klarzustellen, bevor du dieses unwahre Gerücht weiterverbreitest: Er ist heute nicht mehr so klein …)

Nach dem Erlebnis mit Jutta traf ich eine Entscheidung. Ich meldete mich – mit genau 16 Jahren, als ich endlich mein Mokick hatte – im Karate-Club »Bushido« in Schweinfurt an. Mein Kumpel Volker war schon Mitglied und erzählte mir begeistert, dass man dort das Kämpfen lernen konnte. Niemand würde mich je wieder einschüchtern können.

Ich hatte schließlich alle Bruce-Lee-Filme gesehen und wusste: Ich würde genauso kämpfen wie er. Alle würden mich achten, ehren, fürchten. Ich würde mich für die Entehrten, Geknechteten und Schwachen einsetzen.

Ein paar Wochen lang trainierte ich, bis ich beim freien Training einen Anfängerfehler machte: Ich vergaß, meine rechte Faust bei der Abwehr eines Tritts komplett zu schließen – und Volker trat mir voll auf die offenen Finger. Die Folge: zwei Kapselrisse im Zeige- und Mittelfinger. Meine Hand schwoll innerhalb weniger Stunden auf die doppelte oder dreifache Größe an – und Karate war damit erst mal passé. Aber meine Mitgliedschaft im Bushido lief natürlich weiter.

Nachdem nach vier Wochen zwar die Schwellung verschwunden war, mir der Arzt aber anriet, noch ein paar Monate auf Schläge zu verzichten, begann ich im kleinen Kraftraum des Bushido zu trainieren. Es gab ein Wäscherohr zwischen zwei Holzbalken für Klimmzüge. (Ich schaffte am Anfang einen einzigen.) Ein Gestell mit zwei weiteren Wäscherohren an der Wand, an denen man Dips machen konnte. (Auch da schaffte ich einen einzigen.) Und zwei Freihanteln mit entsprechenden Stützen, an denen man Kniebeugen, Schrägbankdrücken, Flachbankdrücken und Schulterdrücken üben konnte.

Mein Anfangsgewicht? Die blanke Stange plus je fünf Kilo Gewichtsscheiben. Karateka-Mädels, die nach dem Training ein bisschen Krafttraining machten, stemmten da schon fünf Kilo mehr. Aber dann passierte etwas: Ich leckte Blut. An den Wänden hingen Poster von Arnold Schwarzenegger, Frank Zane, Franco Columbu, Robby Robinson, Bruce Lee und Mike Mentzer. Das war's. Genau so wollte ich aussehen: muskulös, stark, furchteinflößend. Denn die Mädels fliegen doch auf solche dicken Muskeln …

Ich hatte mitbekommen, dass die älteren Jungs in meinem Dorf, wenn sie ein paar Muskeln hatten, bei den Mädels besonders gut ankamen. Wie würde ich erst ankommen, wenn meine Muskeln dreimal so dick wären? Also stemmte und stemmte ich Gewichte – aber bei einer Körpergröße von 1,84 Metern wog ich gerade einmal 68 Kilo. Nach einem halben Jahr härtesten Trainings war ich bei mageren 70 Kilo angekommen. Scheiße!

Da erzählte mir einer der anderen, schon deutlich muskulöseren Jungs, dass es ein anderes Fitnessstudio in Schweinfurt gebe, das viel besser sei. Er selbst würde jetzt dorthin wechseln – zu Harry Gelbfarb. Das sei das Studio mit den besten Bodybuildingmaschinen aus Amerika. Dort trainierten auch die besten Bodybuilder von Schweinfurt.

Ich beschäftigte mich immer intensiver mit dem Thema Bodybuilding, las alle Magazine und die wenigen Bücher, die es dazu gab, und sog sämtliche Informationen über meine Idole auf, die ich finden konnte. Und schließlich fand im Studio von Harry Gelbfarb ein Tag der offenen Tür statt. Na ja, anschauen konnte ich es mir ja mal!

Als ich im fünften Stock des Schweinfurter Marienbachzentrums die Tür öffnete und das Studio betrat, war es um mich geschehen. Der Eingangsbereich war mit knallrotem Teppich ausgelegt, es gab eine weiße Ledergarnitur, eine stylische Protein-Bar – und dann das Allerschönste: auf Hochglanz polierte, chromglänzende Fitnessgeräte. Es gab sogar einen Fitnessturm, an dem man zwölf verschiedene Übungen machen konnte. Und eine Sauna und ein Hot-Whirlpool mit 37 Grad warmem Wasser.

Harry Gelbfarb selbst war eine Legende. Er wurde als Sohn eines katholischen Vaters und einer jüdischen Mutter in Wien geboren. Nach dem Anschluss Österreichs wurden seine Eltern in ein Konzentrationslager verschleppt, Harry kam in ein jüdisches Kinderheim. Der Deportation entging er nur, weil die Heimleiterin, Franzi Löw, für ihn einen gefälschten Taufschein beschaffen konnte. 1947 wanderte er nach New York aus und wandte sich dem Boxen zu. Seine größte sportliche Errungenschaft war das Erreichen des Halbfinales bei den Golden-

Glove-Meisterschaften in New York. 1950 wurde er durch Bodybuildingmagazine inspiriert, mit dem Muskeltraining zu beginnen. 1951 wurde er zur Armee eingezogen und in Schweinfurt stationiert. Dort verliebte er sich in seine spätere Frau Eli.

Nach seiner Armeezeit kehrte er für kurze Zeit in die USA zurück, arbeitete als Trainer und Physiotherapeut in Beverly Hills – aber seine wahre Leidenschaft galt dem Bodybuilding. Er trainierte täglich im Freien am Muscle Beach in Santa Monica. Dort begegnete er bekannten Größen wie Steve Reeves, der später Filmschauspieler wurde, und Joe Weider – dem späteren Bodybuildingpapst.

1955 kehrte Harry nach Deutschland zurück und eröffnete 1956 auf 70 Quadratmetern das erste Fitnessstudio Deutschlands – in Schweinfurt.

Als er 1959 selbst bei der Bodybuilding-Europameisterschaft in Turin teilnehmen wollte, wurde ihm der Start verweigert. Daraufhin gründete er gemeinsam mit anderen Mitgliedern seines Studios den Deutschen Körperbildungsbund – den ersten deutschen Bodybuilding-Verband.

Und dieser Harry Gelbfarb führte mich nun persönlich durch sein Studio und machte mir die Mitgliedschaft schmackhaft. Als ich ihn fragte, was es kosten würde, antwortete er: 580 Mark für eine Jahresmitgliedschaft. Man bedenke: Wir schreiben das Jahr 1979. Ich hatte gerade eine Ausbildung begonnen, mein Azubi-Gehalt betrug 430 Mark im Monat.

Aber verdammt noch mal – der rote Teppichboden, die Chromgeräte und vor allem der Whirlpool, in dem man an bestimmten Tagen sogar gemischt mit Mädchen sitzen konnte, überzeugten mich. Ich unterschrieb die Mitgliedschaft am Samstag und kam am Montag mit 580 Mark in bar vorbei – denn Harry wollte das Geld im Voraus.

Ich trainierte dann wie ein Besessener. Ich sah dort einige Schweinfurter Bodybuilder, die schon deutlich weiter waren als ich. Aber wenn die zehnmal die Hantel bewegten, hatten sie schon ein Kilo mehr Muskelmasse. Ich dagegen musste mir jedes einzelne verdammte Gramm hart erkämpfen.

Schließlich kaufte ich mir zum ersten Mal eine Eiweißdose. Als ich zu Hause damit ankam, um meine ersten Proteinshakes zu mixen, wollten meine Eltern wissen, was das sei. Ich erklärte es ihnen. Mein Vater erkundigte sich und erklärte mir dann, dass ich das nicht essen dürfe – es sei Molkeneiweiß, das auch zur Kälbermast verwendet werde. »Das ist was für Tiere, aber nicht für Menschen. Du wirst krank davon. Und später wird dir der ganze Körper in Fetzen herabhängen. Das ist bei Bodybuildern so, wenn sie viele Muskeln haben und dann alt werden.«

Das erzählte mir übrigens fast jeder andere auch, der erfuhr, dass ich Bodybuilding betrieb. Je mehr Muskeln ich bekam, desto mehr erklärten sie mir, dass sie das niemals tun würden – sie wollten später keinen Körper mit hängenden Hautlappen.

Merkst du, wie oft uns eingeredet wird, was alles nicht geht, was Unsinn ist, was gefährlich sein soll, was angeblich nicht funktioniert? Lass nicht zu, dass du dich von anderen Menschen negativ beeinflussen lässt. Nur weil die Mehrheit etwas behauptet, heißt das noch lange nicht, dass es stimmt. Die Mehrheit der Menschen ist auch vor 90 Jahren braunen Idioten hinterhergelaufen, die Menschen wegen ihrer Religionszugehörigkeit in Konzentrationslager verschleppt haben. Und nur weil sogenannte Experten etwas behaupten, ist es nicht automatisch richtig. Wie oft hat die Wissenschaft ihre Meinung geändert? Die Welt war laut Wissenschaftlern auch einmal eine Scheibe …

Als ich mit Bodybuilding begann, galt es als gefährlich. Die schweren Gewichte würden die Gelenke zerstören. Im Alter könne man dann nicht mehr gehen, nicht mehr laufen, nicht mehr sitzen. Und für Jugendliche unter 20 sei es erst recht ungeeignet – schon gar nicht für 14-Jährige. Das Knochengerüst sei noch zu weich, das Wachstum werde gehemmt, die Gelenke frühzeitig geschädigt.

Wenn ich im Nachhinein betrachte, was wir beim Fußballtraining machen mussten – Entengang, Sprünge aus tiefer Hocke so hoch wie möglich, und andere schwachsinnige Übungen – dann müssten eigentlich alle Fußballer heute schon im Rollstuhl sitzen.

Und so nahm ich Kilo für Kilo zu – und fühlte mich plötzlich verändert: stärker, selbstbewusster. Ich hatte ein anderes Auftreten, wurde anders wahrgenommen. Später wurde mir klar, dass hinter meinem Wunsch, extreme Muskeln aufzubauen, letztlich die Kompensation meines Minderwertigkeitskomplexes stand. Ich wollte äußerlich so stark wirken, dass die Schwäche im Inneren nicht mehr auffiel.

Beruflich begann ich mit knapp 16 Jahren meine Lehre als Speditionskaufmann bei der Spedition Schäflein in Schweinfurt. Der Chef, war einer meiner früheren Fußballtrainer – er wusste also schon aus eigener Erfahrung, dass ich eine Pfeife war. Aber als mein Vater damals alle Betriebe im Schweinfurter Hafen nach einer Lehrstelle für mich abklapperte und ihn erkannte, nahm er mich als Lehrling auf.

An meinem ersten Arbeitstag, dem 1. September 1979, war erst mal niemand für mich da. Es hieß einfach: »Setz dich mal dahin.« Man zeigte mir einen Schreibtisch, und ich richtete ihn ein. Als ich fertig war und fragte, was ich tun solle, sagte man mir nur, ich solle einfach mal zuschauen.

Auch heute noch ist das Onboarding in manchen Unternehmen katastrophal. Wusstest du, dass sich laut Studien 52,7 Prozent aller neuen Mitarbeiter am Ende des ersten Arbeitstages fragen, ob es wirklich die richtige Entscheidung war, in diesem Unternehmen anzufangen? Oft ist am ersten Tag niemand da. Es gibt keinen Einarbeitungsplan, keinen persönlichen Mentor, kein durchdachtes Onboarding-System. Kein Wunder, dass sich viele unwohl fühlen.

Nach einigen Tagen durfte ich die ersten Frachtbriefe schreiben – aber niemand erklärte mir, warum oder wozu. Ich verstand das ganze System der Distribution nicht. Es wurde hektisch telefoniert, Sendungen wurden angenommen, Lkw-Fahrer kamen herein, holten sich die Frachtbriefe, um im Lager die Ware in den Lkw verladen zu lassen. Für mich war das alles ein unverständliches, völlig chaotisches System – ein böhmisches Dorf.

Also gab man mir viele klassische Idiotenarbeiten: kopieren, Fernschreibertexte durchgeben (Telefaxe gab es damals noch nicht) und vor allem die Lieblingsbeschäftigung für neue Azubis – Ablage machen.

Gleich am ersten Arbeitstag wurde ich auch zur Firma Bosch geschickt, einem Kunden von Schäflein, mit meinem Moped. Ich sollte dort irgendeinen undefinierbaren »XY-Schlüssel« abholen. Als ich mein Anliegen vortrug, schaute mich die Verkäuferin nur verständnislos an. Ich wurde von einem zum anderen geschickt, niemand wusste, was ich meinte. Irgendwann fuhr ich unverrichteter Dinge zurück – ohne Schlüssel.

Als ich den Kollegen beichtete, dass ich mit leeren Händen zurückgekommen war, brachen alle in schallendes Gelächter aus. Denn das war der klassische Azubi-Streich – jeder Neue wurde irgendwann zum »XY-Schlüssel-Holen« geschickt. Einen Schlüssel, den es natürlich gar nicht gab …

Mir fiel bereits nach zwei, drei Tagen auf, dass zwei Gesichter hatte: ein freundliches, umgängliches – und ein anderes, deutlich weniger nettes, das dann zum Vorschein kam, wenn er plötzlich losschimpfte und die Leute zur Sau machte.

Mich ließ er zunächst in Ruhe. Wie ich bald merken sollte, gab es bei ihm eine Art vierwöchigen Welpenschutz für neue Mitarbeiter. Aber nach etwa vier oder fünf Wochen stand er eines Tages in der Distribution und suchte einen abgelegten Frachtbrief. Diese Frachtbriefe waren damals in einem etwas größeren DIN-A4-Langformat und mussten, weil sie so lang waren, quer in Ordnern abgeheftet werden. Um den Text lesen zu können, musste man den Kopf entsprechend nach links oder rechts drehen.

Er drehte den Kopf nach links – und begann zu fluchen. »Welcher Idiot hat denn die Frachtbriefe verkehrt rum abgelegt?«

»Das war ich«, meldete ich mich pflichtbewusst. »Wieso denn?«

»Die gehören genau andersrum!« (So, dass er den Kopf nach rechts drehen konnte.) »Warum machst du das denn andersrum?«

Daraufhin antwortete ich: »Weil Sie es mir so gesagt haben.«

Und nun war es vorbei mit dem Welpenschutz.

Ich musste mir vor der versammelten Mannschaft eine fünfminütige Wutrede anhören, die darin gipfelte, dass ich der mit Abstand dümmste und schlechteste Stift (so nannte man damals Auszubildende) sei, den er je in seinem Leben erlebt habe. Aus mir würde nie etwas werden – so eine Pfeife, wie ich sei.

Und da war es wieder: Ich war eine Pfeife! Ich war schlechter als alle anderen! Ich war eine Null! Ich war ein Außenseiter! Von diesem Moment an traute ich mir gar nichts mehr zu, und meine Leistungen wurden immer schlechter. Ich machte nur noch Fehler.

So wurde ich zum neuen Jahr 1980 in eine andere Abteilung versetzt – zu meinem neuen Vorgesetzten. Dort wurden die Angebote kalkuliert und die komplette Abrechnung durchgeführt, damit die Sendungen den Kunden in Rechnung gestellt werden konnten. Es gab dort auch einen riesigen Computer von Texas Instruments – und einen Extraraum mit Klimaanlage, in dem das Hauptgerät stand. (Allein das Eingabegerät war rund zwei Meter breit, einen Meter tief und etwa 80 Zentimeter hoch.)

Natürlich wusste mein neuer Chef von meinem alten Chef, dass ich eine absolute Pfeife sei. Also gab er mir nur winzig kleine Aufgaben: mal etwas kopieren, mal einen Botengang in eine andere Abteilung. Aber er war immer nett, immer höflich. Keine Anschisse, keine Wutausbrüche. Auch wenn ich mal etwas falsch machte (und ich brachte es tatsächlich fertig, sogar falsch zu kopieren), war er nie böse, sondern erklärte mir geduldig, wie es richtig ging. Und so begann ich, die ersten Aufgaben richtig zu machen – und wurde sogar mal gelobt.

Gelobt! Ich kannte das gar nicht. Ich war noch nie in meinem Leben gelobt worden. Von den Lehrern nicht – ich war ein schlechter Schüler, faul, bequem, mit miesen Noten. Von meinen Eltern auch nicht. Wofür denn? Ich war im Sport schlecht, in Kunst schlecht, handwerklich schlecht, in der Schule schlecht – ich war in allem schlecht. Ich war meinen Eltern da nicht böse. Sie waren selbst nie von ihren Eltern gelobt worden – sie kannten das einfach nicht.

Nun aber wurde ich plötzlich anerkannt – und das beflügelte mich ungemein. Ich war wie ein Hund, der immer wieder gelobt werden will. Ich machte alles, was es zu tun gab. Ich nahm jeden Extraauftrag an, gab mein Bestes – und wurde immer besser und besser.

Das färbte auch auf mein schulisches Verhalten ab. Ich begann sogar, in der Berufsschule zu lernen und Hausaufgaben zu machen. Das Ergebnis: Ich legte eine recht gute Abschlussprüfung hin und war im Juni 1981 – also mit 17 Jahren – ausgelernt.

Und weil ich immer besser wurde, traute mir mein Chef sogar zu, in seiner Abwesenheit, z. B. bei Urlaub, seine dringendsten Aufgaben zu übernehmen. Als er zurückkam und alles zu seiner Zufriedenheit erledigt war, war es beim nächsten Mal selbstverständlich, dass ich auch für Rückfragen aus der Abteilung zuständig war. So war ich bereits kurz vor Ende meiner Lehrzeit so etwas wie ein inoffizieller stellvertretender Abteilungsleiter.

Wenn mein Chef nicht da war, kam ich morgens schon um 6:30 Uhr in die Spedition. Zusammen mit den anderen Mitarbeiterinnen und Mitarbeitern der Abteilung legten wir uns so sehr ins Zeug, dass wir manchmal schon um 14:00 Uhr, spätestens aber um 15:00 Uhr mit der Arbeit fertig waren. Und dann? Dann spielten wir Schiffe versenken. Oder ich griff zum Telefon, suchte mir wahllos Nummern aus dem Schweinfurter Telefonbuch heraus und spielte Telefonstreiche. Die anderen Kolleginnen und Kollegen saßen dabei im Raum, hörten zu – und lachten sich schlapp.

Aber ich wollte mehr. Ich hatte ausgelernt. Kurz darauf hatte ich mein erstes eigenes Auto: einen orangefarbenen, mit Front-, Heck- und Seitenspoilern versehenen, tiefergelegten BMW 1602. Doch nur acht Wochen später hatte ich mit dem Wagen meinen ersten Totalschaden. Etliche weitere sollten noch folgen.

An meinem 19. Geburtstag hörte ich vom neuen Mitgeschäftsführer, dass er davon ausgehe, ich würde spätestens mit 25 eine eigene Filiale leiten. Das erzählte ich stolz meinen Eltern. Und zum ersten Mal spürte ich so etwas wie Stolz – bei ihnen. Eine eigene Filiale! Ein höheres Einkommen! Sicherheit! Ihr Junge hatte es geschafft. Nachdem er so lange als Pfeife gegolten hatte, schien nun doch etwas in ihm zu stecken.

Aber mir war die Zeit bis dahin zu lang.

Also dachte ich: Vielleicht sollte ich mein Abitur nachmachen. Ich meldete mich beim Bayernkolleg an. Dort konnte man drei Jahre lang neben der normalen Berufstätigkeit samstags acht Stunden zur Schule gehen. Unter der Woche musste man lernen – und hätte dann nach drei Jahren das Abitur in der Tasche.

Ich fuhr also am ersten Samstag pünktlich um 8:00 Uhr hin – und brach diese Idee noch am selben Tag wieder ab. Was war das wieder für ein Mist? Immer noch das Gleiche: Flasche ist gleich *Bottle*, *Bottle* ist gleich Flasche, mehr oder weniger. Ich hasste dieses Lernen – zumindest auf diese Art. Diese Idee fiel also flach.

Aber ich wollte doch mehr. Ich wollte hinaus. Ich wollte wachsen.

Ich wollte groß sein. Ich wollte Millionär werden.

Ja, ich wollte Millionär werden!

Somit schlug ich das nächste Kapitel auf.

LEARNINGS KAPITEL 3:

1. Manchmal musst du im Hier und Jetzt auf etwas verzichten, um dafür in Zukunft eine noch größere Belohnung zu erhalten (Beispiele: sparen, in das eigene Wissen investieren, eine eigene Wohnung oder ein Haus kaufen oder bauen statt zur Miete zu wohnen etc.).
2. Erfolgreiche Menschen sind selbstbewusst.
3. Gute Verkäufer und Unternehmer kennen die Macht der Quote.
4. Lob und Anerkennung können bei Menschen eine Leistungsexplosion auslösen.

AUTOSUGGESTIONEN:

1. Ich folge immer meinem Herzen.
2. Ich glaube an mich und an meine Träume.
3. Ich bin frei und selbstbewusst.

KAPITEL 4: DAS ABENTEUER SELBSTSTÄNDIGKEIT BEGINNT

Im Oktober 1983, kurz vor meinem 20. Geburtstag, trainierte ich an einem Freitag in Harry Gelbfarbs Studio. Mittlerweile hatte es sein Nachfolger von ihm übernommen, und jemand erzählte mir, dass in Haßfurt – einem kleinen Städtchen, rund 25 Kilometer entfernt – der dortige Fitnessclub verkauft werden sollte.

Ich brachte die Telefonnummer irgendwie in Erfahrung (es gab ja noch kein Internet) und rief den Besitzer an, um zu fragen, ob das Gerücht stimmte. Er bejahte es – sagte mir aber auch, dass er bereits einen Interessenten habe und der Verkauf kurz vor der Unterschrift stehe. Das war am Montagmorgen, während ich in der Spedition arbeitete. Ich konnte es kaum abwarten, bis endlich der Nachmittag kam und ich mich nach der Arbeit auf den Weg nach Haßfurt machen konnte.

Ich fuhr zur angegebenen Adresse. Das Studio befand sich im Keller eines Supermarkts mitten im Ortskern. Ein kleines Schild mit der Aufschrift *Fitnessstudio* wies den Weg. Ich ging die Treppe hinunter, öffnete die Tür – und stand in einem 278 Quadratmeter großen Studio.

Auch hier lag roter Teppichboden, aber die Geräte waren anders: billigere, zum Teil selbst zusammengeschweißte Konstruktionen. Es gab einige freie Hanteln und Bänke. Im Eingangsbereich standen eine selbst gezimmerte Holztheke, vier Rattanstühle und ein Tisch, dazu ein Fernseher, auf dem Videos liefen. Ein paar Jungs mit ordentlichen Muskelkeulen trainierten gerade.

Dann kam der Besitzer auf mich zu – 1,91 Meter groß, ein Modellathlet. Braun gebrannt, die oberen drei Knöpfe seines Hemds offen, sodass man seine muskulöse Brust sehen konnte, dazu gewellte Haare. Wieder mal genau das, was ich nicht war.

Wir unterhielten uns. Er erklärte mir, dass er das Studio ganz schnell verkaufen wolle – für 135.000 Mark. In 14 Tagen wolle er ein neues Studio in Bad Mergentheim eröffnen und brauche sofort das Geld. Ein ursprünglich geplanter Verkauf sei kurzfristig geplatzt, und jetzt wolle er so schnell wie möglich abschließen. Er erwähnte zwar erneut, dass es bereits einen Käufer gebe, aber als ich nachhakte, sagte er: »Es ist ja schon mal ein Verkauf geplatzt. Deshalb verkaufe ich an den, der zuerst den Kaufvertrag unterschreibt.«

Ich fuhr noch am Montagabend zurück nach Schweinfurt und sprach mit einem mir befreundeten Fitnessclub-Besitzer. Ich erzählte ihm vom geplanten Verkauf des Studios in Haßfurt und fragte, ob er sich vorstellen könne, dass wir das gemeinsam angehen. Er sagte zu und versprach mir, am Dienstag gleich in Haßfurt anzurufen und dem Verkäufer das Ganze schmackhaft zu machen – mit dem Hinweis, dass wir sofort unterschreiben würden.

Frohgemut fuhr ich nach Hause. Es brodelte in mir. Auf der einen Seite spürte ich Vorfreude, Stolz, Ungeduld – bald würde ich Fitnessstudio-Besitzer sein! Auf der anderen Seite meldeten sich auch die bekannten inneren Wühlmäuse: Angst, ob es gutgehen würde, Zweifel, ob es überhaupt klappen könnte.

Am nächsten Morgen, um 10:00 Uhr, rief er mich an. Er teilte mir mit, dass er leider doch nicht mitmachen könne. Der andere potenzielle Käufer sei ein sehr guter Freund von ihm – das habe er nicht gewusst. Er habe mit seinem Freund telefoniert, ihm von mir erzählt, und gefragt, ob wir uns nicht zusammentun wollten. Er sei interessiert und wolle sich noch am Dienstagabend mit mir treffen.

Wir verabredeten uns in einem Restaurant in Schweinfurt. Mein späterer Partner war acht oder zehn Jahre älter als ich. Er war selbstbewusst, locker, witzig – und hatte, wie man so sagt, einen ziemlichen Schlag bei den Frauen. Also wieder jemand, der alles hatte, was ich nicht hatte. Wir unterhielten uns den ganzen Abend – eigentlich erzählte er, und ich hörte mit großen Augen zu. Er wollte parallel mit einem anderen Partner eine neue Kneipe eröffnen. Er stellte sich vor, dass wir uns im Studio abwechseln würden: An seinen freien Kneipentagen würde er das Fitnessstudio führen, und an seinen Kneipentagen wäre ich dran. Das klang perfekt.

Am Mittwoch gingen wir gemeinsam zur Raiffeisenbank in Haßfurt und stellten uns dort als mögliche Nachfolger vor. Die Bank hatte auch das bisherige Studio finanziert und kannte die Zahlen – und die gute Entwicklung. Sie erklärten uns, dass sie bei einem Eigenkapital von 25.000 Mark bereit seien, 110.000 Mark zu finanzieren. Das bedeutete: Jeder von uns musste 12.500 Mark aufbringen.

Ich fuhr sofort zur Raiffeisenbank in Schwebheim, bei der ich mein Konto hatte. Dort lagen 8.500 Mark. Ich fragte, ob ich das Konto um 4.000 Mark überziehen dürfe. Die Antwort kam prompt: Kein Problem – das seien ja nicht mehr als drei Nettomonatsgehälter.

Am Freitag fuhren wir nach Haßfurt. Wir unterschrieben den vorläufigen Darlehensvertrag bei der Raiffeisenbank – unter zwei aufschiebenden Bedingungen: dass wir das Studio tatsächlich kauften und das Eigenkapital in Höhe von 25.000 Mark nachweisen könnten. Eine Stunde später unterschrieben wir den Kaufvertrag. Jetzt waren wir stolze Besitzer eines Fitnessstudios.

Am Abend fuhr ich nach Hause. Punkt 18:00 Uhr gab es Abendessen. Als wir um 18:45 Uhr fertig waren, bat ich meine Eltern mit ins Wohnzimmer.

»Wieso? Was ist denn los?«, fragte mein Vater.

»Nichts, aber ich muss euch etwas erzählen.«

»Ach du lieber Gott, ist was passiert?«, rief meine Mutter.

»Nein, nein, alles gut. Kommt, es ist etwas Positives.«

Sie kamen misstrauisch mit ins Wohnzimmer, und ich bat sie, sich hinzusetzen.

»Ja, was ist denn los? Was ist denn passiert?«, fragte meine Mutter – nun schon etwas hysterischer.

»Nichts, nichts. Es ist alles super. Setzt euch einfach mal hin.«

Als sie schließlich saßen, schaute ich ihnen in die Augen, lächelte und sagte: »Dieser hier« – ich deutete auf mich selbst –, »euer Sohn, hat heute in Haßfurt ein Fitnessstudio gekauft.«

Meinen Eltern fiel buchstäblich die Kinnlade herunter. Sie sahen sich ungläubig an, dann blickte mein Vater mir tief in die Augen und sagte trocken: »Jetzt hast du dein Leben endgültig ruiniert.«

Und meine Mutter fing an zu weinen.

Zu ihrer Ehrenrettung muss man sagen: Im Jahr 1983 rangierte der Beruf »Fitnessstudiobesitzer« gesellschaftlich irgendwo zwischen Diskotheken- und Bordellbetreiber.

Enttäuscht ging ich am Montagmorgen zur Arbeit – und erzählte die Neuigkeiten ganz stolz meinen Arbeitskollegen. Doch auch dort blickte mich jeder entgeistert an und sagte Sätze wie: »Was? Du hast dich selbstständig gemacht? Bist du wahnsinnig?«, »Wir haben doch gerade eine Rezession – das wird noch viel schlimmer«, »Hast du etwa Schulden gemacht? Wie viel? 110.000 Mark? Dann bist du dein Leben lang pleite!«, »Das ist doch nur so eine Welle aus Amerika. Im Sommer trainiert doch keiner! Da joggen die Leute lieber über den Trimm-dich-Pfad – kostet nix …«

Ich wurde langsam unsicher, ob das wirklich so eine gute Entscheidung gewesen war – mit dem Fitnessstudio.

Abends traf ich meine Freunde in der Dorfkneipe und erzählte auch ihnen stolz, dass ich jetzt Unternehmer sei. Aber die Reaktionen waren dieselben: Kein einziger freute sich für mich, keiner sah es positiv, keiner wollte mit mir feiern.

Eine Woche später gab es ein Familienfest, und wieder war mein Studio das Hauptgesprächsthema. Meine Eltern erzählten jedem, was ich da angestellt hatte – und wieder waren alle entsetzt, dass ich »so etwas Dummes« getan hatte.

»Selbstständig in der heutigen Zeit? Deinen sicheren Job wegwerfen?« Meine Mutter war fix und fertig. Mein Chef, in der Spedition, hatte mir doch angekündigt, dass ich in drei bis fünf Jahren Filialleiter werden könne. »Mensch, Filialleiter! Dann verdienst du Geld, hast Sicherheit – und kannst dein Leben planen.«

Ich wurde immer unsicherer, zweifelnder, ängstlicher. Wenn alle das so sahen – war ich dann vielleicht wirklich auf dem Holzweg?

Was, wenn sich die wirtschaftliche Lage weiter verschlechterte?

Was, wenn diese Fitnessstudio-Welle bald wieder abebbte?

Was, wenn das Studio einfach nicht mehr funktionierte?

Das Ganze erinnert mich heute an eine Szene aus dem Film *Das Streben nach Glück* mit Will Smith. Er spielt darin Chris Gardner, einen alleinerziehenden Vater. In einer Szene steht er mit seinem Sohn auf einem Basketballfeld. Der Junge wirft den Ball in den Korb und ruft dabei: »Ich werde später mal ein Profi!«

Will Smith will ihn erst bremsen – erkennt dann aber seinen Fehler und sagt: »Lass dir von niemandem einreden, dass du etwas nicht kannst. Auch nicht von mir. Okay? Wenn du einen Traum hast, musst du ihn beschützen. Wenn andere was nicht können, wollen sie dir immer einreden, dass du es auch nicht kannst. Wenn du es willst – dann mach es. Basta.«

Und so fasste ich einen Entschluss: Ich brauchte dringend einen Plan B.

Ich suchte mir also ein zweites Geschäftsfeld, das unabhängig vom Fitnessstudio funktionierte – und entschloss mich rund acht Monate später, etwas *sehr Seriöses* zu eröffnen: ein Sonnenstudio. Die Reaktionen darauf? Die gleichen wie zuvor – vielleicht sogar noch schlimmer. Daraufhin eröffnete ich sechs Monate später etwas wirklich *ganz Seriöses*: eine Diskothek. Die Reaktionen waren noch negativer.

Also tat ich das Naheliegende: Ich gründete mit einem Partner wenige Monate später ein weiteres Unternehmen – diesmal einen Großhandel für Fitnesszubehör, speziell für andere Fitnessstudios. Zum Beispiel: Trainingshandschuhe aus Leder, damit man beim Hanteltraining keine Schwielen bekommt. Ich hatte einen Kontakt zu einem Händler in Pakistan hergestellt. Dort gab es Lammleder in rauen Mengen – sie wussten gar nicht, wohin damit. In Heimarbeit wurden in Pakistan Tausende von Handschuhen produziert, in allen Farben und mit den unterschiedlichsten Handrücken-Materialien: Frottee, gehäkelt, Vollleder – alles war dabei. Ich weiß gar nicht mehr, wie viele Tausend Handschuhe wir damals an Fitnessstudios verkauft haben.

Mit diesem Unternehmen waren mein Partner und ich auch als Aussteller auf der FIBO – der großen Fitness- und Bodybuilding-Messe. Dort begegneten wir einem gewissen Robert Geiss. Er wird sich wahrscheinlich nicht mehr daran erinnern – ich schon. Er hatte damals einen großen Stand mit *Uncle Sam*, einem Unternehmen, das er mit seinem Bruder gegründet hatte. 1995 verkauften die beiden *Uncle Sam* für 140 Millionen D-Mark – der Grundstein für sein heutiges Vermögen.

Betrachtet man jedes einzelne meiner vier Geschäfte für sich, liefen sie zunächst alle richtig gut an. Die Diskothek zum Beispiel: Ich übernahm sie als Pächter, machte sie zwei Wochen dicht, renovierte ein bisschen (genauer gesagt: ich kaufte für 20.000 Mark ein paar Palmen, ließ für 30.000 Mark streichen und umbauen) – und dann startete ich eine Neueröffnung, die es in sich hatte. Ich engagierte die Sängerin Princess, die zu diesem Zeitpunkt mit einem Song in die Top Ten der Charts eingestiegen war. Das kostete zwar 15.000 Mark, aber ich wollte, dass es richtig kracht.

Princess kam in einer Limousine an – allerdings hatte sie wenig Lust, in einer Dorf-Disco aufzutreten. Ich hatte natürlich keine Ahnung von solchen Details, aber ich machte ordentlich Werbung. Die Neugier war sowieso riesig, schließlich war es eine Neueröffnung – und Princess war inzwischen sogar die Nummer eins in den Charts.

An dem Abend drängten sich an die 2.000 Menschen in die Diskothek. Zugelassen war sie vielleicht für die Hälfte – aber niemand hatte mich darüber aufgeklärt, und ehrlich gesagt: Es interessierte mich auch nicht. Es war so voll, dass die Bedienungen nicht mehr durchkamen, um Getränke zu den Tischen zu bringen. Was da alles hätte passieren können … ich wäre vermutlich im Knast gelandet. Aber diese Erfahrung sollte ich später ohnehin noch machen.

Irgendwann kam dann, was kommen musste. Ich war permanent damit beschäftigt, ein neues Geschäft vorzubereiten. Gleichzeitig musste ich mich in allen bestehenden Unternehmen regelmäßig um die wichtigsten Dinge kümmern. Ich arbeitete 80-100 Stunden pro Woche – ohne eine einzige freie Minute, ohne einen freien Tag. Und egal, wie viel ich tat: Immer wenn ich in einem Unternehmen war, fehlte ich in den anderen drei. Und so verstieß ich gegen eines der wichtigsten universellen Erfolgsgesetze: das Gesetz der Konzentration.

Das Gesetz der Konzentration besagt, dass wir unsere Energie auf eine Sache richten müssen, wenn wir darin wirklich erfolgreich sein wollen. Gegen dieses Gesetz wird besonders oft verstoßen – auch von mir. Wir machen einfach zu viel auf einmal: zu viele Geschäftsfelder, zu viele Projekte, zu viele Ziele, zu viele Produkte, zu viele Varianten.

Und als wäre das alles nicht schon genug, flatterte mir – kaum war das Fitnessstudio in Haßfurt gekauft – der Einberufungsbefehl der Bundeswehr ins Haus. Daran hatte ich überhaupt nicht mehr gedacht! Ich konnte doch jetzt nicht meine gerade begonnene Selbstständigkeit allein lassen, um zum verfluchten Bund zu gehen! Was also tun?

Ich fragte überall herum – und fand schließlich heraus, dass es die Möglichkeit gab, sich für zehn Jahre zum Katastrophenschutzdienst zu verpflichten. Dafür musste man sich beim Technischen Hilfswerk (THW) oder beim Roten Kreuz engagieren. Zwei meiner Kumpels waren bereits beim THW. Dort musste man nur einmal im Monat für eine große Übung à vier Stunden erscheinen. Manchmal gab's noch einen zweiten Termin – aber das war's. Das klang für mich wesentlich besser, als 15 Monate zur Bundeswehr zu müssen. Dann lieber einmal im Monat eine blöde Übung machen.

Aber das THW war schon voll.

Ich bettelte, redete auf sie ein – aber da ging nichts mehr. Man gab mir lediglich den Tipp, mich mal beim Roten Kreuz zu melden. Also griff ich zum Hörer und rief dort an. Der zuständige Leiter für den

Katastrophenschutz war hauptberuflich stellvertretender Leiter einer Krankenkasse in Schweinfurt – aber eigentlich, so hatte ich den Eindruck, war sein Beruf das Rote Kreuz.

Er war zwar verheiratet und hatte Kinder, aber praktisch jede freie Minute außerhalb seiner Arbeit bei der Krankenkasse verbrachte er irgendwo und irgendwie mit dem Roten Kreuz. Ich verabredete mich gleich für Freitagabend mit ihm in der Kreuzwache in Schweinfurt. Er zeigte mir alles, erklärte mir alles, machte mir die Sache schmackhaft – und ich biss an. Ich konnte ja nicht wissen, was da auf mich zukam. Aber ich hatte auch keine Wahl. Ich war selbstständig und musste für mein Unternehmen da sein – nicht bei der Bundeswehr irgendwo in der Pampa Sauforgien feiern.

Im Unterschied zu meinen Freunden beim THW bedeutete das zehnjährige Engagement beim Roten Kreuz: einmal im Monat vier Stunden Katastrophenschutzübung – *plus* Dienst im Roten Kreuz.

Also machte ich zuerst meine Sanitätsausbildung, später folgte die Fortbildung zum Rettungssanitäter. Ich stieg voll ein. Anfangs fuhr ich zwei- bis dreimal die Woche nachts Rettungsdienst – denn tagsüber musste ich ja arbeiten. Zum einen war da mein Job bei der Spedition Schäflein, den ich aus Sicherheitsgründen in den ersten 13 Monaten ganz regulär beibehielt. Danach ging's direkt ins Fitnessstudio – von 16:00 bis 22:00 Uhr. Und anschließend erledigte ich noch Buchhaltung, Bestellungen und andere organisatorische Dinge.

Ich schlief im Schnitt nur vier bis sechs Stunden. Den Rettungsdienst konnte ich ja nur nachts machen, und wenn ich Glück hatte, wurde ich nicht gerufen – dann waren es ein paar Stunden Schlaf. Wenn ich Pech hatte, ging's zwei-, drei- oder viermal raus. Innerhalb einer Minute mussten wir einsatzbereit sein. Dann ging es mit dem Rettungswagen durch die Nacht zum Einsatzort. Manchmal waren es grauenhafte Unfälle mit schweren Verletzungen. Am allerschlimmsten waren die sinnlos Betrunkenen. Die mussten irgendwo hingebracht werden – meist ins Krankenhaus. Unterwegs kotzten sie dann den Krankenwagen voll oder wurden aggressiv. An Schlaf war da nicht zu denken. Fix und fertig saß ich am nächsten Morgen wieder in der Spedition – oder am Wochenende im Fitnessstudio. Keine Ahnung, wie ich das damals durchgehalten habe.

Später ließ ich den Rettungsdienst sein und konzentrierte mich auf andere Sanitätsdienste am Wochenende. Ich begleitete Wandertage oder betreute irgendwelche Sportfeste. Und das Allerbeste war das Schweinfurter Volksfest: Dort durfte ich in meinem langweiligen, ultrakonservativen Rotkreuz-Anzug über das Festgelände stiefeln. Immer wieder traf ich Bekannte, Mitglieder aus dem Fitnessstudio oder Kollegen, die mich erstaunt fragten, was ich denn da in diesem bescheuerten Anzug zu suchen hätte. »Was? Dienst beim Roten Kreuz? Hahaha!«

Anstatt selbst Spaß zu haben auf dem Volksfest, lief ich als Rotkreuzler herum. Wie sollten sie auch wissen, dass ich mir dadurch den Dienst bei der Bundeswehr ersparte?

Aber mal ganz im Ernst: So hart diese Zeit auch war – sie hatte definitiv auch etwas Positives. Oft war ich zwar genervt von bestimmten Einsätzen, bei denen ich stundenlang dämlich herumsitzen und mich langweilen musste. Aber wenn dann wirklich etwas passierte, war es ein großartiges Gefühl, helfen zu können. Als Rettungssanitäter war das manchmal knüppelhart. Besonders schlimm waren die Freitag- und Samstagnächte. Meistens war Alkohol im Spiel, damals noch weniger die Drogen. Es gab viele, die irgendwo feierten, sich betranken und anschließend mit ihren Mopeds durch die Gegend knatterten. Und dann passierten die Unfälle: Knochenbrüche, Abschürfungen, Schädelbasisbrüche – es war alles dabei. Am Anfang musste ich schon heftig schlucken, wenn das Blut in Strömen floss und wir in kürzester Zeit handeln mussten. Aber es hatte auch etwas Beglückendes. Im Nachhinein zu erfahren, dass wir vielleicht ein Leben gerettet hatten, war ein starkes Gefühl. Natürlich war es letztlich der Notarzt, der rettete – aber ohne unsere Unterstützung wäre er gar nicht erst rechtzeitig zur Stelle gewesen.

Ich kann bis heute noch Herzmassage, künstliche Beatmung und stabile Seitenlage. Ich weiß, wie man prüft, ob jemand bewusstlos oder ansprechbar ist, und wie man jemanden richtig lagert, der zusammengebrochen ist. Selbst einfache Dinge wie einen haltbaren Fingerkuppenverband kann ich noch heute genauso gut anlegen wie einen Druckverband oder beherrsche andere Techniken aus dem Sanitätsdienst.

Als ich später meine Diskothek hatte, kam es durchaus vor, dass ich mich am Sonntagmorgen direkt von dort zur Katastrophenschutzübung fahren ließ – um 7:30 Uhr nach Gerolzhofen. Die Disko machte um 20:00 Uhr auf und schloss um 3:00 Uhr. Anschließend feierten wir oft noch im kleinen Kreis weiter – mit Asbach Uralt, Whisky, Captain Morgan oder dem Spezialgetränk der Zeit: Escorial Grün. Ein Likör mit 56 Prozent Alkohol – man konnte ihn sogar anzünden und die blaue Flamme beobachten.

Und dann kam die Katastrophenschutzübung: vier Stunden Zelte aufbauen, abbauen, schwere Ausrüstung schleppen. Mir war hundeelend. Ich stand da und spürte, wie mit jedem Herzschlag der Escorial langsam nach oben stieg. Gerade als er oben ankam, trat unser Katastrophenschutzleiter auf mich zu und fragte, was ich denn so blöd in der Gegend herumstehe. Ich schluckte heftig, ließ den Escorial wieder Herzschlag für Herzschlag nach unten wandern, wo er hingehörte, und antwortete: »Nichts, bin schon unterwegs.«

In dieser Zeit hatte ich einen Autounfall nach dem anderen. Ich fuhr mit Tempo 100 auf ein Auto auf, dessen Fahrer mir von rechts die Vorfahrt genommen hatte – Totalschaden. Beim nächsten BMW krachte ich in ein weiteres Fahrzeug – wieder Vorfahrt genommen. Dann kaufte ich mir einen BMW 323i, ein Geschoss mit 143 PS, ein Traum. Etwa acht Wochen später wollte ich mit meinem Geschäftspartner nach Stuttgart zu einem Fitnessgerätehersteller fahren. Ich holte ihn zu Hause ab, und gleich in der ersten Kurve außerhalb seines Dorfes – ich wollte sie mit 160 Sachen nehmen – drehten wir uns, rutschten in den Graben und pflügten diesen etwa 80 Meter lang durch. Zwei Meter vor dem Ende des Grabens – und wahrscheinlich auch vor unserem eigenen Ende – blieb das Auto stehen.

Insgesamt hatte ich acht schwere Unfälle innerhalb weniger Jahre. Heute weiß ich, dass auch das einen größeren Zusammenhang hatte.

Nichts passiert zufällig. Alles unterliegt dem Gesetz von Ursache und Wirkung. Damit meine ich nicht nur die Geschwindigkeit – sondern auch die geistige Ebene: Ich war einfach viel zu schnell unterwegs. Ich machte zu viel in zu kurzer Zeit. Deshalb kamen die Unfälle. Heute würde ich auf solche Signale hören. Damals hatte ich noch keine Ahnung von den universellen Gesetzen des Lebens.

Eines der Hauptgesetze der Psychologie besagt: Alles, was beachtet wird, verstärkt sich. Alles, was weniger beachtet wird, schwächt sich ab. Wenn wir also unsere Energie auf zu viele Dinge verteilen, bekommt das Einzelne automatisch weniger Aufmerksamkeit. Es ist wie bei einer Pflanze, die allein gepflanzt wird: Sie erhält optimal Licht, Nährstoffe und Wasser. Werden um sie herum aber viele weitere Pflanzen gesät, bekommt jede einzelne weniger davon. Alle wachsen langsamer, und es dauert, bis sich eine durchsetzt – während die anderen verkümmern.

Ich war 22 Jahre alt, als ich im Fitnessclub einen Anruf erhielt. Inzwischen hatte ich das Studio in Haßfurt verkauft und ein neues in Karlstadt eröffnet: den California Fitnessclub. Am Telefon war der Kreditleiter der Raiffeisenbank Karlstadt. Er bat um einen dringenden Termin. Auf meine Nachfrage meinte er nur, es sei wirklich wichtig und könne nicht warten. Zwei Tage später saß ich in seinem Büro. Dort eröffnete er mir, dass die Bank alle vorgelegten Zahlen geprüft hatte und zu dem Ergebnis gekommen war: So konnte es nicht weitergehen. Alle meine vier Geschäfte machten mittlerweile Verlust. In der Diskothek hatte ich im ersten halben Jahr nach der Neueröffnung zwar 250.000 Mark Reinverdienst erwirtschaftet, im zweiten Halbjahr aber 400.000 Mark verloren – die Besucherzahlen waren auf 30 bis 50 Gäste pro Abend eingebrochen.

Ich fragte, was das nun für mich bedeute. Die Antwort: Ich müsse drei der vier Geschäfte abgeben oder verkaufen. Nur das California Fitnessstudio in Karlstadt dürfe ich behalten – und auch das nur unter der Bedingung, dass der Kontokorrentrahmen nicht weiter erhöht werde, wie es in den letzten Monaten immer wieder geschehen sei. Es gebe keine Alternative.

So stand ich also da: mit einem einzigen Studio – und 960.000 Mark Schulden. Bei einem Zinssatz von 9 Prozent bedeutete das allein rund 7.200 Mark Zinsen im Monat. Hinzu kamen Tilgungen, insgesamt etwa 12.000 Mark monatlich. Sobald die Bank am Monatsanfang die Mitgliedsbeiträge einziehen ließ, wurde das Geld direkt für die Kreditrate einbehalten – und ich konnte meine laufenden Rechnungen nicht mehr bezahlen. Der Stapel der unbezahlten Rechnungen wuchs mit jedem Monat. Es kamen Zahlungserinnerungen, Mahnungen, Mahnbescheide, bald auch die ersten Anrufe.

Ich wurde zum Meister darin, bereits am Umschlag zu erkennen, ob es sich um eine Rechnung, eine Mahnung oder einen Mahnbescheid handelte – öffnen musste ich die Briefe nicht mehr. Ich konnte sie ja ohnehin nicht bezahlen. Einige Wochen lang öffnete ich meine Post gar nicht mehr, sondern warf sie einfach ungesehen in die große Schublade meines Bürocontainerwagens. Ich steckte den Kopf sprichwörtlich in den Sand. Ich wollte meine Probleme nicht sehen, nicht fühlen, nichts davon wissen. Ich kehrte sie unter den Teppich – bis zwischen Teppich und Zimmerdecke kaum noch Platz war. Später erkannte ich, dass genau das der größte Fehler war, den man machen kann: Probleme zu ignorieren. Denn jedes ungelöste Problem kommt zurück – größer und schwerer. Es ist wie ein Schneeball, der von einem Hang auf uns zurollt. Wir weichen ihm elegant aus, er rollt den gegenüberliegenden Hang hinauf, nimmt an Masse zu und kehrt zurück. Noch können wir ausweichen. Doch irgendwann wird aus dem Schneeball eine Lawine. Und vor der kann niemand mehr weglaufen. Die Lawine erfasst uns. Aus einem kleinen Problemchen wird eine Krise. Und aus einem Bömbchen eine ausgewachsene Bombe.

Schließlich sanken meine Mitgliedszahlen immer weiter. Obwohl ich nur noch ein einziges Geschäft hatte – das Fitnessstudio –, fehlte mir die Energie. Im Schnitt kamen täglich fünf Interessenten zur Tür herein. Der California Club lag mitten in Karlstadt, viele Leute liefen daran vorbei, manche warfen neugierige Blicke hinein. Fünf Besucher täglich – doch ich schaffte es gerade mal, jedem zehnten eine Mitgliedschaft zu verkaufen. Also 0,5 Mitgliedschaften pro Tag. Das bedeutete 15 neue Mitglieder im Monat – mit fallender Tendenz.

Ich bemitleidete mich selbst und steckte den Kopf in den Sand. Ich wusste einfach nicht weiter. Verdammt noch mal! Warum hatte ich ausgerechnet hier, in Karlstadt, ein Fitnessstudio eröffnet? Hätte ich es doch nur in Schweinfurt gemacht. Aber nein – hier auf dem Land. Die Leute kapierten doch gar nicht, was für ein tolles Studio ich aufgebaut hatte: mit Whirlpool, topmodernen Maschinen, einer Sauna im tropischen Stil …

Und dann waren da die Mitarbeiter – alles Pfeifen. Manche beklauten mich, ich musste sie feuern. Die meisten waren faul, konnten nicht verkaufen und wollten nur schnelles Geld kassieren. Dazu kam die falsche Zeit: Die Rezession wurde schlimmer, und der Aerobic-Boom, der von ’83 bis ’86 für Aufschwung gesorgt hatte, ließ bereits wieder nach. Also lohnte es sich gar nicht erst, Aerobic anzubieten. Und Cardiotraining mit Laufbändern und Fahrrädern? Erstens viel zu teuer in der Anschaffung, und zweitens brachte das auf Dauer eh nichts. Die Leute würden schon irgendwann erkennen, dass Muskeltraining das einzig Wahre war …

Ich war gefangen in meinem negativen Mindset. Ich hatte tausend Ausreden, warum es nicht lief – aber keine hatte mit mir zu tun. Ich, das arme Opfer. Ich träumte davon, dass irgendwann ein weißer Ritter vorbeikommen würde, sich am Studio beteiligte und mich von allen Sorgen befreite. Nur tauchte dieser weiße Ritter leider nicht auf.

Der Tiefpunkt kam an einem Wochentag morgens um 8:30 Uhr. Es klingelte an der Wohnungstür. Meine Mutter öffnete – ich lebte zu Hause, weil ich kein Geld hatte. Vor der Tür stand der Gerichtsvollzieher. Er hatte einen Pfändungsbeschluss dabei. Ich war unter dieser Adresse gemeldet, also kam er zu uns. Meine Mutter erklärte ihm, dass alles in der Wohnung ihr gehöre, unterschrieb das auch, und er zog wieder ab. Dann riss sie wütend die Tür zu meinem Kinderzimmer auf. Ich hatte natürlich alles mitgehört und schon einen Puls von 220. Sie schrie mich an: Was das solle, was denn los sei – der Gerichtsvollzieher sei gerade da gewesen!

Am Abend musste ich meinen Eltern reinen Wein einschenken: Ich war faktisch pleite. Mein Vater wollte wissen, wie viel Schulden ich hatte. Ich zögerte lange, doch irgendwann musste ich ihm die 960.000 Mark beichten. Er sah mich lange an, dann sagte er mit fester Stimme: »Ich habe dir doch damals gleich gesagt, dass das schiefgeht. Warum hast du nicht auf uns gehört? Jetzt hast du dein Leben endgültig ruiniert.«

Und meine Mutter fing wieder an zu weinen.

Genau das war es, wovor ich mich immer gefürchtet hatte: diese Worte. Meinen Vater wieder enttäuscht zu haben, war das Schlimmste. Er konnte nicht stolz auf mich sein, weil ich – so dachte ich – nichts konnte. Ich war extra den Weg der Selbstständigkeit gegangen, um ihm zu beweisen, dass ich etwas erreichen würde. Und doch hatte ich ihn wieder enttäuscht.

Und da war es wieder, mein altes Muster. Mein Selbstbild wurde weiter gefüttert: Ich war eine Enttäuschung. Ich war eine Pfeife. Ich konnte nichts – hatte nie etwas gekonnt und würde auch nie etwas können.

Ich habe es lange niemandem erzählt, weil ich mich dafür schämte. Aber ich lag damals immer öfter nachts wach. Und immer häufiger schlich sich ein Gedanke in mein Gehirn: Wäre es nicht besser, einfach zu verschwinden? Immer öfter kam dieser Gedanke. Er wurde stärker, nicht stark genug, um ihn umzusetzen, aber doch so stark, dass ich mir auszumalen begann, wie ich es tun würde – falls es je so weit kommen sollte.

Eines Tages kam dann der absolute Tiefpunkt: Ich hatte überhaupt kein Bargeld mehr. Von der Bank war nichts zu holen, und die Einnahmen an der Protein-Bar im Fitnessstudio waren so gering, dass selbst Kleinigkeiten kaum noch zu finanzieren waren.

Also log ich meine Mutter an: »Mutti, kannst du mir mal 100 Mark leihen? Ich habe meinen Geldbeutel in Karlstadt vergessen. Ich brauche das Geld, um den Tank zu füllen und überhaupt nach Karlstadt fahren zu können.«

Sie schaute mich mit wässrigen Augen an. Sie kannte mich, sie wusste natürlich, dass ich sie gerade anflunkerte – aber sie gab mir das

Geld. Mütter sind eben so. Irgendwie würde sie es schon mit dem Haushaltsgeld ausgleichen.

Ich schämte mich und zog los. Ich tankte für 50 Mark meinen völlig leeren Tank voll und hatte noch 50 Mark in der Tasche. In Schweinfurt musste ich etwas besorgen, und beim Vorbeigehen sah ich, wie eine Mitarbeiterin der Rückert-Buchhandlung in der Kesslergasse das Schaufenster dekorierte – mit lauter Selbsthilfebüchern, fast alle von amerikanischen Autoren.

Das erste Buch, das sie platzierte, trug den Titel *Sorge dich nicht – lebe!*

»Ja, klar«, dachte ich sarkastisch, »gute Idee, Jürgen. Mach dir einfach keine Sorgen. Du hast zwar eine Million Schulden, bist pleite und dein Leben scheint im Eimer – aber hey, leb doch einfach fröhlich weiter.«

Direkt daneben: *Denke nach und werde reich* von Napoleon Hill.

»Natürlich. Warum bin ich da nicht selber drauf gekommen? Einfach ein bisschen nachdenken – und schon wirst du reich. Ich denke seit Wochen und Monaten nach. Ich kann nachts nicht schlafen, habe Alpträume, bin übermüdet, weil mir ständig Gedanken durch den Kopf schwirren – aber na klar, denk einfach, und dann klappt das mit dem Reichtum.«

Ich lief weiter, innerlich kochend: »Ihr Idioten. Ihr Arschlöcher.«

(Wohlgemerkt: Das galt natürlich nicht den Leuten in der Buchhandlung – sondern den Autoren dieser *vermeintlich* klugen Ratgeber.)

Und genau deshalb kann ich heute so gut verstehen, wenn Menschen über mich oder meine Bücher und Seminare ähnlich denken – voller Skepsis, Misstrauen, Ablehnung. Ich nehme es nicht mehr persönlich. Ich war selbst mal so. Deshalb fällt es mir heute leichter, diese Haltung zu verstehen – und zu verzeihen.

Eine halbe Stunde später kam ich wieder an der Buchhandlung vorbei, immer noch mit den 50 Mark in der Tasche. Das Schaufenster war nun fertig dekoriert. Und plötzlich passierte etwas: Irgendetwas zog mich magisch hinein. Ich kaufte das Buch von Dale Carnegie. *Sorge dich nicht – lebe!* Für genau 29,80 Mark. Diesen Betrag habe ich nie vergessen.

Wenn man bedenkt, dass das im Jahr 1986 war – also, während ich diese Zeilen schreibe, vor 38 Jahren –, dann fällt auf, dass Bücher heute oft sogar günstiger sind als damals.

Mir blieben noch 20,20 Mark in der Tasche.

Ich lief mit dem Buch in der Hand bei Natalino vorbei, einer Eisdiele in Schweinfurt. Jetzt war es auch schon egal. Nach langer Zeit betrat ich mal wieder das kleine Café.

Natalino begrüßte mich herzlich: »Hallo, Jürgen, mein Freund, schön, dich mal wieder zu sehen. Was darf's sein?«

Ich bestellte einen Cappuccino – 2 Mark kostete der damals.

Als der Kaffee kam, rührte ich lange darin herum, schlürfte ihn in kleinen Schlucken, damit er möglichst lange hielt, und begann dabei zu lesen. Nach 20 Minuten war die Tasse leer. Natalino kam wieder an meinen Tisch.

»Noch ein Cappuccino?«

Ich wollte gerade reflexartig ablehnen – schließlich war ich pleite. Doch ich hatte bereits die ersten Seiten des Buches gelesen, und etwas hatte sich in mir bewegt.

Dale Carnegie hatte recht.

Und mal ehrlich: Ob ich mit einer Million Schulden unterging oder mit einer Million und zwei Mark – das war jetzt auch schon egal.

»Ja«, sagte ich, »bitte bring mir noch einen zweiten Cappuccino.«

Ich las das Buch innerhalb von 24 Stunden komplett durch. Und dabei geschah etwas. Ein Gedanke wuchs in mir. Ganz leise am Anfang. Dann immer lauter. Immer stärker. Ein einziger Satz – aber er wurde zur Initialzündung für alles, was danach kam. Ein Gedanke, der entscheidet, ob wir stecken bleiben oder aufbrechen. Ob wir in unserer Komfortzone verharren oder ins Unbekannte aufbrechen.

Ob wir zur Masse gehören, die überlebt – oder zu denen, die anders, verrückt, ver-rückt sind.

Der Gedanke lautete: »Nichts ändert sich, außer wir ändern uns.«

LEARNINGS KAPITEL 4:

1. Lass dir von niemandem einreden, dass du etwas nicht kannst.
2. Wenn du etwas willst – dann mach es. BASTA!
3. Du hast ein Recht, zu träumen.
4. Deine Träume können Wirklichkeit werden.
5. Nichts ändert sich, außer wir ändern uns.

AUTOSUGGESTIONEN:

1. Ich folge immer meinem Herzen.
2. Ich glaube an mich und an meine Träume.
3. Ich bin selbstbewusst.
4. Meine Träume werden Wirklichkeit.
5. Nichts ändert sich, außer wir ändern uns.

KAPITEL 5: DIE ENTDECKUNG DER MODERNEN ALCHEMIE

Nachdem ich Dale Carnegie gelesen hatte, besorgte ich mir sofort das nächste Buch. Es war der Band, der im Schaufenster direkt neben dem Carnegie-Buch gelegen hatte – jener, der mich zu dem Ausruf »Ihr Arschlöcher!« inspiriert hatte. Genau, es war *Denke nach und werde reich* von Napoleon Hill.

Wer zum Teufel ist Napoleon Hill? Geboren 1883, hatte er Jura studiert und wurde später Journalist und Schriftsteller. Robert Love Taylor, damaliger Gouverneur von Tennessee und Herausgeber der Zeitschrift *Bob Taylor's Magazine*, beauftragte den damals erst 25-jährigen Hill, eine Reihe von Kurzbiografien berühmter US-Amerikaner zu schreiben.

Der erste auf der Liste war Andrew Carnegie. Carnegie wurde in Schottland geboren und arbeitete bereits mit 13 Jahren in einer Baumwollspinnerei. Neben seinem Zwölf-Stunden-Tag besuchte er abends die Schule. Mit 14 lernte er das Telegrafieren und wurde schließlich Leiter der Western Division der Pennsylvania Railroad. Deren Inhaber, Thomas A. Scott, wurde auf den jungen Carnegie aufmerksam und machte ihn zu seinem persönlichen Sekretär. Carnegie stieg im Unternehmen immer weiter auf. Als Scott im amerikanischen Bürgerkrieg als stellvertretender Kriegsminister nach Washington ging, begleitete ihn Carnegie. Nach dem Krieg übernahm er Scotts Position bei der Pennsylvania Railroad. 1865 verließ er das Unternehmen und gründete eigene Firmen.

Bei seinen regelmäßigen Besuchen in Großbritannien erkannte er den rasanten Fortschritt der Eisenindustrie und war überzeugt, dass Stahl Gusseisen bald ablösen würde. Er errichtete den ersten Hochofen und wurde einer der reichsten Menschen der Welt – einer der ersten Milliardäre überhaupt. Umgerechnet auf heutige Kaufkraft soll sein Vermögen rund 450 Milliarden Dollar betragen haben. Damit liegt er auf Platz drei der reichsten Menschen aller Zeiten – nach John D. Rockefeller und Cornelius Vanderbilt.

Als Hill Carnegie interviewte, hatte Carnegie eine Idee: Er glaubte, der Weg zum Erfolg ließe sich in einer einfachen Formel zusammenfassen. Beeindruckt von Hill, beauftragte er ihn, die 500 erfolgreichsten Menschen ihrer Zeit zu befragen, um diese Formel zu finden und für jedermann zugänglich zu machen – ganz im Sinne von Carnegies philanthropischer Überzeugung. Denn zu Lebzeiten spendete er inflationsbereinigt rund 15 Milliarden Dollar. Die Carnegie Hall in New York ist nur eines seiner vielen Vermächtnisse.

Mit Carnegies Unterstützung begann Hill also seine Recherche. In den folgenden 20 Jahren interviewte er 500 herausragende Persönlichkeiten – darunter Thomas Alva Edison, Alexander Graham Bell, Henry Ford, John D. Rockefeller, F. W. Woolworth, William Wrigley und Charles Schwab.

1928 veröffentlichte Hill seine Erfolgsphilosophie unter dem Titel *The Laws of Success* (deutsch: *Erfolgsgesetze in sechzehn Lektionen*). 1937 folgte *Denke nach und werde reich*, das sich bis heute etwa 70 Millionen Mal verkauft haben soll. Und genau dieses Buch war das zweite Weiterbildungsbuch in meinem Leben.

Ich war fasziniert. Für mich war es kein Lesebuch – es war ein Arbeitsbuch. Ich kritzelte hinein, Markierte wichtige Stellen farbig, las es nicht nur einmal, sondern mehrfach. Die zentralen Aussagen schrieb ich mir heraus, um sie auswendig zu lernen und in die Praxis umzusetzen. Dieses Buch hat mein Leben maßgeblich verändert. Als ich später das Vorwort zur deutschen Ausgabe eines weiteren Buches von Napoleon Hill schreiben durfte, erfüllte mich das mit Freude, Stolz und Dankbarkeit.

Das dritte Buch, das ich las, war *Wie man Freunde gewinnt* – wieder von Dale Carnegie. Es folgten *Die Macht deines Unterbewusstseins* von Joseph Murphy und *Lebe begeistert und gewinne* von Frank Bettger. Letzteres war mein erstes Buch über das Verkaufen. Mir wurde klar: Wenn ich meine Probleme lösen wollte, musste ich lernen, besser zu verkaufen.

Wieder zeigte sich das Gesetz der Anziehung: Ein Prospekt der IHK Würzburg-Schweinfurt flatterte mir auf den Schreibtisch. Darin wurde ein eintägiges Seminar mit einem Verkaufstrainer namens P. A. Müller angekündigt. Als ich den Preis las, erschrak ich: 149 Mark. Für jemanden, der pleite war, seine Rechnungen nicht bezahlen konnte und den der Gerichtsvollzieher verfolgte, war das eine Menge Geld.

Aber ich wollte unbedingt hin. Also meldete ich mich an und kratzte das Geld irgendwie zusammen. Im IHK-Saal staunte ich nicht schlecht: Etwa 250 Unternehmer und Verkäufer aus der Region waren gekommen, um Müller zu hören. Nach der Ankündigung durch den IHK-Präsidenten betrat er die Bühne – schwarzer Maßanzug, weißes Hemd mit goldenen Manschettenknöpfen, knallrote Krawatte, polierte schwarze Schuhe, teure Uhr. Er war gebräunt, die dunklen Haare glatt nach hinten gelegt. Er sah perfekt aus – und begann sofort mit voller Energie zu sprechen. Er war brillant. Seine Stimme, seine Ausstrahlung – beeindruckend.

Er war all das, was ich nicht war, aber gern gewesen wäre. Ich mochte ihn nicht! So ein geleckter Typ – arrogant, überheblich, zu perfekt. Außerdem: Was der da erzählte, war doch alles Humbug! Wenn es so einfach wäre, könnten alle besser verkaufen – ich vor allem!

Ich überlegte ernsthaft, wie ich unauffällig verschwinden könnte, beschloss aber, zumindest bis zur Pause zu bleiben. Nach einer halben Stunde dachte ich zum ersten Mal: »Da hat er jetzt aber mal recht.« Nach 45 Minuten machte ich mir die ersten Notizen. Nach einer Stunde notierte ich fast alles mit. Nach eineinhalb Stunden war der erste Block vorbei – und ich war restlos begeistert.

Am Nachmittag stellte er ein viertägiges Seminar namens »Markt- und Unternehmerstrategien« vor. Es sollte ein vollständiges Konzept liefern, wie man ein kleines Unternehmen von Grund auf erfolgreich aufbaut. Das war genau das, was ich brauchte. Müller machte uns das Angebot noch schmackhafter: Er übernahm 500 Mark des Seminarpreises. Statt 5000 Mark netto sollten wir nur 4450 Mark plus Mehrwertsteuer zahlen – ein echtes »Schnäppchen« also …

Wir schreiben das Jahr 1987. Nach heutiger Kaufkraft müsste ich heute für so ein Seminar wohl rund 15.000 Euro verlangen. Ich aber unterschrieb euphorisch.

Auf der Rückfahrt von Würzburg nach Schweinfurt überkam mich die Kaufreue. Was hatte ich getan? Schon die 149 Mark waren ein Kraftakt gewesen. Vielleicht hätte ich erst das Tagesseminar umsetzen, Geld verdienen und dann das große Seminar buchen sollen. Genau so hätte ich es machen müssen.

Am nächsten Tag rief ich im Sekretariat von P. A. Müller an. Eine überaus freundliche und kompetente Mitarbeiterin meldete sich. Ich erzählte ihr, dass ich auf dem IHK-Seminar gewesen sei. Sie fragte, wie ich es gefunden habe. Ich lobte es überschwänglich. Daraufhin sagte sie: »Ja, so reagieren alle Teilnehmer von Herrn Müller. Was ist denn Ihr Anliegen?«

Ich erklärte ihr, dass ich mich zu dem viertägigen Folgeseminar angemeldet habe. Sie beglückwünschte mich zu dieser klugen Entscheidung – alle bisherigen Teilnehmer seien danach richtig durchgestartet. Ich zögerte ein wenig und sagte, dass ich im Kalender leider gesehen habe, dass ein anderer, nicht verschiebbarer Termin mit dem Seminar kollidiere. Ich fragte sie, was ich tun könne.

Sie antwortete: »Wenn es partout nicht geht, Herr Höller, dann müssen Sie halt stornieren.«

Ich fragte erleichtert: »Ach, das geht?«

»Ja, natürlich«, sagte sie.

»Und was muss ich tun?«, wollte ich wissen.

Sie erklärte mir, ich müsse lediglich ein Stornierungsschreiben per Fax (für die Jüngeren: Das war der Vorgänger der E-Mail) schicken. Daraufhin würde ich eine Stornorechnung erhalten.

»Eine Stornorechnung?«, stotterte ich. »Und wie hoch soll die sein?«

»30 Prozent vom Seminarpreis«, antwortete sie.

»Also 30 Prozent von 4450 Mark?«, fragte ich kleinlaut.

»Nein«, korrigierte sie, »30 Prozent vom Normalpreis – also von 5000 Mark.«

Himmel, Arsch und Zwirn – das waren 1500 Mark netto. Geld, das ich gar nicht hatte. War ich denn von allen guten Geistern verlassen?

Ich sagte zu ihr: »Ach, wissen Sie was? Ich glaube, ich kann den anderen Termin bei mir vielleicht doch noch verlegen. Falls nicht, melde ich mich wieder.« Und legte auf.

Was also tun?

Zu der Zeit plante ich gemeinsam mit zwei Partnern das neue Fitnessstudio »Fit & Fun« in Schweinfurt. Einer meiner engsten Freunde, der auch mein Rechtsanwalt ist, wollte dort eine multifunktionale Fitnessanlage eröffnen. Auf 2500 Quadratmetern sollte ein modernes Studio entstehen: mit hochwertigen Geräten aus den USA, einem Aerobic- und Gymnastikraum, einem Multifunktionsraum für Fußball, Basketball und Volleyball, einem Squashcourt, einem Bistro, einem original englischen Doppeldeckerbus, umgebaut zur Bar sowie einem Spa-Bereich mit Sauna, Dampfbad, Kaltwasserbecken, Schwimmbad, Solarien – eine Millioneninvestition. Und er wollte mich als Partner.

»Mich?«, fragte ich ungläubig. »Aber du weißt doch, dass ich faktisch pleite bin – und es eigentlich immer noch bin.«

»Genau deshalb will ich dich ja dabeihaben«, sagte er. »Damit ich die gleichen Fehler vermeide. Und ich sehe, wie du in den letzten Wochen und Monaten Gas gegeben hast und deine Mitgliedszahlen steigen.«

»Aber ich habe kein Geld«, entgegnete ich fassungslos.

»Geld brauchst du nicht – das besorgen wir anders. Ich will deine Energie und deine Erfahrung.«

So wurde ich zu einem Drittel Mitbesitzer dieser großen, multifunktionalen Fitnessanlage – ohne einen einzigen Pfennig investiert zu haben. Zum ersten Mal erkannte ich: Es ist nicht entscheidend, Geld zu haben, um Geld zu verdienen. Man kann Wissen in Geld verwandeln – das ist moderne Alchemie. Im Mittelalter versuchten Alchemisten, Gold aus verschiedenen Stoffen herzustellen. Heute können wir modernes Gold, sprich Erfolg, schaffen, indem wir das richtige Wissen aufnehmen und anwenden.

Mit dieser bahnbrechenden Erkenntnis ging ich zu meinen beiden Partnern, und erzählte ihnen begeistert vom Tagesseminar – wie großartig es war, was ich gelernt hatte, und dass ich für mich, also für uns, das Vier-Tage-Folgeseminar gebucht hatte.

Jürgen fragte mich: »Und was kostet das?«

Ich antwortete: »Viervierzichfuffzsch.«

»Wie bitte?«, fragte er irritiert.

Ich murmelte nochmals: »Viervierzichfuffzsch.«

»Jetzt sprich doch mal deutlich, ich versteh kein Wort!«

Und ich rief laut: »4450 Mark!«

Den beiden fiel die Kinnlade herunter. Wie aus einem Mund sagten sie: »Auf gar keinen Fall investieren wir 4450 Mark in ein Seminar. Der Typ spinnt doch.«

Man muss dazu sagen: Wir hatten keinerlei Probleme damit, die besten und teuersten Fitnessgeräte anzuschaffen. Ein Laufband kostete damals 10.000 Mark. Neue Rudergeräte und Stepper von Life Fitness lagen ebenfalls bei 10.000 Mark pro Stück. Selbst ein einfaches elektronisches Fahrrad kostete 5000 bis 6000 Mark. Wenn ich sagte, wir bräuchten zwei Fahrräder und ein zusätzliches Laufband, um der Konkurrenz voraus zu sein – also 20.000 Mark mehr –, wurde die Entscheidung in 20 Sekunden getroffen. Aber 4450 Mark für ein Weiterbildungsseminar? Undenkbar. Für sie.

Für mich nicht. Ich wollte unbedingt hin. Also redete ich – und verkaufte ihnen das Seminar nach allen Regeln der Kunst. Nach zwei Stunden hatte ich sie weichgekocht.

Jürgen meinte schließlich, ich würde ja auch noch meinen eigenen »California Fitnessclub« in Karlstadt haben. Ich solle ein Drittel selbst übernehmen, der Rest – 3000 Mark – würde von »Fit & Fun« getragen.

Hurra! Damit lag mein Anteil genau bei den 1500 Mark, die ich sowieso als Stornogebühr hätte zahlen müssen.

Mir fiel ein riesiger Stein vom Herzen – auch wenn ich noch nicht wusste, wie ich die 1500 Mark überhaupt aufbringen sollte.

Also setzte ich erstmal das Wissen aus dem Tagesseminar um. Ich schrieb sofort ein Verkaufsskript und setzte es am nächsten Tag in meinem California Fitnessclub in Karlstadt ein. Wie bereits beschrieben, hatte ich zu diesem Zeitpunkt rund fünf Besucher am Tag – aber nur 0,5 Abschlüsse, also eine Quote von 10 Prozent. Dank des neu erlernten Verkaufswissens und des umgesetzten Verkaufsskripts vervierfachte ich die Quote auf 40 Prozent – das waren zwei Abschlüsse pro Tag. Statt 15 Abschlüssen im Monat machte ich nun fast 60.

Glaubst du, es macht einen signifikanten Unterschied, wenn ein Club, der noch vor wenigen Monaten nur 154 Mitglieder hatte, plötzlich 60 neue Mitgliedschaften pro Monat abschließt? Oh ja – das macht einen gewaltigen Unterschied!

Im Laufe der Zeit lernte ich immer mehr über das Verkaufen und las unzählige weitere Bücher zu diesem Thema. Nachdem ich die ersten fünf Bücher verschlungen hatte, stieß ich auf ein Zitat von Thomas Alva Edison, dem genialen Erfinder:

»Wenn ich etwas erfinden will, lese ich alles, was jemals über dieses Thema irgendwo geschrieben wurde. Denn dafür werden die Bücher ja geschrieben. Dadurch lerne ich, was andere unter großen Mühen und Kosten in der Vergangenheit schon erreicht haben. Ich nehme quasi ihre Ergebnisse von Tausenden Experimenten als Startpunkt und führe dann selber 1000 weitere Experimente durch. Meiner Meinung nach sind die drei Grundbedingungen für Erfolg: erstens harte Arbeit, zweitens Hartnäckigkeit und drittens ein gesunder Menschenverstand.«

Ich besuchte Verkaufsseminare bei einigen der besten Verkaufstrainern der Welt. Unter anderem reiste ich in die Schweiz zu Heinz Goldmann und zu einem Verkaufstrainer namens Steidle. Dieser stellte sich stets als »Steidle Schweiz« vor und sprach auch von sich konsequent in der dritten Person: »Steidle meint dies, Steidle meint jenes, Steidle entscheidet.« Als ein Seminarteilnehmer beim Mittagessen fragte, ob er sich zu ihm setzen dürfe, schaute ihn Steidle nur verächtlich an und sagte: »Steidle Schweiz beliebt es, allein zu speisen. Begeben Sie sich bitte wieder zu den anderen Teilnehmern.«

Aber in seinen Seminaren schleifte er uns gnadenlos drei Tage lang durch das Thema Verkaufen. Jeder Einwand wurde so lange geübt, bis er ein Leben lang saß. Ich besuchte bei ihm drei Folgeseminare und zahlte jedes Mal 4000 oder 5000 Mark. Als wir dann das »Fit & Fun« in Schweinfurt eröffneten, lag unsere Abschlussquote bei sagenhaften 80 Prozent. Bezogen auf meinen »California Fitness Club« hätte das bedeutet, dass ich bei fünf Besuchern pro Tag statt 0,5 ganze vier Abschlüsse täglich erzielt hätte. Glaubst du, dass sich finanzielle Probleme deutlich schneller lösen lassen, wenn man statt 15 plötzlich 120 Abschlüsse im Monat macht? Oh ja – das ist ein Quantensprung.

Beim nächsten Seminar von P.A. Müller staunte ich nicht schlecht: 50 weitere Teilnehmer saßen im Raum, und ich erfuhr, dass der Seminarleiter jeden Monat eine solche Veranstaltung abhielt – also etwa zehn pro Jahr. Das bedeutete 2 Millionen Mark Jahresumsatz mit Seminaren – bei kaum nennenswerten Kosten, abgesehen von einer Sekretärin. (Zumindest dachte ich das damals noch naiv.) Weil mich das Seminar so viel gekostet hatte, saß ich in der ersten Reihe und schrieb jedes Wort mit. Meine Finger fühlten sich nach vier Tagen an wie arthritisch entzündet. Ich wollte nichts verpassen, nichts vergessen.

Danach erklärte ich meinen beiden Partnern, dass ich mich für 14 Tage völlig zurückziehen würde, um unsere Geschäftskonzeption zu erstellen. Und genau das tat ich – akribisch, basierend auf dem Seminar und allem Wissen, das ich bis dahin aus den Büchern aufgesogen hatte.

Zusätzlich begann ich, Seminare, Kongresse und Tagungen zu besuchen – sowohl im Fitnessbereich als auch zu Marketing, Management und Verkauf. Außerdem sah ich mir andere erfolgreiche Fitnessstudios an – insgesamt etwa 150 über die Jahre. Ich fuhr nach Wien zu den Manhattan Fitness Clubs, in die Schweiz zu John Harris, nach London zu einigen der besten Studios und natürlich ins Mekka der

Fitnessbranche: die USA. In Chicago besuchte ich das Headquarter von Life Fitness, war in New York und tourte praktisch alle erfolgreichen Studios entlang der kalifornischen Küste ab. All dieses Wissen floss in unser Konzept für das »Fit & Fun« in Schweinfurt ein.

Am ersten Juliwochenende 1987 eröffneten wir. Inzwischen hatte ich einen Marketingspezialisten an meiner Seite, der insbesondere für kleine Unternehmen unschätzbares Wissen bot. Er brachte mich auf völlig neue Gedanken. So fragte er mich: »Wie viel Monatsbeitrag verlangt der teuerste Fitnessclub in Schweinfurt?« – »39 Mark«, antwortete ich.

Der Marketing-Fachmann schlug vor, den Beitrag zu verdoppeln – auf 79 Mark. Ich machte große Augen. Doppelt so teuer wie der teuerste Wettbewerber? Viermal so teuer wie der billigste? Wer sollte da noch zu uns kommen?

Damals war ich noch fest im Billigdenken gefangen. Aufgewachsen in einfachen Verhältnissen, geprägt von Eltern, die stets auf den Pfennig schauten, war in mir tief verankert: Billig ist besser. Das war mein unbewusster Glaubenssatz – und ich übertrug ihn automatisch auch auf andere.

Der Marketing-Fachmann aber erklärte mir, dass es Menschen gibt, die gutes Geld verdienen und bereit sind, mehr zu zahlen – für Qualität. Er gab Beispiele aus anderen Branchen: Autos (BMW, Audi, Mercedes, Porsche), Uhren (Rolex), Kleidung (Louis Vuitton, Chanel, Dior). Und plötzlich machte es Klick. Ich beschloss, seinem Rat zu folgen. Also eröffneten wir mit einem Monatsbeitrag von 79 Mark. Meine Partner Gerlinde und Jürgen zogen mit – schließlich hatten sie mich genau deshalb ins Boot geholt: wegen meines Wissens.

Gemeinsam mit dem Marketing-Fachmann starteten wir vier Monate vor der Eröffnung unsere Werbekampagne. Wir schalteten regelmäßig Anzeigen in den Schweinfurter Zeitungen und im Lokalradio. Schon vor der Eröffnung klingelte bei uns das Telefon. Später lernte ich, dass man schon in der Voreröffnungsphase Mitgliedschaften abschließen kann. Bei einem späteren Beratungskunden schafften wir es, bis zur Eröffnung 850 Mitglieder zu gewinnen. Damals hielt ich das noch für undenkbar. Die Leute müssten den Club doch erst sehen, dachte ich. Wieder so ein Glaubenssatz.

An einem Sonntag veranstalteten wir einen Tag der offenen Tür. Um 10:00 Uhr öffneten wir die Türen – und um 11:00 Uhr war der Laden brechend voll. Im Laufe des Tages zählten wir rund 4500 Besucher. Es war stellenweise kaum möglich, sich durch die Anlage zu bewegen. Die Werbung hatte voll eingeschlagen.

Um 23:00 Uhr schlossen wir die Türen. Ich ging nach oben in unser Büro, wo Gerlinde und Jürgen bereits warteten. Wir hatten vereinbart, alle abgeschlossenen Mitgliedschaften in die oberste Schublade unseres Rollcontainers zu legen. Ich zog die Schublade auf, griff mit beiden Händen hinein und zog erwartungsvoll den Stapel heraus. Dann begann ich vor ihren Augen zu zählen. Und du wirst es nicht glauben: Wir hatten zwei Abschlüsse.

Du kannst mir das jetzt glauben oder nicht – aber genau so war es. Da hatten wir eine 2500 Quadratmeter große Fitnessanlage, 4500 Menschen kamen am Tag der offenen Tür – und wir Vollidioten verkauften ganze zwei Mitgliedschaften! Der Laden war so voll gewesen, dass wir mit allem beschäftigt waren – nur nicht mit Verkaufen. Das ist mir in meiner gesamten Karriere kein zweites Mal passiert.

Natürlich kamen ab Montag noch einige Anmeldungen rein – Leute, die selbst anriefen oder vorbeikamen. Aber was hatten wir an diesem einen Tag für ein Potenzial verschenkt? Ich könnte heute noch heulen.

Meine beiden Partner machten mich für alles verantwortlich. Ich war ja schon mit dem California Fitness Club in Karlstadt nicht übermäßig erfolgreich gewesen. Warum hatten sie bloß mich als Partner ins Boot geholt? Und mir dann auch noch die komplette Verantwortung für Verkauf und Marketing übergeben?

Vier Wochen später beschloss ich, dieselbe Aktion noch einmal zu machen – diesmal allerdings über zwei Tage verteilt. Meine Partner hielten mich für verrückt. Tatsächlich kamen an diesen beiden Tagen insgesamt nur 454 Besucher, also etwa ein Zehntel der ursprünglichen

Zahl. Es waren die, die beim eigentlichen Eröffnungstermin krank, im Urlaub oder einfach verhindert gewesen waren. Aber diesmal lief alles anders: Wir hatten Zeit. Nie waren mehr als zehn, zwölf Leute gleichzeitig in der Anlage. Und wir verkauften bei jedem, der Interesse zeigte. Das Ergebnis: 154 Mitgliedschaften an einem Wochenende.

Später, in meiner Zeit als Unternehmensberater für Fitnessclubs, schraubte ich solche Rekorde weiter in die Höhe. Der höchste Wert, den ich je bei einem Kunden erreichte, lag bei 1510 Mitgliedschaften am Eröffnungswochenende – plus weitere 850 in der Vorverkaufsphase.

Nach zweieinhalb Jahren hatte unser »Fit & Fun« in Schweinfurt 2560 Mitglieder – bei einem Startbeitrag von 79 Mark im Monat. Damit waren wir damals wahrscheinlich der kommerziell erfolgreichste Fitnessclub in ganz Deutschland.

Einige Zeit später war ich auf einem Seminar für Fitnessclubbetreiber. In den Pausen kam man schnell ins Gespräch – und fast immer begann es mit der Frage: »Wie viele Mitglieder hast du?« Der erste sagte: »450«, woraufhin anerkennendes Nicken folgte. Der zweite nannte 560 – es gab bewundernde Blicke. Dann war ich an der Reihe.

»2560«, sagte ich.

Alle starrten mich an. »Und wie hoch ist dein Mitgliedsbeitrag?«, fragte einer. Wahrscheinlich rechneten sie mit 10 oder 20 Mark im Monat.

Ich antwortete: »79 Mark.«

Schon damals, 1989, galt das als absurd hoch. Heute zahlt man bei McFit glaube ich immer noch 19,99 Euro. Kaum ein Club liegt über 50 Euro im Monat. Um also auf unser damaliges Preisniveau zu kommen, müsste man heute etwa 200 bis 250 Euro pro Monat verlangen.

»Wo ist denn dein Fitnessclub?«, fragten sie. Wahrscheinlich dachten sie an eine Großstadt wie München, Frankfurt oder Hamburg.

»Schweinfurt«, antwortete ich.

»Schweins… was?«

»Schweinfurt«, wiederholte ich.

Damals lag das gefühlt am Ende der Welt. Nur 20 Kilometer entfernt begann die DDR. Schweinfurt war Zonenrandgebiet – mit Sonderförderung für Unternehmen. Eine Kleinstadt mit 50.000 Einwohnern. Im Umland nur Dörfer und Landbevölkerung. In der Stadt lebten hauptsächlich Arbeiter und viele US-Soldaten – die wir aber nicht als Mitglieder wollten, da es mit ihnen in Kneipen und Clubs oft Ärger gab.

»Und du bist da der einzige Club?«, fragten sie.

»Nein«, sagte ich. »Es gibt sechs weitere – drei davon sind ähnlich groß wie wir.«

Sie verstanden die Welt nicht mehr. Der Kreis um mich wurde größer, die Blicke ungläubiger. Ich hatte die volle Aufmerksamkeit. Ich stand im Mittelpunkt. Ich war nicht mehr der kleine Jürgen – ich war der, zu dem sie aufschauten.

Und so plauderte ich locker eine Werbekampagne aus, die ich gerade durchgeführt hatte. Eine Kampagne, mit der ich sowohl im California Fitness Club als auch im Fit & Fun die Mitgliederzahlen innerhalb von vier Monaten verdoppelt hatte. Sie hörten aufmerksam zu und schrieben eifrig mit.

Drei Monate später klingelte das Telefon. Ein Studiobetreiber aus der Runde berichtete mir begeistert von seinen Ergebnissen – dank meiner Kampagne. Er bedankte sich überschwänglich. Am Ende fragte er, ob ich noch weitere Ideen habe, wie man neue Mitglieder gewinnen könne.

»Eine? Dutzende!«, antwortete ich.

»Ach so«, sagte er scheinheilig. »Und würdest du mir vielleicht die eine oder andere verraten?«

»Natürlich, gerne.«

»Klasse!«, hörte ich ihn durch den Hörer strahlen. »Und wie machen wir das?«

»Ich würde dir eine Auftragsbestätigung schicken – für eine Unternehmensberatung. Du unterschreibst sie, schickst sie zurück, und dann komme ich zu dir. Ich analysiere dein Studio und lasse dir gleich konkrete Marketingaktionen da.«

»Und was kostet das?«, fragte er.

Ich überlegte kurz. Aber inzwischen hatte ich an hohen Preisen Gefallen gefunden. »2000 Mark am Tag«, sagte ich. »Eine Beratung dauert drei Tage. Zwei Tage vor Ort, einen Tag für den schriftlichen Bericht.«

Er rechnete kurz im Kopf: 6000 Mark. Bei einem Jahresbeitrag von 600 Mark bräuchte er also nur zehn neue Mitglieder, um die Kosten wieder reinzuholen. Die letzte Aktion hatte ihm aber 200 neue gebracht. Also sagte er sofort zu.

Kurz darauf folgten zwei weitere aus dem damaligen Gesprächskreis. Das waren meine ersten drei Kunden. Ich gründete daraufhin meine neue Firma: *Inline Unternehmensberatung für Fitnessclubs.*

Ich war Unternehmensberater geworden – ohne eigentlich zu wissen, was ein Unternehmensberater genau tat.

Ich ging dabei recht einfach vor: Zwei Tage lang besuchte ich die Clubs vor Ort und schaute mir alles an – den Standort, die Parkplatzsituation, Außenwerbung, Öffnungszeiten, Preise, Maschinen, Geräte, Marketing, Werbung, Personalpolitik, Führung, Organisation, Struktur – einfach alles. Ich verglich es mit dem, was wir selbst machten, und mit dem, was ich aus Dutzenden anderer Clubs kannte. Dann schrieb ich einen Bericht mit konkreten Handlungsempfehlungen, den ich ihnen zuschickte. Das war's. Danach vereinbarte ich den nächsten Termin.

Dann übertrug ich das Abo-Modell aus meinem Fitnessstudio auf die Unternehmensberatung: Ich bot nur noch Jahresverträge an – 2000 Mark pro Monat, also 24.000 Mark Umsatz pro Neukunde. Und die meisten verlängerten ihre Verträge nach dem ersten Jahr, in dem wir Umsatz und Mitgliederzahlen meist verdoppelten. Ich wurde plötzlich eingeladen, auf Fitnesskongressen Vorträge zu halten. Beim Deutschen Sportstudio-Verband (DSSV) übernahm ich den Bereich Verkaufsschulungen und hatte viermal im Jahr 20 bis 30 Studiobetreiber bei mir zu Gast, die ich zwei Tage lang im Verkaufen trainierte.

Ich wurde angekündigt und trat auf – im dunklen Anzug, weißem Hemd mit goldenen Manschettenknöpfen, hochglanzpolierten schwarzen Schuhen, zurückgekämmten dunklen Haaren und sonnenbankgebräunt. Ich trat also genau auf, wie mein erster Trainer und Mentor P. A. Müller … Ich hatte keine Ahnung, was man als Trainer oder

Speaker genau tun sollte. Ich legte einfach los – zum Beispiel bei einem großen Fitnesskongress namens *Bodylife*, der damals *die* Veranstaltung für Studiobetreiber war. Es ging ausschließlich um Management, Marketing und Führung in der Fitnessbranche.

Ich bekam ich einen der kleineren Nebensäle – niemand kannte mich ja. Aber der Saal platzte aus allen Nähten. Neben den Sitzplätzen standen Hunderte dicht gedrängt in den Gängen, an den Wänden und bis vor zur Bühne. In einem Raum mit etwa 250 Stühlen zählte man schließlich 550 Teilnehmer. Im Hauptsaal mit fast 2000 Sitzplätzen verloren sich dagegen gerade mal 250.

Als mein Vortrag begann, nahm ich das Mikro in die Hand und stellte dem ersten Teilnehmer in der ersten Reihe eine einfache Frage: »Was verlangen Sie für eine Aufnahmegebühr?«

»Nichts«, stotterte er.

Der zweite sagte »20 Mark«, der dritte »30«, der nächste wieder »nichts«, dann kam »10 Mark«, einer sagte »50«.

Das war der Höchstwert.

Ich sprang auf einen Tisch und fragte in die Menge:

»Was sagen diejenigen, die 10 Mark verlangen, über den, der gar nichts verlangt?«

– »Ganz schön doof.«

»Und was sagt der mit 20 Mark über den mit 10?«

– »Ganz schön doof.«

»Und was denkt der mit 50 Mark über alle anderen?«

– »Wie doof sind die denn?«

»Und was sage ich, der 150 Mark verlangt« – das war damals unsere Anmeldegebühr – »über euch alle?«

Ich wartete kurz.

»Wie doof seid ihr denn?«

Die Gesichter – einfach herrlich. Ich habe schon immer polarisiert. Die eine Hälfte liebt mich, die andere hält mich für einen Bekloppten. Nachdem ich also alle 550 als Vollidioten bezeichnet hatte, entspannte sich die Lage – die ersten 100 verließen murrend den Saal.

Ich wollte nie für alle da sein – ich will nur die erreichen, die verstehen, dass ich auf der Bühne nicht auftrete, um zu provozieren, sondern um zu helfen. Denn schlimmer als kontrovers zu sein, ist es, langweilig zu sein. Wer das nicht versteht: Tschüss, macht's gut. Geht euren Weg – ich gehe meinen.

Um zu beschreiben, wie sich das für mich anfühlt, hier ein Zitat von John Lennon: »Wenn die wahre Musik zu mir kommt, die Musik der Sphären, die Musik jenseits des Verstehens, dann hat das gar nichts mehr mit mir zu tun. Ich bin nur ein Kanal, ein Kanal Gottes. Ich bin ein Medium, sonst nichts.«

So fühle ich mich auf der Bühne. Eine Kraft durchströmt mich. Ich bin mit Energie geflutet, habe Ideen, Charisma – Dinge, die ich im normalen Alltag oft nicht in dieser Form besitze. Manche sind enttäuscht, wenn sie mich privat erleben. Auf der Bühne dehnt sich meine Aura aus, füllt manchmal den ganzen Raum. Ich habe inzwischen auch gelernt, mit Energie zu arbeiten – aber im Grunde fließt sie einfach durch mich hindurch.

Bei der *Bodylife* hatte ich einen kleinen Stand, den mir der Veranstalter statt einer Gage zur Verfügung gestellt hatte. Nach meinem eineinhalbstündigen Vortrag lud ich die Teilnehmer ein, mich dort zu besuchen – wir könnten besprechen, wie sie ebenfalls mehr Mitglieder gewinnen könnten. Natürlich hatte ich im Vortrag beiläufig von meinen 2500 Mitgliedern à 79 Mark Monatsbeitrag erzählt. Als ich mit drei Helfern am Stand ankam, herrschte dort das totale Chaos. Ich konnte stundenlang weder aufs Klo noch etwas essen oder trinken. Ich war nur damit beschäftigt, Gespräche zu führen und Kunden zu gewinnen.

Allein dieser Vortrag brachte mir 25 neue Beratungskunden à 24.000 Mark Jahresumsatz. Das waren 600.000 Mark Umsatz durch einen einzigen Vortrag und einen Stand – den ich nicht einmal bezahlen musste. Das war mein Durchbruch. Von da an baute ich meine Unternehmensberatung über Vorträge weiter aus. Innerhalb eines Jahres hatte ich 54 dauerhafte Beratungskunden – und war völlig überlastet. Denn im Vertrag stand, dass jeder Kunde pro Quartal Anspruch auf einen Tag mit mir hatte – also vier Tage im Jahr. Bei 54 Kunden ergaben sich allein daraus 216 Tage. Dazu kamen Reisetage – und nebenbei führte ich ja noch das *Fit & Fun*.

Irgendwann ging nichts mehr. Ich war am Ende – buchstäblich. Vor Überlastung machte mein Rücken schlapp. Ich kam ins Krankenhaus, wurde in ein Gipsbett gelegt und musste drei Wochen lang liegen – ohne aufzustehen. Die Schmerzen davor waren so stark gewesen, dass ich mich nur noch kriechend zur Toilette bewegen konnte. Ich winselte vor Schmerz.

Ich lebte immer noch zu Hause, denn ein Teil meiner Schulden war noch offen. So lag ich also drei Wochen in meinem Gipsbett, als eines Tages die Tür aufging – und Katrin, eine gute Kundin, zusammen mit einer nicht ganz so guten, Kerstin Weinberger, hereinkam.

Ja, genau die Kerstin Weinberger – Modedesignerin aus einer anerkannten Schweinfurter Familie. Ihr Vater war Leiter von Unilever Nordbayern, zu dem unter anderem Langnese und Iglu gehörten. Sie kannte die Szene, hatte Modedesign studiert und war per Du mit jedem besseren Sohn und jeder besseren Tochter der Stadt. Zumindest wirkte es so. Ganz so war es natürlich nicht.

Eines Tages tauchte sie in einem meiner Kurse auf – ein Fitnesskurs im Gymnastikraum, Body Drill oder so. Einige Kurse leitete ich selbst – Hardcore-Kurse. Da ging es nicht um Spaß, Mode oder Firlefanz. Es ging um Schweiß, Schmerz, Disziplin. Ich spaltete die Mitglieder: Ein Teil flüchtete regelrecht in die andere Ecke des Studios, wenn ich nur auftauchte. Andere waren meine Fans und konnten es kaum erwarten, mit mir im Gruppenraum zu trainieren.

Wir boten rund 55 Kurse pro Woche an – davon leitete ich selbst zwischen 15 und 20, plus 5 bis 10 in Karlstadt. Insgesamt also 20 bis 30 Kurse pro Woche. Und ohne angeben zu wollen: Obwohl viele meine Art nicht mochten und niemals zu meinen Kursen kamen, waren meine Einheiten restlos überfüllt.

Katrin hatte Kerstin erzählt, dass ich im Krankenhaus lag und sie mich besuchen würde – ob sie mitkommen wolle?

»Ach nö, ausgerechnet der Höller? Nee, nee.«

Was war passiert? Kerstin war einmal zu spät in einen meiner Kurse gekommen. Damals gab es für Verspätung eine klare Regel: 20 Liegestütze – das war Standard. Heute gibt's bei Verspätung in meinen Seminaren 5 € in die »Spenden-Susi«, eine kleine Box zur Unterstützung von Schulprojekten in Afrika. An der Methode hat sich also nicht viel geändert ...

»Wie bitte? Was soll ich machen?«, fragte sie damals.

»20 Liegestütze fürs Zuspätkommen.«

»Nö, das mache ich nicht.«

»Du machst die 20 Liegestütze – oder du kannst nicht mittrainieren.«

»Bist du verrückt? Ich zahle hier 79 Mark im Monat und soll mich bestrafen lassen? Ich glaube, bei dir hackt's.«

Sie war das erste und einzige Mitglied, das sich je geweigert hat, meine Strafe zu akzeptieren. Ich mochte sie nicht. Da stand sie – pinkfarbener Aerobicanzug, blondes Haar hochgesteckt – so ein Modepüppchen. Wir waren doch kein Laufsteg, sondern ein Fitnessclub. Und diese selbstbewusste, überhebliche Art. Mich mochte sie auch nicht. Ich war für sie ein Bodybuilding-Prolet.

Meine Kurse fand sie trotzdem gut. Und sie kannte mich auch nur in meinen Trainingsanzügen. Später, als wir dann zusammen waren, gab sie zu, dass sie schon mal einen Blick riskiert hatte. Ich hatte immerhin 92 Kilogramm durchtrainierte Muskelmasse, kein Gramm Fett. Aber trotzdem – ein Prolet.

Sie wollte also nicht mit ins Krankenhaus, ließ sich aber von Katrin überreden. Und dann passierte es: Als sie mein Zimmer betrat und mich hilflos im Gipsbett sah, unter starkem Medikamenteneinfluss, rührte sich irgendetwas in ihrem Herzen. Nach meiner Entlassung gingen wir zum ersten Mal zusammen aus – und keine zwei Wochen später waren wir ein Paar.

Als ich zum ersten Mal bei Kerstin übernachtete – das war im Oktober 1989 –, bereitete sie am nächsten Morgen ein wunderbares Frühstück. So etwas kannte ich nicht: zusammensitzen, sich verwöhnen lassen, reden. In meiner Familie war das kein Thema.

Kerstins Wohnung war sehr stilvoll eingerichtet. Nicht teuer – sie hatte sich ja selbst gerade erst als Modedesignerin selbstständig gemacht. Aber geschmackvoll. Na klar, sie hatte einfach ein Händchen dafür. Das ist bis heute so. Das ganze Haus ist ihr Revier, und sie bestimmt, wie es aussieht. Sie verkauft es mir zwar anders, aber ich weiß, wie sie mich manipuliert. Und ich lasse mich da auch gern führen. Sie berät mich sogar beim Kleidungsstil – wobei ich da manchmal Grenzen setzen muss. Sonst würde ich nur noch in knallbunten Designerfummeln mit Blümchen und Tiermustern rumlaufen.

Nachdem ich ein paarmal bei ihr übernachtet hatte, aber immer wieder nach Hause fuhr, sagte sie irgendwann: »Was soll das eigentlich? Warum schläfst du noch bei Vati und Mutti? Warum bleibst du nicht einfach bei mir?«

Ich überlegte. Das bedeutete: Wir wären dann fest zusammen. Keine Ausreden mehr. Kein Zurück. Das wäre eine echte Entscheidung – zumindest für einen gewissen Zeitraum. Wollte ich das? Vor Kurzem hatte ich sie noch nicht gemocht. Aber jetzt verwöhnte sie mich.

»Ach, was soll's«, dachte ich. »Wenn es mir nicht passt, haue ich wieder ab.«

Nun, bis heute, 36 Jahre später, ist mir das nicht mehr gelungen.

Ich zog also bei ihr ein – mit Sack und Pack. Das war nicht viel: zwei Taschen mit ein paar Klamotten und persönlichen Dingen.

Unser erster gemeinsamer Urlaub führte uns 1990 auf die Malediven. Wir hatten eine sogenannte »Glücksreise« gebucht: Man zahlte einen günstigen Preis, wusste aber nicht, auf welcher Insel oder in welchem Hotel man landete. 1699 Mark für zwei Wochen, Vollpension, Economy-Flug mit Condor – ein echtes Schnäppchen. Die Insel war dementsprechend einfach. Aber damals war fast alles auf den Malediven einfach. Es gab 14 Tage lang Gourmetessen – was bedeutete: morgens Toast mit Butter und Marmelade, mittags fangfrischer Fisch, abends fangfrischer Fisch. Das war's. Vielleicht gab es einmal Hähnchen – ich bin mir nicht mehr sicher.

Es gab keinerlei Annehmlichkeiten. Kein Spa, keine Massage, keine Sauna, kein Fitnessraum, kein Tennisplatz. Heute gibt es sogar kleine

Golfplätze auf manchen Inseln, Gourmetrestaurants, persönliche Butler, Champagner, Bordeauxweine, Sterne-Essen. Damals: Fehlanzeige.

Unsere »Ablenkung« bestand aus einer Tischtennisplatte und zwei alten Schlägern ohne Belag. Und ansonsten: feinster Sand, türkisfarbenes, kristallklares Wasser, Palmen – und eine Unterwasserwelt, wie ich sie mir nie hätte vorstellen können.

Als wir auf der Insel ankamen, zogen wir sofort die Flossen an, setzten unsere Schnorchel auf – und als ich den Kopf unter Wasser steckte, bekam ich Panik. Dutzende bunte Fische in allen möglichen Größen kamen neugierig auf mich zu, und in diesem Moment war es geschehen. Kerstin und ich verliebten uns nicht mehr nur ineinander – das war ja schon passiert –, sondern in die Malediven. Ich machte meinen Tauchschein und konnte es kaum fassen: hautnah mit Moränen, Haien, Rochen unterwegs zu sein. Ich sah die herrlichsten Formen, die wunderbarsten Farben unter Wasser. Damals war das alles noch ganz anders als heute. Die Korallenriffe waren intakt, El Niño war noch kein Thema. Aber selbst heute ist das Tauchen und Schnorcheln dort immer noch wunderschön. Die Malediven – das war das Paradies.

Kerstin hatte zahlreiche Preise gewonnen, unter anderem bei der Modewoche in Düsseldorf und München. Sie hatte interessante Leute kennengelernt – zum Beispiel Thomas Gottschalk. Aber sie arbeitete 14 Stunden am Tag. Nebenbei sang sie begeistert in einer Swing- und Jazzband – dem *Village JAZZtett*. Das war ihre eigentliche Leidenschaft. Zur Mode war sie durch ihre Mutter gekommen. Ingrid konnte durch Kerstin ihre eigenen Träume verwirklichen – Träume, die nach der Flucht aus Ostdeutschland nach dem Krieg unerfüllt geblieben waren. Also brachte sie Kerstin früh dazu, sich eigene Kleider zu nähen. Dafür bekam sie stets alle Materialien, die sie brauchte. Und ganz selbstverständlich studierte sie Modedesign in Pforzheim und brachte später ihre eigene Linie *Kerstin Weinberger* auf den Markt. Aber ihre wahre Berufung war das Singen.

Irgendwann fragte ich sie, ob ich ihr nicht ein wenig unter die Arme greifen sollte. Ich hatte das Gefühl, dass ihr Geschäft nicht so richtig vorankam – trotz der vielen Arbeit, trotz der Aufträge schien das Ganze finanziell nicht wirklich zu funktionieren. Sie nahm mein Angebot erfreut an. Als ich tiefer in ihre Zahlen einstieg, stellte ich fest: Es war ein Minusgeschäft. Sie hatte ohne Eigenkapital angefangen, alles über Kredite und Banken finanziert. Die Zinsen waren damals noch deutlich höher als heute. Und gerade bei einer eigenen Modelinie sind ein paar Hunderttausend Mark Kapital eigentlich nichts.

Kerstin hätte jemanden wie mich gut gebrauchen können – einen logisch denkenden, kaufmännisch orientierten Kopf. Ihre Stärke lag in der rechten Hirnhälfte: kreativ, intuitiv, kommunikativ, ganzheitlich, ästhetisch. Über die Jahre haben wir uns gegenseitig den anderen Teil nähergebracht – aber damals war sie noch komplett rechtshirnig unterwegs.

Viele Künstler haben einen Manager oder Partner, der sich ums Geschäftliche kümmert – jemand, der Ordnung schafft, Systeme einführt und auf Zahlen achtet. Und so musste ich ihr irgendwann die unangenehme Wahrheit sagen: Trotz aller Arbeit war das ein Verlustgeschäft. Ich hatte aber nicht die Zeit, mich auch noch um ihr Business zu kümmern. Meine Leidenschaft war die Unternehmensberatung – und zunehmend auch das Sprechen auf der Bühne als Trainer und Speaker.

Ich gab ihr keine Entscheidung vor. Aber irgendwann erklärte sie mir schweren Herzens, dass sie ihr Geschäft aufgeben würde. Sie wolle sich mehr der Musik widmen – und dann mal schauen. Ich spürte, dass sie es ernst meinte – und dass sie sich inzwischen mit dem Gedanken anfreunden konnte, mit mir eine Familie zu gründen.

Und so übernahm ich schließlich auch das Erdgeschoss – und hatte endlich genug Platz für meine Unternehmensberatung.

1991 kam unser erstes neues Familienmitglied dazu: unser Pyrenäen-Schäferhund Gino. Mein Kindheitstraum ging in Erfüllung – ich hatte schon mit sieben Jahren davon geträumt, einen eigenen Hund zu haben. Ich hatte mir extra ein dickes Hundebuch gekauft, in dem alle Rassen beschrieben waren. Beim Pyrenäen-Schäferhund stand: Hütehund, eigenwillig, gelehrig, superintelligent, eigener Kopf, braucht konsequente Führung. Klang super – eigentlich genau wie wir beide.

Wir vereinbarten einen Termin mit einem Züchter in der Eifel. Als wir bei ihm im Wohnzimmer saßen, tobte eine Horde kleiner Welpen im Garten herum. Sie kamen zur Fensterscheibe, leckten sie ab, bellten ein wenig. Einer war besonders frech, besonders lebendig – er wollte in unsere Schuhe beißen. Das war unser Hund. Wir nahmen ihn mit nach Hause.

Und die Beschreibung stimmte. Gino war schlau, eigenwillig – und der Einzige, auf den er wirklich hörte, war ich. Kerstin bewachte und beschützte er – aber sie war ihm einfach zu weich. Mal durfte er auf die Couch, mal nicht. Mal sollte er bei Fuß gehen, mal nicht. Sie rief ihn, und wenn er nicht kam, wurde sie laut.

Manchmal rief sie fünf-, zehnmal: »Gino, komm her. Komm doch zum Frauchen. Ginoli, komm mal her. Ginolinchen!«

Wie sollte der Hund wissen, wann es ernst gemeint war?

Wenn ich nach einigen Tagen Seminar zurückkam und morgens mit ihm Gassi ging (unsere Arbeitsteilung: Kerstin machte Frühstück, ich die Hunderunde), hörte er zunächst auch nicht mehr auf mich. Aber mangelnde Konsequenz kann man mir – bei allem, was man vielleicht sonst Negatives über mich sagen könnte – sicher nicht vorwerfen: einmal nicht gehört, ein ordentlicher Anschiss – und er parierte wieder.

Aber Gino war kein Kuschelhund. Kein Schmuser. Kein Streichelhund. Er war ein Einzelgänger. Wollte nichts mit anderen Hunden zu tun haben, nichts mit anderen Menschen – und schon gar nichts mit Kindern. Zu unseren beiden Jungs, Alexander und Maximilian, fand er später keinen richtigen Draht.

Wir liebten ihn trotzdem über alles. Er wurde 16 Jahre alt.

2007 ging es ihm schlecht. Er war bereits schwer krank. Wir ließen ihn operieren, er bekam Cortison, es ging wieder etwas besser. Im August 2007 flogen wir mit unseren Kindern in den Urlaub – nach Mauritius. Kerstin hatte schon beim Abflug einen leichten Husten. Der wurde mit jedem Tag schlimmer. Nachts bellte sie durch – und ließ sich schließlich Medikamente im Hotel besorgen. Um uns das Warten zu ersparen, schickte sie uns nach dem Frühstück mit den Jungs zum Strand zum Fußballspielen. Dort kam schließlich ein aufgeregter Kellner vom Strandrestaurant auf mich zugerannt. Er hatte ein Telefon in der Hand und erklärte mir, dass meine Frau am Apparat sei.

Ich meldete mich: »Ja. Hallo, Schatz. Was gibt's?«

Ich hörte nur Schluchzen und ein paar stotternde Worte: »Ich bin umgefallen … Blut … Beule … komm bitte schnell.«

In Badehose rannte ich in Windeseile durchs Hotel zu unserem Zimmer, schloss auf – und der Boden war bereits übersät mit Blutstropfen. Kerstin saß im Schlafanzug auf dem Bett und presste einen Waschlappen gegen die Stirn.

»Was ist passiert, Schatz?«, fragte ich entsetzt.

Sie nahm den Waschlappen ab – und ich erschrak. Ein tiefer Cut direkt über der Nase, die Nase selbst ebenfalls verletzt. Ihr Gesicht sah mitgenommen aus, zwischen Bett und Fernsehschrank hatte sich eine große Blutlache gebildet. Was war geschehen? Sie hatte zwei verschiedene Medikamente bekommen, sie im Badezimmer eingenommen und sich dann für den Strand fertig gemacht. Als sie wenige Minuten später wieder aus dem Bad kam, wirkten die Medikamente offenbar gegeneinander. Jedenfalls fiel sie um, wurde ohnmächtig und schlug mit dem Gesicht auf den Marmorsteintisch. Sie muss 15 bis 20 Minuten bewusstlos gewesen sein. Hätte sie sich übergeben, wäre sie erstickt – und gestorben. Ich fuhr sofort mit ihr ins Krankenhaus.

Zum Glück gibt es auf Mauritius moderne, gut ausgestattete Kliniken. Sie wurde gründlich untersucht. Die Diagnose: Lungenentzündung. Bereits Wasser um das Herz. Zudem war die Nase angebrochen, und der Cut musste genäht werden. Man gab ihr starke Antibiotika.

Als wir am Nachmittag zurück im Hotel waren, bekam sie einen Anruf von ihrer Mutter. Gino war gestorben – exakt zu dem Zeitpunkt, als Kerstin vermutlich umgefallen war. Sie hatte es gespürt. Kerstin hat eine starke spirituelle Ader, ist sehr feinfühlig. Wir schworen uns, nie wieder einen Hund zu kaufen. Der Schmerz war zu groß.

Doch nur vier Monate später schickte mir Kerstin ein paar Fotos von Pyrenäen-Schäferhund-Welpen ins Seminarhotel im Zillertal. Und bei einem Bild machte es sofort Klick.

Ich rief sie an: »Ich will wieder einen Hund. Und zwar genau diesen.«

»Ich weiß«, sagte sie und lächelte am Telefon, »den habe ich schon für uns ausgesucht …«

1991 hatte ich 54 Kunden – und war vollkommen überlastet. Ich traf die Entscheidung, Verantwortung zu delegieren. Ich sprach einen meiner Fitnesstrainer an, ob er sich vorstellen könne, als Unternehmensberater für mich zu arbeiten. Er hatte ursprünglich Architektur studiert, war etwas vom Weg abgekommen und im *Fit & Fun* gelandet. Er sagte begeistert zu. Zusätzlich fragte ich zwei meiner Kunden, ob sie sich vorstellen könnten, selbst als Unternehmensberater für mich zu arbeiten.

Mein Prinzip war einfach: Wer war in der Praxis erfolgreich? Wer hatte Standing, Persönlichkeit, Überzeugungskraft? Genau solche Leute sprach ich an. Denn wer selbst erfolgreich gewesen war, musste es nur weitergeben. Aus der Praxis für die Praxis. Kein theoretisches Blabla, kein intellektuelles Gewäsch von der Uni, keine abstrakten Lehrbuchmodelle, die im echten Leben nicht funktionieren.

Einer meiner Mentoren sagte einmal: »Gib einem Wirtschaftsprofessor ein gut laufendes Unternehmen – in 90 Prozent der Fälle ist es in wenigen Jahren heruntergewirtschaftet.«

Vielleicht ein wenig drastisch – aber es ist vielleicht etwas Wahres dran.

Ich setzte mich mit meinen 54 Kunden zusammen und erklärte ihnen, dass ich jetzt drei Mitarbeiter habe. Was ich nicht bedacht hatte: Alle stürzten sich sofort auf mich und erklärten, dass sie nur mit *mir* arbeiten wollten – nicht mit den neuen. Sollten sie dazu gezwungen werden, würden sie sofort kündigen.

Also lenkte ich ein: »Natürlich arbeitet ihr weiter mit mir zusammen. Ich bleibe euer Ansprechpartner. Aber zusätzlich bekommt ihr – je nach Region – auch Unterstützung: Im Süden Deutschlands und für Österreich Hubert, in der Mitte Deutschlands und für die Schweiz Thomas und im Norden und Osten Paul. Sie sind näher bei euch, können schneller vorbeischauen und bei der Umsetzung helfen.«

Das beruhigte die Kunden.

Keine zwei Wochen später rief der erste Kunde aus Soest an und erzählte, dass Paul schon zweimal bei ihm gewesen sei. »Der Paul ist ja klasse!« Aber Paul habe ihm jetzt gesagt, dass er nicht mehr kommen könne – außer, er wechsle ganz zu ihm. Ob ich etwas dagegen habe?

Na klar hatte ich etwas dagegen! Ich sagte ihm das auch. Er müsse mich schon überzeugen, dass ich ihn komplett an Paul übergebe. Das tat er dann auch – und so gab ich meinen ersten Kunden offiziell an einen Mitarbeiter ab. Wider meinen Willen …

Die drei bekamen von allen Umsätzen einen Teil ab. Einen gehörigen Teil. Ich zahlte richtig gut. Ich gab großzügig vom Kuchen ab. Und es dauerte nicht lange, da akquirierten sie auch eigene Kunden. Bald hatten wir gemeinsam über 120 Kunden. Und so machten wir weiter: Wir fragten weitere unserer Kunden – und machten sie zu Unternehmensberatern. Es war ein geniales System.

Einer war ein Handball-Nationalspieler. Er hatte das Fitnessstudio in einem Holiday Inn Hotel übernommen. Wenn ich mich richtig erinnere, war der Deal, dass er keine Miete zahlte, dafür aber die Hotelgäste kostenlos bei ihm trainieren durften. Wenn er Geld verdienen wollte, musste er also externe Mitglieder gewinnen – was er auch tat, allerdings waren es zu wenige.

Irgendwann lernte er mich bei einem Vortrag kennen und wurde Kunde. Gemeinsam pushten wir sein Studio steil nach oben, und kurze Zeit später eröffnete er ein neues i. O. Fitnessstudio in der gleichen Stadt. Es war ein voller Erfolg – im hochpreisigen Segment angesiedelt, wurde es sofort zum Nummer-1-Studio in Augsburg. Das Studio brummte und platzte nach kurzer Zeit aus allen Nähten.

Bald darauf teilte er mir mit, dass er ein zweites Studio in der gleichen Stadt eröffnen wolle, diesmal mit Schwerpunkt auf Aerobic- und Gymnastikkursen, weniger auf Krafttraining und Cardio. Ich flehte ihn an, das nicht zu tun – überhaupt kein zweites Studio in Augsburg zu eröffnen. Wenn schon Expansion, dann in einer anderen Stadt. Oder, wenn er ausgebucht sei, lieber den Preis erhöhen. Dann würden die Gewinne noch stärker fließen – ohne sich selbst zu kannibalisieren.

Aber wie es so oft ist: Er hörte nicht mehr auf mich. Er eröffnete das *Studio* – und es wurde ein Desaster. Von Anfang an schrieb das Studio Verluste. Doch nun hatte er zwei Studios zu führen – eines davon ein Verlustbringer. Parallel dazu war er auch noch als Unternehmensberater bei mir aktiv geworden und musste diesen Bereich ebenfalls bedienen. Die Verluste summierten sich schnell zu einer existenzbedrohenden Lage. Er beichtete mir seine Situation, und Paul – inzwischen die Nummer 2 in meiner Unternehmensberatung – und ich starteten gemeinsam mit unseren Beratern eine Rettungsaktion. Natürlich war das nicht völlig uneigennützig: Ein Unternehmensberater, der pleitegeht, hätte keine gute Außenwirkung für unsere Beratung bedeutet. Also legten wir zusammen und gaben ihm eine sechsstellige Summe als Darlehen. Der Großteil kam von Paul und mir, der Rest von weiteren Unternehmensberatern. Wir stellten das Impuls 2 um: weg vom Kursstudio hin zu Cardio und Krafttraining – also zurück zur Zielgruppe des ersten Studios. Und tatsächlich: Nach einiger Zeit kam auch das zweite Studio in die Gewinnzone. Jörgs Krise war gelöst, und er konnte die Darlehen zügig zurückzahlen.

Als alles abbezahlt war, bedankte er sich besonders bei uns. Doch als ich 1995 die Inline Unternehmensberatung für Fitnessclubs an Paul übergab, dauerte es nicht lange, bis der »treue« Mitarbeiter das Unternehmen verließ – mitsamt seiner rund 33 Kunden, die er als Berater betreut hatte und nun in seine eigene Beratung überführte. Auch ein zweiter Berater, geriet später in finanzielle Schwierigkeiten. Auch ihm halfen wir, auch er machte sich schließlich selbstständig – und wurde zur Konkurrenz.

Das ist mir im Lauf der Jahre immer wieder passiert. Immer dann, wenn ich Menschen – vor allem Geschäftspartnern oder Mitarbeitern – Geld lieh, gab es später Ärger. Bis mir eines Tages ein Mentor erklärte, dass das völlig normal sei: Wenn jemand Geld braucht und man helfen möchte, solle man es schenken – aber nie leihen. Entweder bekommt man es nicht zurück, oder es gibt Probleme. Diese Lektion habe ich inzwischen verinnerlicht.

Nicht falsch verstehen: Ich halte meinen ehemaligen Unternehmensberater für einen hervorragenden Trainer und Speaker. Er hatte ja schließlich auch bei mir gelernt … Seine Vorträge sind voller Humor, voller Witz – fast schon wie ein Michael Mittermeier der Speaker-Szene. Ich selbst habe auch gern Lacher in meinen Seminaren, aber mein Ansatz ist ein anderer. Ich will Wissen vermitteln, tiefgehender wirken, Menschen zum Handeln bringen. Dagegen ist nichts einzuwenden – auch humorvolle Vorträge haben ihren Platz. Was mich störte, war nicht sein Stil, sondern die Illoyalität. In meinen Augen war es ein Bruch. Fast wie aus der griechischen Tragödie: Der Sohn Phateos wendet sich gegen seinen Vater, gegen seinen Mentor. Das Brutus-Prinzip: Der engste Vertraute stößt Caesar den Dolch in den Rücken.

Aber auch das ist ein Lernprozess: loslassen zu können. Menschen etwas mitzugeben, sie weiterzubringen, aber nicht an ihnen zu klammern. Denn wie heißt es so schön? »Wenn du etwas loslässt und es kehrt zu dir zurück, dann gehört es zu dir. Wenn du etwas loslässt und es kehrt nicht zu dir zurück, dann hat es nie zu dir gehört.«

1991 entdeckte ich in der Zeitschrift *Capital*, dass man sich für den Titel »Unternehmer des Jahres« bewerben konnte. Es gab zwei Kriterien: 1. Das Unternehmen muss erfolgreich sein. 2. Man musste nachweisen, dass man seinen Kunden und seinen Mitarbeitern den größtmöglichen Nutzen bot. Dotiert war der Preis mit 25.000 Mark – eine ordentliche Summe. Wie so oft überlegte ich nicht lange, sondern bewarb mich. Meine Mitarbeiter im Fitnessclub hielten mich für verrückt. Ich wollte mich mit unserem Studio in Schweinfurt bewerben? Sicher, wir waren erfolgreich in der Fitnessbranche. Aber da würden sich doch ganz andere, größere, bessere Unternehmer bewerben. Ich aber dachte an Andrew Grove, den Mitgründer und ehemaligen Vorstandsvorsitzenden von Intel. Er sagte einmal: »Vergrabe dich tief in den Daten, aber dann vertraue deinem Bauch.« Und genau so mache ich es bis heute.

Immer wenn ich zu viel mit dem Kopf gedacht, zu viel analysiert, zu viele Daten, Fakten und Zahlen gesammelt habe, geht es schief. Immer wenn ich meinem Bauchgefühl vertraut habe, ist es richtig – selbst wenn es anfangs vielleicht nicht so aussieht. Aber gerade diese Erfahrungen haben mich dorthin gebracht, wo ich hinwollte.

Ursprünglich hatten wir das *Fit & Fun* zu dritt gegründet. Doch irgendwann betrieb ich das Unternehmen allein weiter. Der eine Partner, holte sein Abitur nach, studierte erneut Jura und wurde später mein Anwalt. Die zweite Partnerin heiratete, bekam Kinder und ließ sich auf eigenen Wunsch auszahlen. Die Unternehmensberatung machte ich ebenfalls allein. Ich hatte beiden angeboten, aus Loyalität an meiner Seite zu bleiben. Doch sie konnten sich nicht vorstellen, dass man damit Geld verdienen würde.

Ja, ich war auch mal enttäuscht, aufgebracht. Weil ich es nicht schaffte, meinen Partnern oder Mitarbeitern klarzumachen, was ich sah. Das passiert mir auch heute noch. Ich erkenne Chancen, Möglichkeiten, Potenziale – aber viele sehen sie nicht. Sie haben zu viel Angst, sie zweifeln zu sehr. Doch wie soll man große Erfolge erringen, wenn man an sich selbst zweifelt? Es ist nicht entscheidend, ob andere an einen glauben. (An mich hat nie jemand geglaubt.) Wichtig ist, was man selbst über sich glaubt.

Michael Jackson schrieb in seiner Autobiografie *Moonwalker*: »Ich glaube, dass wir über große Kräfte verfügen. Aber nicht alle Möglichkeiten unseres Geistes nutzen. Jeder von uns ist fähig, das zu erreichen, was er erreichen will. Ich wusste, was ich mit dieser Platte (Anm.: *Thriller*) erreichen konnte und mir stand ein großartiges Team zur Verfügung. Viele talentierte Künstler und gute Ideen. Und ich wusste, wir konnten alles schaffen. Der Erfolg von *Thriller* verwandelte viele meiner Träume in Wirklichkeit. *Thriller* wurde das meistverkaufte Album aller Zeiten und diese Tatsache erscheint auf dem Cover des Guinnessbuchs der Rekorde. *Thriller* war harte Arbeit, aber es stimmt, dass man nur das herausbekommt, was man hineinsteckt. Ich bin Perfektionist. Ich arbeite, bis ich zusammenbreche … Wenn ich ein Projekt beginne, glaube ich hundertprozentig daran. Ich lege mein ganzes Herz hinein. Ich würde dafür sterben. So bin ich eben.«

Genau so bin ich auch.

Mit dem *Fit & Fun* kam ich unter die besten zehn Bewerber für den »Unternehmer des Jahres«. Vor der Preisverleihung sollte jeder Finalist einer Jury sein Konzept präsentieren. An genau diesem Tag hatte ich jedoch einen wichtigen Vortrag auf einem Kongress – dort winkten zahlreiche neue Kunden für meine Unternehmensberatung. Ich war hin- und hergerissen. Dann kam mir die Idee, meine Geschäftsführerin zu fragen, ob sie mich vertreten könne. Sie sollte das Konzept im Namen von *Fit & Fun* präsentieren. Sie sagte begeistert zu, und ich bereitete sie intensiv darauf vor. Wir vereinbarten, dass sie mich am Abend anrufen würde, um mir das Ergebnis mitzuteilen.

Ich hielt meinen Vortrag im Kongresshaus Baden-Baden und saß später mit einigen Mitarbeitern in einem schönen Restaurant. Ich hatte meiner Geschäftsführerin den Namen des Lokals genannt – doch sie rief nicht an. (Es gab damals noch keine Handys.) Mit jeder Minute wurde mir klarer: Ich hatte nicht gewonnen. Wäre es anders gewesen, hätte sie längst durchgerufen. Ich, die Pfeife aus Schweinfurt, wollte Unternehmer des Jahres werden – lächerlich. Ich begann, etwas mehr Wein zu trinken, um die Enttäuschung zu verdauen.

Doch plötzlich kam die Kellnerin an den Tisch: »Für Sie ist ein Anruf da.«

Ich stand auf, ging zur Theke, nahm den Hörer. »Ja, hier ist Jürgen Höller.«

»Hallo, Jürgen. Es ist jetzt alles vorbei, es hat nur ein bisschen gedauert, bis ich dich anrufen konnte.«

Ich fragte: »Sind wir Letzter geworden?«

Sie ließ fünf Sekunden verstreichen – dann sagte sie: »Du hast gewonnen. Du bist Unternehmer des Jahres 1991.«

Mir verschlug es die Sprache. Mir kamen Tränen. Ich konnte nichts mehr sagen. Hitze, Glück, Rührung, Stolz – alles strömte gleichzeitig durch mich hindurch. Ich hatte ES geschafft! Ich, der kleine Jürgen.

Ich kehrte zurück zum Tisch, schaute meine Mitarbeiter an. Sie wussten gar nicht, dass ich mich überhaupt beworben hatte. Ich klopfte ans Glas und sagte: »Ich habe etwas zu verkünden. Ich habe mich mit dem *Fit & Fun* beworben – für den Unternehmer des Jahres 1991. Und heute war die Präsentation.« Alle starrten mich an. »Ich habe gewonnen. Ich bin Unternehmer des Jahres 1991. Und wisst ihr, was das auch für unsere Unternehmensberatung bedeutet?«

Anschließend betranken wir uns. Es wurde eine rauschende Nacht.

Nach der Auszeichnung zum »Unternehmer des Jahres« rührte ich kräftig die Werbetrommel in den Schweinfurter Medien. Für sie war das eine kleine Sensation. Zum ersten Mal stand ich als Person im Rampenlicht – nicht nur lokal, sondern auch innerhalb der Fitnessbranche. Ein Fitnessclubbesitzer, der Unternehmer des Jahres wird – das war etwas ganz Besonderes. Inzwischen betreute ich bereits 250 Kunden in meiner Unternehmensberatung.

Doch kaum sechs Wochen nach diesem Höhepunkt fiel ich – völlig unerklärlich – in ein tiefes Loch. Ich hatte es endlich geschafft, meinen Traum zu leben, doch genau in diesem Moment überkam mich eine tiefe Leere. Wie konnte das sein? Ich stand doch auf dem Gipfel. Ich hatte mehr erreicht, als ich mir je zugetraut hätte. Ich war besser als Tausende andere Unternehmer – und das mit einem Fitnessstudio, über das 1991 noch viele die Nase rümpften. Ich hatte sie alle geschlagen. Ich war die Nummer 1. Und das alles mit gerade einmal 28 Jahren.

Es war Oktober – wie so oft ein bedeutsamer Monat in meinem Leben. Im Oktober war ich geboren worden. Im Oktober 1983 hatte ich mich selbstständig gemacht. Im Oktober 1989 hatte sich Kerstin am Krankenbett in mich verliebt. Und nun, im Oktober 1991, war ich Unternehmer des Jahres geworden. Einige Wochen später überredete mich Kerstin, mit ihr zu einem Konzert in die Dortmunder Westfalenhalle zu fahren. Ich glaube, Cher trat auf. Kerstin war ja auch eine erfolgreiche Swing- und Jazzsängerin, trat mit ihrer Band regelmäßig auf – ich liebte ihre Stimme. Während sie neben mir auf der Tribüne völlig aus dem Häuschen war, saß ich eher ruhig da und beobachtete die Bühne. Und plötzlich überkam mich eine Vision: Ich sah mich selbst auf genau dieser Bühne stehen – vor 15.000 Menschen. Sie jubelten mir zu, gaben Standing Ovations. In mir breitete sich eine große Unruhe aus. Mein Puls beschleunigte sich, mein Blutdruck stieg, ich spürte ein Kribbeln im Bauch. Ich konnte nicht mehr stillsitzen, musste aufspringen. Kerstin dachte, ich wäre von der Musik mitgerissen worden – dabei war es etwas ganz anderes. Ich hatte eine neue Vision.

Von diesem Moment an war ich wieder voller Energie. Ich kleidete meine Vision in ein konkretes Ziel: Im Jahr 2000, dem Millenniumjahr, würde ich die Dortmunder Westfalenhalle mit 15.000 Seminarteilnehmern füllen – und Standing Ovations erhalten.

Noch einmal ein Zitat von Michael Jackson aus *Moonwalker*: »Ich liebe es, selbst gesteckte Ziele zu erreichen. Ich liebe es, nicht nur an meine Grenzen zu stoßen, sondern sie hinauszuschieben. Mehr zu schaffen, als ich mir zugetraut habe, ist ein herrliches Gefühl. Es gibt nichts, was ich damit vergleichen könnte. Ich glaube, es ist ungeheuer wichtig, dass man sich selbst Ziele setzt. Es gibt einem eine Vorstellung von dem, was man erreichen will und wie man es erreichen kann. Wenn man nicht auf irgendetwas hinarbeitet, wird man nie erfahren, wozu man fähig ist.«

Mit der Prämie von 25.000 Mark, die ich als Unternehmer des Jahres erhielt, machten Kerstin und ich eine Traumreise auf die Seychellen. Wir besuchten Praslin, Mahé und meine Lieblingsinsel La Digue. Dort gab es keine Autos, keine Motorräder. Wir wurden mit einem Ochsenkarren vom Bootssteg abgeholt und zum einzigen Hotel gebracht. Für die nächsten vier Tage hatten wir zwei Fahrräder – und jeden Tag fuhren wir an einen anderen Strand. Der schönste war ein wilder, unberührter Strand, den wir an einem Tag zufällig entdeckten. Links von uns erhob sich ein kleiner Berg. Auf meiner Karte sah ich, dass dahinter noch ein weiterer Strand liegen müsste. Am nächsten Tag fuhren wir wieder dorthin, jeder mit einem Rucksack. Am Vortag hatte es einen Wasserverkäufer gegeben – diesmal nicht. Aber das störte uns nicht. Wir wollten wissen, was hinter dem Berg lag.

Wir stapften einen schmalen Pfad durch den Urwald hinauf, Schritt für Schritt, Stein für Stein. Es war heiß, wir schwitzten in Strömen, ein paar Stechmücken malträtierten uns, aber alles war wunderschön – fast surreal. Oben angekommen, blickten wir hinab: ein breiter, menschenleerer Strand, eingebettet im Grün. Wir stiegen hinab. Der Durst wurde stärker – wir waren schon fast zwei Stunden unterwegs, bei feuchtheißem Klima. Unten trafen wir auf einen Inselbewohner, der dort allein lebte und etwas anbaute. Wir erklärten ihm mit Händen und Füßen, dass wir Wasser brauchten. Er gab uns zwei Flaschen – und als wir bezahlen wollten, winkte er entrüstet ab. Wahre Gastfreundschaft.

Ich sah auf der Karte, dass auf der linken Seite des Strandes ein weiterer Hügel lag – mit womöglich noch einem Strand dahinter. Ich fragte den Mann irgendwie danach – er nickte und bedeutete uns, weiterzugehen. Wir wanderten also weiter, 800 Meter am Strand entlang, dann nochmals 45 Minuten über den Berg – und was uns dann erwartete, war magisch: ein riesiger, unberührter Strand, nur für uns. Kristallklares Wasser, Palmen spendeten Schatten – und kein Mensch weit und breit. Es war wie ein Traum, eine Postkarte, ein Roman. Weil wir durchgeschwitzt waren, zogen wir alles aus und sprangen nackt ins Wasser. Es war ein Moment völliger Freiheit.

Zurück von den Seychellen, wartete ein neues Problem: In der Fitnessbranche waren inzwischen zwei starke Konkurrenzberatungen entstanden. Die eine wurde von Eddy Paul und Henry Gockel gegründet – Letzterer ist heute Mitgesellschafter der Fitnesskette *Prime Fitness*. Die andere war eine Kooperation von John Brown und Hubert Horn von der *Bodylife*, für die ich selbst viel tätig gewesen war.

Kurz darauf fand die FIBO-Messe in Essen statt. Wir hatten einen Stand – und die beiden neuen Beratungen ebenfalls.

Die eine Beratung, war noch stärker auf Verkauf ausgerichtet als wir. Jeder, der an ihrem Stand vorbeilief, wurde geschickt angesprochen und »eingetütet«. Wir hingegen standen an unserem Stand und warteten, bis Interessenten von sich aus auf uns zukamen. Am Ende der Messe hatten wir, obwohl wir den deutlich größten Stand hatten, nur wenige Abschlüsse erzielt. Ich erfuhr jedoch, dass John Brown allein auf der FIBO über 50 neue Kunden gewonnen hatte.

Daraufhin gab es ein Krisentreffen mit allen Beratern. Inzwischen hatte es hier und da schon kleinere Reibereien mit anderen Beratungen gegeben – das bleibt nicht aus, wenn man die Nummer eins ist. Doch genau diese Konkurrenz war letztlich das Beste, was uns passieren konnte: Sie schweißte unser Team zusammen. Wir hatten plötzlich ein gemeinsames Feindbild, auf das wir uns konzentrieren konnten. Uns wurde klar, dass wir nur als geschlossenes Team bestehen konnten. Also beschlossen wir, Vollgas zu geben.

Und das erinnert mich an ein Zitat von Donald Trump, das ich einmal in einem seiner Bücher gelesen habe: »Alle großen Sportler und alle großen Milliardäre haben es auf Gold abgesehen und nicht auf Bronze. Die Frage ist, wie hungrig sie sind. Hungrige Menschen arbeiten mehr und sind besser motiviert, im Leben große Schritte nach vorne zu machen. Sie müssen sich immer höhere Ziele stecken. Sie müssen immer mehr wollen, sonst rutschen sie sehr schnell wieder zurück.«

Jetzt werden natürlich einige deutsche Leser die Stirn runzeln: Donald Trump? Zitiere ich tatsächlich *den* Donald Trump? In Deutschland wird er ja oft als Schreckgespenst dargestellt. Ich habe jedoch viele amerikanische Freunde und Geschäftskollegen, die ausgesprochene Trump-Fans sind – besonders College-Absolventen und Selbstständige. In den USA steht die republikanische Wählerschaft geschlossen hinter ihm. Aber lassen wir einmal seine politischen Ansichten und seine Art der Politik beiseite: Er hat es geschafft, nicht nur Milliardär, sondern auch Präsident der Vereinigten Staaten zu werden! Also muss er gewisse Dinge beherrschen – Werkzeuge, Methoden –, um das erreicht zu haben. Warum sollte man daraus nicht lernen?

Wir legten also richtig los. Bis Ende 1994 hatten wir 430 dauerhafte Unternehmensberatungskunden – jeweils mit einem Jahresumsatz von 24.000 D-Mark. Allein mit diesen Kunden erzielte ich über zehn Millionen D-Mark Umsatz im Jahr. Zudem kamen nach und nach Experten auf mich zu, die in bestimmten Branchen über enormes Wissen verfügten und dort bereits erfolgreich waren. Gemeinsam gründeten wir weitere Beratungen: für Arztpraxen, Fahrschulen, Autohäuser, Softwarehäuser und Sonnenstudios. Alle schlugen ein wie eine Bombe.

Inzwischen hatte ich auch ein Fachbuch veröffentlicht – *Fitness erfolgreich verkaufen* – und anschließend die ersten beiden Bücher für ein breiteres Publikum geschrieben: 1993 den Econ-Bestseller *Sicher zum Spitzenerfolg* und 1994, ein Jahr später, den Longseller *Alles ist möglich*.

Als ich das Manuskript für *Sicher zum Spitzenerfolg* fertiggestellt hatte, erschien ich damit – in Papierform, denn digital war damals noch kein Thema – beim Econ-Zukunftstag in Düsseldorf. Der Econ Verlag war seinerzeit einer der führenden Wirtschaftsverlage Deutschlands und richtete diesen eintägigen Kongress jährlich aus. Vor Ort fragte ich einen Mitarbeiter, wer für neue Buchprojekte zuständig sei.

Er schaute mich etwas irritiert an, zeigte auf eine Kollegin und sagte: »Zum Beispiel hier die Frau Maier.«

Ich sprach sie direkt an: »Frau Maier?«

»Ja«, antwortete sie freundlich. Sie erinnerte mich ein wenig an Kerstin – ebenfalls blond, selbstbewusst und intelligent, nur ein paar Jahre älter. Ich drückte ihr den Stapel Papier in die Hand und sagte: »Das ist mein Buch *Sicher zum Spitzenerfolg*. Bitte lesen Sie es durch. In 14 Tagen melde ich mich bei Ihnen. Dann schauen wir, wie Sie es veröffentlichen können.«

Überrumpelt von so viel Chuzpe nahm sie das Manuskript entgegen und konnte sich ein Lächeln nicht verkneifen: »Nun, das müssen wir erst mal sehen – aber ich schaue es mir zumindest an.«

Als ich zwei Wochen später anrief, war sie vom Inhalt begeistert: »Erfrischend neu, anders als die üblichen Wirtschaftsbücher. Eine Sprache, die jeder versteht.«

»Also wird der Econ Verlag es veröffentlichen?«

»Na ja«, sagte sie, »so einfach ist das nicht. Wir bekommen jede Woche etwa 50 Manuskripte – und veröffentlichen vielleicht eines davon.«

»Genau – und diese Woche ist es meins«, entgegnete ich.

Sie lachte, erklärte mir jedoch, dass sie erst noch die Verlagsleitung überzeugen müsse. Immerhin müsse der Verlag zumindest die Produktionskosten wieder einspielen.

Ich fragte: »Wie hoch müsste denn die Auflage sein, damit die Verlagsbosse zustimmen?«

»Etwa 4.000 verkaufte Exemplare. Dann wären die Kosten gedeckt, und ich könnte das Projekt durchbringen. Davon muss ich sie überzeugen.«

»Kein Problem«, antwortete ich. »Die 4.000 kaufe ich selbst.«

»4.000 Exemplare? Und was machen Sie damit?«

»Die verkaufe ich bei meinen Vorträgen und Seminaren. Kein Problem für mich. Allerdings möchte ich dann natürlich auch den entsprechenden Rabatt – wie jeder Buchhändler.«

Sie stellte diesen Vorschlag der Verlagsleitung vor – und dort hatte man so etwas noch nie erlebt. Damit war der Deal perfekt. Die 4.000 Exemplare wurden direkt auf drei Paletten an mich geliefert. Dafür musste mein Auto eine Weile draußen parken, denn meine Garage war nun vollständig mit den Buchpaletten gefüllt. Zusätzlich druckte der Verlag noch 2.000 weitere Exemplare für den Buchhandel. Im Erscheinungsjahr des Buchs wurden insgesamt 40.000 Stück verkauft. Das zweite Buch, das ein Jahr später erschien, lief sogar noch deutlich besser. Durch diese Bücher wurde ich immer häufiger zu Vorträgen eingeladen.

1994 durfte ich dann zum ersten Mal selbst auf dem Econ-Zukunftstag auftreten. Damals standen dort Persönlichkeiten wie André Kostolany auf der Bühne, der neue FDP-Generalsekretär Guido Westerwelle und viele andere hochkarätige Redner aus der ganzen Welt – und ich: der 31-jährige Jungspund, ohne Abitur und ohne Studium, wenige Jahre zuvor fast pleite.

Inzwischen hatte ich auch begonnen, meine Seminare für den freien Markt zu öffnen. Ursprünglich waren sie ausschließlich für die Inhaber und Mitarbeiter der Unternehmen gedacht, die wir berieten.

Doch es dauerte nicht lange, bis mich ein Fitnessstudio-Besitzer fragte, ob er nicht seinen Bruder mitbringen könne, der ein Hotel betrieb. Kurz darauf wollte der Nächste seine Schwester mitnehmen, die ein Kosmetikinstitut führte. Die Seminare kamen so gut an, dass sich schnell durch Mundpropaganda immer mehr Teilnehmer einfanden.

Und so ergaben sich wieder zwei Geschäftsfelder: Auf der einen Seite meine Unternehmensberatungen – mit einem von mir entwickelten, branchenspezifischen Modell der spezialisierten Beratung. Zusammen mit Partnern betrieb ich Ende 1994 sechs verschiedene Unternehmensberatungen. Für Arztpraxen, für Fahrschulen, für IT-Betriebe, für Autohäuser, Fitness Clubs und für Sonnenstudios. Ich hätte das ewig weitermachen und damit ein Vermögen verdienen können. Auf der anderen Seite aber standen nun die Seminare und Vorträge – und die machten mir schlicht mehr Spaß.

Eine Zeit lang rang ich mit mir. Der Verstand sagte das eine, das Gefühl das andere. Doch wieder hörte ich auf mein Bauchgefühl. Zum 31. Dezember 1994 übergab ich alle Unternehmensberatungen an meine Nachfolger und konzentrierte mich voll auf meine neue Tätigkeit: die Inline Motivations AG, mit der ich am 1. Januar 1995 an den Start ging.

Am 2. Juli 1994 heirateten dann Kerstin und ich. Es war ein unglaublich warmer Tag mit 38 Grad. Um 11:00 vormittags gab es die standesamtliche Trauung. Eheschließung in Schwebheim. Danach versammelten wir uns dann mit ein paar wenigen Familienangehörigen und den allerengsten Freunden zu einem Champagnerempfang auf dem Kirchplatz. Es gab ein paar leckere Häppchen und wir versuchten die Mittagshitze so gut es ging hinter uns zu bringen. Nach und nach trafen dann die ca. 90 Hochzeitsgäste ein. Ich habe immer noch das Bild vor Augen, wie Kerstin in ihrem rosafarbenen Hochzeitskleid (sie trug tatsächlich die Farbe Rosa!) neben mir steht. Natürlich hatte sie sich wie jede Braut so hübsch wie möglich gemacht. Wochenlang Diät gehalten, Sport betrieben und so sah sie einfach umwerfend gut aus. Wir waren so jung, so glücklich, so voller Zukunftsoptimismus. Und natürlich musste ich selbst die eine oder andere Träne bei der Zeremonie vergießen. Anschließend gab es dann eine große Feier mit edlem Catering, Unterhaltungsprogramm, DJ und alles, was dazugehört.

Allerdings fand an diesem Tag auch das Spiel der Fußballweltmeisterschaft zwischen Deutschland und Bulgarien statt. Es ging um den Einzug ins Halbfinale. Ich plädierte dafür, eine Großbildleinwand für alle Gäste aufzubauen, um das Spiel sehen zu können. Kerstin war außer sich. Während ihrer Hochzeit sollte tatsächlich Fußball geschaut werden? Sie weigerte sich kategorisch. Was blieb mir anderes übrig? Ich organisierte also heimlich die Großbildleinwand und die Boxen dazu … Als sie es dann mitbekam, dass ein paar treue Freunde das Ganze kurz vor dem Spiel aufbauten, flippte sie aus. Ich organisierte dann noch schnell einen Tipp, bei dem jeder ein paar Euro zahlen musste. Der Gewinner sollte dann das Geld bekommen, wenn es mehrere Gewinner gäbe, dann würden sie den Gewinn teilen. Aus Verärgerung tippte Kerstin 2:1 für Bulgarien, als Einzige natürlich gegen Deutschland. Und was passierte? Die Bulgaren gewannen 2:1.

Direkt danach fuhren wir dann einige Tage in den Honeymoon nach Venedig. Unsere Mitarbeiter hatten zusammengelegt und tatsächlich drei Übernachtungen im Traumhotel Cipriani in Venedig für uns bezahlt, inklusive Flug, und so war ich zum ersten Mal in Venedig und verzaubert von dieser wunderschönen Stadt. Wir hatten es dann zum Ritual gemacht, jeweils fünf Jahre nach Eheschließung wieder nach Venedig zu fahren. Bei dieser Eheschließung schworen wir den Eid, uns in guten wie in schlechten Tagen beizustehen. Ich konnte ja nicht ahnen, wie viel schlechte Tage es auch bei uns noch geben würde.

LEARNINGS KAPITEL 5:

1. Wissen kannst du jederzeit in Erfolg verwandeln.
   Dafür musst du nur:
   Bücher lesen
   Audios hören
   Videos schauen
   Seminare besuchen
   Kurse absolvieren
2. Wichtig ist nicht, was dich etwas kostet (z. B. Wissen), sondern was es dir bringt.
3. Der Reichtum liegt im Glauben.

AUTOSUGGESTIONEN:

1. Ich folge immer meinem Herzen.
2. Ich glaube an mich und an meine Träume.
3. Ich bin selbstbewusst.
4. Meine Träume werden Wirklichkeit.
5. Nichts ändert sich, außer ich ändere mich.
6. Wissen ist mein größter Reichtum.
7. Ich lebe meine Berufung.

KAPITEL 6: DIE BERUFUNG

Nachdem ich 1994 alle Unternehmensberatungen abgegeben hatte, startete ich in meine neue Karriere: Ich gründete die Inline Motivations GmbH. Im selben Jahr trat ich als Referent beim Econ-Zukunftstag in Düsseldorf auf. Dort sprachen auch die beiden amerikanischen Marketing-Gurus Jack Trout und Al Ries. Ihr im Econ Verlag erschienenes Buch trug den Titel *Die 22 unumstößlichen Gebote des Marketings*.

Mein Vortrag war relativ früh angesetzt, sodass ich mir im Anschluss auch andere Beiträge anhören konnte – besonders interessierte mich der von Trout und Ries. Ich war absolut begeistert – sowohl vom Inhalt als auch von der lockeren, souveränen Vortragsweise der beiden Amerikaner.

Nach der Veranstaltung fragte ich meine Lektorin vom Econ Verlag, warum das Buch auf Deutsch *Die 22 unumstößlichen Gebote des Marketings* heiße, obwohl es im Vortrag ausschließlich um Positionierung ging.

»Ja«, sagte sie, »im Amerikanischen heißt das Original einfach *Positioning*.«

»Und warum habt ihr das im Deutschen nicht übernommen?«, wunderte ich mich.

Ihre Antwort: »In Deutschland weiß niemand, was Positionierung überhaupt ist.«

Als ich am nächsten Tag von Düsseldorf nach Schweinfurt zurückfuhr, ging mir der Vortrag nicht mehr aus dem Kopf. Trout und Ries vertraten die klare These, dass Marketing nur dann wirksam sei, wenn man sich eindeutig positioniert. Andernfalls verpuffen sämtliche Anstrengungen und Ressourcen: Geld, Zeit, Energie.

An diesem Nachmittag – es war Mai 1994, und ich wusste bereits, dass ich Ende des Jahres meine Unternehmensberatung aufgeben und ab dem 1. Januar 1995 als Trainer neu durchstarten würde – fiel meine Entscheidung: Ich werde Motivationstrainer. Warum fiel meine Wahl gerade auf diese Positionierung? Weil sie in Europa bis dahin niemand besetzt hatte. Zwar gab es international bereits Anthony Robbins, doch der war hierzulande 1994 noch weitgehend unbekannt. Also besetzte ich diese Nische.

Was lag näher, als mein Unternehmen Inline Motivations GmbH zu nennen? Das Problem der fehlenden oder schwachen Positionierung besteht übrigens bis heute: Noch immer haben 97,2 Prozent der kleineren Unternehmen mit bis zu 100 Mitarbeitern keine klare Positionierung. Und wer nicht eindeutig positioniert ist, wird vergleichbar – was auf Dauer zu sinkenden Margen führt. Die Rendite tendiert dann im Laufe der Zeit gegen null.

Deshalb ist es so wichtig, eine klare Position einzunehmen. Manchmal besteht diese schon in einem gelungenen Branding oder einem starken Markenaufbau. Was unterscheidet wirklich das eine Mineralwasser vom anderen? Ein eindeutig zuordenbarer Geschmack? Ich bezweifle es. Das Thema Positionierung spielt auch in meinen Seminaren eine zentrale Rolle – unter anderem im Seminar *Business Secrets*.

Business Secrets ist ein Wochenend-Einstiegsseminar für kleinere Unternehmer mit bis zu 100 Mitarbeitern. Es widmet sich den Themen Business, Systeme, Positionierung, Verkauf und Marketing. Das Seminar wird zu einem sehr niedrigen Preis angeboten, damit es sich jeder leisten kann – ganz ohne Hemmschwellen. Die meisten Teilnehmer sind nach den drei Tagen so begeistert, dass sie im Anschluss ein weiterführendes Seminar buchen.

Wenn du dich dafür interessierst, dann klicke hier:

Endlich hatte ich den Rücken frei und konnte mit voller Kraft loslegen. Wer mich kennt, weiß: Bei mir bedeutet »volle Kraft«, dass ich täglich 12 bis 13 Stunden arbeite – sechs Tage die Woche. Am Sonntag beschränke ich mich dann auf vier bis sechs Stunden. Wenn andere 110 Prozent geben, dann sind es bei mir etwa 1100 Prozent Einsatz. Ich bin dann wie ein großer Ozeandampfer, der seine Höchstgeschwindigkeit erreicht hat – und von nichts und niemandem mehr aufzuhalten ist.

Ja, ich hatte meine wahre Berufung gefunden. Beruf ist für mich nichts anderes als die Abkürzung von *Berufung*.

Ich habe mich auch intensiv mit allen fünf Weltreligionen beschäftigt, weil ich wissen wollte, was wirklich dahintersteckt. Dabei habe ich festgestellt, dass die Grundlagen in allen Religionen im Kern gleich sind: Gott – oder wie immer man ihn nennt – ist letztlich Liebe und Schöpferkraft. Und ja, ich glaube sehr an Gott. Ich wurde katholisch erzogen und war viele Jahre Ministrant. In der Pubertät verlor ich jedoch vollständig den Zugang zur Religion – und leider auch zu Gott. Erst in meiner zweiten großen Lebenskrise (dazu gleich mehr …) fand ich wieder zu ihm zurück.

Heute glaube ich nicht mehr an Religionen und fühle mich keiner einzigen zugehörig. Aber ich glaube an Gott und bemühe mich, mich immer wieder mit dieser Kraft zu verbinden. Ich bin überzeugt, dass jeder Mensch – egal, welche Taten er nach außen zeigt – in seinem Innersten eine liebevolle Seele hat. Auch wenn manche sie ein Leben lang nicht spüren oder zeigen können. Wie schade! Beides – Licht wie Schatten – ist Ausdruck der Schöpferkraft. Der Geist, der das Universum erschuf (ob man ihn nun Gott, Universum, Natur, Leben oder anders nennt), steht hinter allem, was existiert. Dieser Geist ist Anfang und Ende. Dort kommen wir her, und dorthin gehen wir zurück. So sehen es auch alle großen Religionen. Als ich die Bibel zweimal komplett gelesen und mir viele Gedanken gemacht hatte, wurde mir klar, wie tief diese Wahrheit reicht.

In der Bibel steht, dass Gott den Menschen nach seinem Abbild schuf. Jahrhundertelang glaubte der Mensch deshalb, Gott sähe so aus wie er selbst. Aber wie soll man sich das vorstellen? Sieht Gott aus wie ich? Wie mein Partner? Mein Nachbar? Oder wie der schräge Vogel, der da auf der anderen Straßenseite entlangschlurft? Sieht er aus wie mein 20-jähriges Ich? Oder eher wie mein heutiges Ich mit 60?

Nein, die Bibel ist ein Buch voller Geschichten und Metaphern. Wir müssen sie also sinnbildlich lesen. (Es gibt zwar Religionsgemeinschaften, die die Bibel wörtlich nehmen – das führt allerdings oft zu fatalen Auslegungen.) In der Schöpfungsgeschichte heißt es: Gott nahm den noch lieblosen Menschen und hauchte ihm seinen Odem – also seinen Atem – ein. Der Mensch erwachte zum Leben. Und dieser Odem – wie lange ist er in uns? Solange wir leben. Wir tragen also von Anbeginn unseres Lebens bis zu seinem Ende einen Teil Gottes in uns. Und dieser Teil Gottes ist Liebe und Schöpfung.

Was bedeutet Schöpfung? Schöpferkraft zeigt sich zum Beispiel, wenn Kinder auf dem Spielplatz eine Sandburg bauen. Dann ruft die Mutter zum Mittagessen – und andere Kinder haben höllischen Spaß daran, die Sandburg wieder zu zerstören. Beides ist ein Akt der Schöpfung. Schöpfung bedeutet, einen Ist-Zustand in einen neuen Zustand zu verwandeln. Das ist wahre Magie! Deshalb gehört das Aufbauen genauso zur Schöpfung wie das Zerstören.

Was ich nie verstanden habe, ist, warum manche Menschen ihre Schöpferkraft dazu nutzen, die Sandburgen anderer zu zerstören. Noch schlimmer: Sie reißen oft sogar ihre eigenen Sandburgen ein. Und das Allerschlimmste ist, dass sie gar nicht wissen, wie mächtig sie eigentlich sind – und sich wundern, dass irgendeine äußere Kraft – das Pech, der Zufall, Gott, der Teufel, die anderen – ihre Sandburgen zerstört.

Ich glaube, dass jeder Mensch mit einzigartigen Aufgaben auf diese Welt kommt: einer inneren Aufgabe für sich selbst und einer äußeren Aufgabe für die Welt, in der wir leben.

Zu meiner inneren Aufgabe werde ich später im Buch noch kommen. Meine äußere Aufgabe ist es, Menschen an die Hand zu nehmen, ihnen die universellen Gesetze des Lebens nahezubringen, sie ein Stück auf ihrem Weg zu begleiten – und dann wieder loszulassen.

Unsere Talente und Begabungen werden uns mitgegeben, damit wir unsere Aufgaben erfüllen können. Doch viele Menschen haben diese Talente und Aufgaben zugeschüttet, verdeckt, begraben oder vergessen. Sie haben Angst vor ihrer großen Aufgabe. Im Buddhismus bin ich auf ein Konzept gestoßen, das diese Idee wunderbar beschreibt: Dharma. Dharma steht für die Berufung und die besondere Aufgabe, die jeder Mensch auf dieser Welt hat. Dieses Dharma ist laut buddhistischer Lehre immer in Übereinstimmung mit den individuellen Talenten eines Menschen – und soll dazu beitragen, die Welt besser und schöner zu machen.

Als ich die Autobiografie von Harald Glööckler las, fand ich genau diesen Gedanken wieder. Und ich schämte mich für meine eigenen Vorurteile. Ich hatte ihn lange Zeit für einen oberflächlichen Medienmenschen gehalten – doch was für eine faszinierende Lebensgeschichte, und was für ein tiefer Glaube an die Gesetzmäßigkeiten des Lebens!

Eines meiner sechs größten Vorbilder ist Muhammad Ali. In seinem Buch *Mit dem Herzen eines Schmetterlings* schreibt er über die Lebensaufgabe: »Jedes Geschöpf Gottes hat eine Aufgabe. Die Sonne hat eine Aufgabe. Die Wolken haben eine Aufgabe. Regen hat eine Aufgabe. Bäume haben eine Aufgabe. Tiere haben eine Aufgabe. Sogar die winzigsten Insekten und Fische im Ozean haben eine Aufgabe. Egal, wie groß oder klein wir sind, wir wurden alle geboren, um eine bestimmte Aufgabe zu erfüllen. Das Wissen um diese Aufgabe ermöglicht es jeder Seele, sich selbst zu erfüllen. Ein Mensch, der seine Aufgabe kennt, ist viel mächtiger als 10.000 Menschen ohne dieses Wissen. Deine Aufgabe mag größer sein als meine oder die eines anderen Menschen, aber das macht meine Aufgabe nicht weniger wichtig. Gott würde nie einem Menschen eine Last aufbürden, die dieser nicht tragen kann. Er gibt auch niemandem eine sinnlose Aufgabe. Jedes Mal, wenn ich dachte, ich hätte meine Lebensaufgabe erfüllt, stellte sich heraus, dass ich nur einen weiteren Schritt auf meiner Reise vorangekommen war. Ich entdecke immer neue Aufgaben, die Gott für mich bereithält.«

Wow – was für weise Worte! Jetzt weißt du, warum Muhammad Ali seit Jahrzehnten eines meiner Vorbilder ist.

Nur sehr wenige Menschen wissen wirklich, was ihre Aufgabe ist. Aber wenn ich an Menschen wie Mahatma Gandhi, Nelson Mandela, Mutter Theresa, Martin Luther King, Charles Lindbergh, Mick Jagger und Keith Richards, Jesus Christus, Arnold Schwarzenegger, Elon Musk – und eben auch Muhammad Ali – denke, dann sehe ich Menschen, die ihre Aufgabe angenommen haben. Sie waren bereit, für ihre Berufung alles zu geben: Anstrengung, Mühe – manchmal auch Leid. In dieser Haltung liegt eine unglaubliche Kraft – eine Verbindung zur unerschöpflichen Energiequelle des Universums. Wenn solche Menschen ihre Aufgabe leben, werden sie zu leuchtenden Vorbildern. Sie wecken in uns den Wunsch nach Höherem. Wir wollen ihnen nacheifern, um selbst zu wachsen.

1967 sollte Muhammad Ali zum Kriegsdienst eingezogen werden. Sein Manager sagte ihm, das sei nur eine Formalität – ein Tag in Uniform für die Presse, danach könne er weiter trainieren und kämpfen. Aber Ali verweigerte sich – aus Gewissensgründen. Daraufhin wurde er 1967 wegen Kriegsdienstverweigerung verurteilt: fünf Jahre Gefängnis, Einzug seines Passes, hohe Geldstrafe, lebenslanges Boxverbot. Er sagte dazu: »Nein, ihr liegt falsch. Ich drücke mich nicht. Und ich verbrenne auch nicht unsere amerikanische Flagge. Und schon gar nicht fliehe ich irgendwohin. Ich bleibe hier. Und folge meinem Gewissen. Und dafür wollt ihr mich ins Gefängnis stecken? Schön, dann macht das. Ich war 400 Jahre im Gefängnis. Dann schaffe ich diese fünf auch noch.

Aber ich werde keine Tausende von Meilen nach Asien fliegen, um euch zu helfen, andere arme Menschen zu ermorden. Wenn ich beschließe zu sterben, dann sterbe ich lieber hier und jetzt im Kampf gegen euch. Aber ich will nicht sterben. Ihr seid mein Feind – nicht der Vietcong. Ihr seid mein Gegner, wenn ich Freiheit will. Ihr seid mein Gegner, wenn ich Gerechtigkeit will.«

Was für Worte! Muhammad Ali gab alles auf – für seine Prinzipien, seine Überzeugungen, seine Aufgabe. Letztlich ging er in Berufung und durch alle Instanzen. Er blieb zwar auf freiem Fuß, durfte aber nicht boxen. Drei Jahre dauerte es, bis ihm schließlich vor dem Obersten Gerichtshof Recht gegeben wurde – weil niemand gegen sein Gewissen zum Kriegsdienst gezwungen werden darf. Im Anschluss daran wurde der amerikanische Wehrdienst abgeschafft, und das Heer in eine Freiwilligenarmee umgewandelt. Man sagt, den besten Muhammad Ali haben wir nie gesehen – denn genau in diesen drei Jahren durfte er nicht einmal trainieren, geschweige denn kämpfen. In dieser Zeit verlor er nicht nur seine Titel und all sein Geld, sondern auch bei einem großen Teil der Öffentlichkeit seinen guten Namen.

Ich konzipierte also mehrere Seminare und stürzte mich mit Feuereifer in meine neue Aufgabe. Gleichzeitig besuchte ich intensiv Weiterbildungen auf der ganzen Welt. Besonders im Bereich Rhetorik sog ich alles auf, was ich finden konnte. Ich wollte ein großer Redner werden – also musste ich das Handwerk lernen.

Ich las ein Buch, das auch Warren Buffett gelesen hatte, der wohl erfolgreichste Investor der Welt. Er hatte selbst Dale-Carnegie-Kurse besucht, um das öffentliche Reden zu lernen. Das war damals eine beachtliche Investition – aber es zeigt, wie wichtig ihm diese Fähigkeit war. Er sagte einmal: »Ich war ein Desaster. Ich konnte im Grunde nicht in der Öffentlichkeit reden.«

Er war jedoch überzeugt davon, dass die Fähigkeit, sich sprachlich – mündlich wie schriftlich – auszudrücken, eine Grundvoraussetzung für Erfolg ist. Er war so stolz auf sein Rhetorik-Diplom aus dem Dale-Carnegie-Kurs, dass er es in seinem Büro aufhängte. Kein Wunder also, dass später zigtausende Berkshire-Hathaway-Aktionäre nach Omaha pilgerten, um ihn auf den Hauptversammlungen sprechen zu hören.

Dass es mir gelungen ist, tausende von Menschen mit unseren Rhetorik-Seminaren ihre Angst vorm Reden zu nehmen und sie zu tollen Rednern auszubilden, erfüllt mich mit Stolz und Freude.

Am 8. August 1996 war es dann endlich so weit: Unser erster Sohn Alexander wurde geboren. Wir hatten es schon einige Jahre lang versucht – bislang ohne Erfolg. Kerstin hatte sich durchchecken lassen, bei ihr war alles in Ordnung. Daraufhin bat sie mich, auch meine Zeugungsfähigkeit untersuchen zu lassen.

»Klar«, meinte ich, »was soll ich tun?«

»Du musst nur eine Spermaprobe abgeben.«

»Wie jetzt? Zu Hause abfüllen und dann irgendwo hinbringen, oder was?«

»Nein, nein«, lachte sie, »das machst du schon in der Praxis.«

Mir wurde heiß und kalt. Aber es war Kerstins Wunsch, eine Familie zu gründen. Und ich wollte das jetzt auch – auch wenn ich immer noch ein wenig Angst vor der Verantwortung hatte.

Der Termin war bei einem Arzt in Schweinfurt. Ich meldete mich an der Rezeption – umgeben von anderen Patienten, darunter auch viele Frauen.

»Ah ja, Sie sind wegen einer Spermaprobe hier!«, rief die Sprechstundenhilfe fröhlich.

Ich wäre am liebsten im Erdboden versunken. Sie gab mir ein Plastikdöschen und wies mir den Weg zur Toilette. Wenn ich fertig sei, solle ich es wieder bei ihr abgeben. Ich hatte mir naiverweise vorgestellt, dass es einen separaten Raum mit einem gemütlichen Sessel gäbe, vielleicht mit ein paar Porno-Heften zur Stimulation. Stattdessen: ein schlichtes Klo mit Waschbecken, ein Stuhl und ein kleiner Spiegel. Von draußen drangen die Geräusche der Praxis zu mir herein.

»Herrgott noch mal! Und jetzt warten alle darauf, dass ich schnell fertig werde?«, dachte ich.

Ich fühlte mich massiv unter Druck gesetzt – was die Sache nicht gerade einfacher machte. Irgendwie gelang es mir dann doch. Die Dose – durchsichtig – war gefüllt. Man sah, was drin war. Ich trat wieder vor zur Sprechstundenhilfe: »Ich habe meine Probe fertig.«

»Ah ja, die Spermaprobe, sehr schön«, rief sie laut durch das Wartezimmer. Mehrere Frauen schauten neugierig. Ich lief puterrot an, murmelte ein hastiges »Auf Wiedersehen« – und war verschwunden.

Das Ergebnis: Auch bei mir war alles in Ordnung. Aber warum klappte es dann nicht? Kerstin kam irgendwann mit Zeitplänen an, wann wir »es« versuchen sollten. Ich lehnte das ab und legte unseren Erfolg in die Hände des Universums. Ich sagte ihr: »Mit Druck erreichen wir gar nichts. Wenn es sein soll, wird es sein.«

Wenige Wochen später besuchten wir ein Seminar von Kurt Tepperwein – einem Kollegen, den ich sehr schätze, von dem ich viel gelernt habe, unter anderem Hypnose, und den ich zu meinen Mentoren zähle. An einem der beiden Tage waren Kerstin und ich zufällig allein mit ihm im Fahrstuhl. Er war – wie immer – ganz in Weiß gekleidet. Er sah uns an und sagte: »Na, da könnt ihr euch aber bald freuen.« Und verschwand.

Kerstin war irritiert. Meinte er wirklich ein Kind? Zu Hause machte sie einen Test – und ja, sie war schwanger.

Am 8. August 1996 begannen die Wehen. Ich brachte sie morgens ins Krankenhaus und blieb die ganze Zeit an ihrer Seite. Ich wollte ihr beistehen – auch wenn ich ehrlich gesagt Angst hatte. Ich kann es nicht ertragen, andere leiden zu sehen. Und ich wollte auch nicht sehen, wie mein Kind da unten herauskommt. Aber ich wollte für Kerstin da sein. Dann wurde es plötzlich hektisch. Die Ärzte bereiteten die Zange vor – Alexander, unser Sohn, war zwar im Geburtskanal, steckte dort aber fest.

Ich sagte zu Kerstin: »Pressen, mein Liebling! Pressen! Du schaffst das. Gib alles – sonst holen sie ihn mit der Zange!«

Und wer Kerstin kennt, weiß, dass sie einen unbändigen Willen hat. Sie presste mit aller Kraft – und dann war er da, unser Sohn.

Man legte ihn Kerstin auf die Brust, sie weinte vor Glück. Nach einer Weile wurde Alexander vorsichtig gewaschen, eingepackt – und dann bekam ich ihn.

Ich wurde gebeten, für ein paar Minuten auf den Flur zu gehen, damit man sich um Kerstin kümmern konnte. Da stand ich also – mit meinem Sohn im Arm. Und in diesem Moment überkamen mich die Gefühle. Ich weinte. Ich spürte etwas ganz Ursprüngliches: die tiefe, instinktive Liebe zu meinem Kind. Es war Abend geworden, und Kerstin bat mich, nach Hause zu gehen. Sie war erschöpft. Ich fuhr los, rief Familie und Freunde an. An der Tankstelle holte ich mir ein eiskaltes

Weizenbier. Nach einer halben Stunde Telefonieren und dem einen Weißbier war ich sturzbetrunken. In mir war so viel aufgewühlt, dass dieses eine Bier einschlug wie sonst ein halber Kasten.

Machen wir einen kleinen Zeitsprung: 17 Jahre später kam ich dann abends um kurz vor 20:00 Uhr aus dem Büro nach Hause. Kerstin kochte und Alexander empfing mich mit der Bitte, einmal unter vier Augen mit mir reden zu können. Auweia, irgendwas war da also passiert oder im Busch. Er eröffnete mir dann auf unserer Terrasse – seine Mutter durfte es nicht hören – dass er beschlossen hatte, die Schule zu beenden. »Aber Alex, du bist jetzt am Ende der elften Klasse. Du hast nur noch eine Schulklasse vor dir. Zieh das doch noch durch. Dann hast du Abitur. Wer weiß, für was du das noch benötigst.« (Ich habe so reagiert, wie jedes andere Elternteil wahrscheinlich auch erst mal reagiert.) Er erklärte mir mit voller Überzeugung, dass er die Schule hasst, dass er keinen Sinn darin sieht, sein Abitur zu machen und dass er etwas ganz anderes machen will. Ich fragte ihn: »Was willst du denn machen?« Und er antwortete: »Ich werde Künstler. Ich male.« Als alter Unternehmensberater habe ich immer noch ein absolutes Faible für Zahlen. Und so fiel mir ein, dass das durchschnittliche Einkommen eines Künstlers bei 830 € in Deutschland liegt. Bei dieser Summe versteht man auch die Bedeutung des Wortes Hungerkünstler. Ich schluckte aber meinen Impuls hinunter und fragte ihn, was er für ein Ziel als Maler habe. Er stammelte ein wenig herum und nannte irgendwelche belanglosen Ziele. Ich blickte ihm in die Augen und sagte ihm: »Nein, ich will wissen, was wirklich dein Ziel ist.« Jetzt blickte er mir fest in die Augen, hatte etwas Tränen, und antwortete mir mit leicht bebender Stimme: »Ich möchte, dass von mir einmal ein Bild im MoMA-Museum in New York hängt. (Anmerkung: Wer es ins MoMA-Museum, also dem Museum of Modern Art in New York, geschafft hat, ein Kunstwerk von sich auszustellen, der gehört zur Elite seiner Zunft.) Und ich sagte zu ihm: »Okay, das ist ein Ziel, für das es sich zu kämpfen lohnt. Ich bin dabei.« Er strahlte und wir nahmen uns kurz in die Arme. Dann erklärte ich ihm: »Jetzt musst du es nur noch deiner Mutter verkaufen.« (Die daraufhin erst einmal ein wenig heulte …) Heute ist Alexander ein überaus erfolgreicher Künstler, der weltweit seine Werke ausstellt. Gerade eben, als ich diese Zeilen diktiere, hat er eine neue Serie von Bildern namens Gold gestartet. Als ich sie das erste Mal sah, wollte ich sofort eines der Bilder für unser eigenes Haus. Aber keine Chance. Denn als er die ersten 18 Bilder fertig gestellt hatte und einige Sammler, die ihn immer wieder in seinem Atelier besuchen, diese sahen, war er sofort ausverkauft. Ich glaube fest daran, dass es nicht mehr lange dauern wird und er tatsächlich seinen großen Traum, seine Vision erfüllt, nämlich mit einem oder mehreren seiner Werke im MoMA in New York zu hängen. Ich glaube an dich, Alexander, und ich liebe dich.

In den folgenden Jahren waren die Rollen bei uns klar verteilt: Kerstin kümmerte sich um unser Haus, um unseren Sohn – und, wie sie gern sagte, um ihr zweites Kind: mich. Ich arbeitete weiterhin intensiv, um die Inline Motivations GmbH voranzubringen. Aber ich nahm mir immer wieder bewusst Zeit für die Familie. Zweimal im Jahr machten wir Urlaub. Und in dieser Zeit arbeitete ich nicht – das war Kerstins Bedingung. Wenn ich ehrlich bin, war ich im Urlaub trotzdem nicht ganz präsent. Ich war meist so erschöpft, dass mich irgendein kleines Zipperlein zur Ruhe zwang – und mir gleichzeitig eine Ausrede verschaffte, nicht zu viel unternehmen zu müssen.

In der Autobiografie von Will Smith las ich einmal einen Satz, der mich tief berührte: »Ich habe mich im Laufe der Jahre mit etlichen Künstlern, Musikern, Erfindern, Athleten, Denkern, Dichtern, Unternehmern unterhalten. Lauter große Träumer aus den unterschiedlichsten Kreisen. Und jedes Mal klang unterschwellig das Gleiche an: Wie können wir unsere Vision mit aller Kraft verfolgen und verwirklichen und gleichzeitig eine Liebe, eine gedeihende Familie, eine erfüllende Beziehung am Leben erhalten? Die bittere Wahrheit für jeden, der einen Träumer liebt, ist diese: Der Traum kommt immer an erster Stelle.«

Du erinnerst dich: 1991 hatte ich meine große Vision – im Jahr 2000 die Dortmunder Westfalenhalle mit 15.000 Teilnehmern zu füllen, die mir Standing Ovations geben. Dafür musste ich alles tun.

1998 veröffentlichte ich dann *Sprenge deine Grenzen*. Es war ein Arbeitsbuch, das bis heute Millionen Leser gefunden hat. In Deutschland, Österreich und der Schweiz erreichte es Platz 1 der allgemeinen Bestsellerlisten – zu einer Zeit, als es Amazon noch gar nicht gab.

Weißt du übrigens, wie ich auf den Titel kam? *Sprenge deine Grenzen* war das Lebensmotto eines meiner Lieblingsautoren, Mark Twain (gestorben 1910): »Sei mutig! Sprenge deine Grenzen!«

1999 folgte das nächste Buch: *Sag ja zum Erfolg!* In Deutschland und Österreich landete es auf Platz 1, in der Schweiz immerhin auf Platz 2. Und 1999 sprengte ich dann tatsächlich wieder eine Grenze: Am 1. Mai füllte ich die Frankfurter Festhalle mit 10.000 Teilnehmern. Zum ersten Mal hatte ich eine fünfstellige Zahl an Besuchern – ein Meilenstein.

Sag ja zum Erfolg! gab mir enormen Auftrieb. Die Presse wurde aufmerksam, es gab Interviews mit größeren Medien – und mehr Seminarteilnehmer. Außerdem hatte ich ein Veranstaltungsformat ins Leben gerufen, mit dem ich sicher war, meine Vision zu erreichen: den *Motivationstag*. 1996 begann ich damit – mit 50 Teilnehmern in einem kleinen Seminarraum in Frankfurt. 1997 waren es bereits 1.700 Teilnehmer im ausverkauften Würzburger Congress Centrum. 1998 kamen in Frankfurt rund 2.200 Menschen in den Festsaal. Die Veranstaltung war so schnell ausverkauft, dass ich am folgenden Montag spontan den größten Saal im Karlsruher Kongresszentrum nachbuchte – nochmals rund 1.750 Teilnehmer. Auch diese Veranstaltung war ausverkauft.

Spiegel TV hatte sich angekündigt und wollte eine Reportage über mich drehen. Ich sagte begeistert zu. Mein erster großer TV-Auftritt – Wahnsinn!

Ja, Wahnsinn war es tatsächlich. Sie drehten am Samstag in Frankfurt und als ich mit Kerstin dann am Sonntag im Hotel in Karlsruhe waren. Schauten wir uns dann gemeinsam *Spiegel TV* an. Und was wir sahen, war ein einziges Desaster.

Der Beitrag war ein klassischer Verriss. Wer das Wort nicht kennt: Ein Verriss ist darauf angelegt, eine Firma, eine Person, eine Idee gezielt zu zerstören – journalistisch. Der *Spiegel* ist dafür berüchtigt. Deshalb gibt es kaum noch jemanden, der ihnen Interviews gibt – selbst viele Politiker meiden sie. Sobald jemand »*Spiegel TV*« hört, nimmt er Reißaus.

Damals war ich noch jung und naiv. Die Reporter hatten viele Teilnehmer interviewt – alle waren begeistert, voller Energie, euphorisch. Aber der Beitrag fokussierte sich auf einen einzigen Teilnehmer: einen Studenten, der angeblich mit seinem letzten Geld angereist war, voller Hoffnung teilnahm – und am Abend enttäuscht feststellte, dass es ihm nichts gebracht hatte. Laut dem Bericht war alles banal, oberflächlich, reine Plattitüden – und sein Geld verloren.

Das war der Tenor.

Als wir zwei Tage später bedrückt im Team zusammensaßen, berichteten mir meine Mitarbeiter, dass dieser Student bereits am Freitagnachmittag in der Halle gewesen sei. Er war aufgefallen, lungerte herum, beobachtete alles. Und ausgerechnet ihn – von rund 2.000 Teilnehmern – hatte man »zufällig« für den Bericht ausgewählt? Der Beitrag gipfelte in einem Satz, der mich völlig fassungslos machte: »Höllers Veranstaltungen sind eine Mischung aus *Blauer Bock*, *Ringelpiez mit Anfassen*, Gruppensex und Scientology!«

Eigentlich ist mir vieles egal. Ich habe ein dickes Fell. Und schlechte PR ist auch PR. Aber *Scientology*? Damals war das ein hochbrisantes Thema – präsent in allen Medien und Talkshows.

Scientology galt als das große Schreckgespenst, als eine gefährliche, manipulative Sekte. Die Kirchen setzten Sektenbeauftragte ein, Journalisten stürzten sich auf das Thema – es wurde heiß diskutiert. Der Tenor: »Sie werden alle einsammeln, sie werden alle zerstören.« Und jetzt hatte man *mich* damit in Verbindung gebracht. Ich war entsetzt. Meine Mitarbeiter waren am Boden zerstört.

Ich rief einen prominenten Medienanwalt in Hamburg an und bat ihn, den *Spiegel* zu verklagen. Er ließ sich die Sendung als Video schicken – und musste mir dann leider erklären, dass es keine rechtliche Handhabe gebe.

»Aber warum nicht?«, fragte ich. »Das ist doch eine klare Verunglimpfung. Die bringen mich mit Scientology in Verbindung – das ist geschäftsschädigend!«

»Ja«, sagte er, »aber in diesem Satz – Höllers Veranstaltungen sind eine Mischung aus *Blauer Bock*, *Ringelpiez mit Anfassen*, Gruppensex und Scientology – wird das Ganze als Humor, als Satire, als Ironie dargestellt. Und dagegen kann man nichts tun. Der *Spiegel* lässt solche Beiträge grundsätzlich durch die eigene Rechtsabteilung prüfen.«

Ich konnte es kaum fassen.

Ich fragte ihn: »Wenn ich nun den Chefredakteur vom *Spiegel* beschreiben würde mit einem Satz wie: ›Blöddoof verbringt seine Zeit mit Nasebohren, Sandförmchen, Purzelbäumen und dem Anschauen kinderpornografischer Bilder‹ – ist das dann auch Humor?«

Er zuckte sinngemäß mit den Schultern. Keine Chance.

Die Stimmung in der Firma war am Boden. Viele glaubten, das wäre das Ende. Innerhalb von 24 Stunden stornierten zwei Firmen, die mich bereits für Seminare gebucht hatten, ihre Aufträge. Zwei Wochen später kam mein Vertriebsleiter zu mir. Er fragte, welchen Tagessatz wir jetzt eigentlich verlangen sollten.

»Warum?«

»Ich habe gerade eine Firma am Telefon, die dich unbedingt buchen will – ganz kurzfristig, in 14 Tagen, bei ihrer Jahresvertriebstagung.«

Ich fragte: »Die haben den Beitrag bei *Spiegel TV* wohl nicht gesehen, oder?«

»Doch«, antwortete er, »genau deshalb wollen sie dich buchen. Sie waren beeindruckt von der Stimmung, der Energie, die du dort bei diesen Tausenden von Teilnehmern entfacht hast.«

Es blieb bei unserem regulären Preis, und nach dieser schnellen Buchung war das Thema *Spiegel TV* für uns erledigt. Ich hatte gelernt: Selbst die schlechteste Publicity ist am Ende Publicity – sie steigert den Bekanntheitsgrad.

Am 18. Januar 1998 lag ich am Nachmittag entspannt auf der Couch und schaute ein Formel-1-Rennen mit Michael Schumacher – eine der wenigen Auszeiten, die ich mir regelmäßig gönnte. Durch Schumi war ich zum echten Fan geworden und besuchte auch die Rennen, ob am Hockenheim- oder Nürburgring. Doch an jenem Nachmittag klingelte plötzlich das Telefon, und kurz darauf kam Kerstin tränenüberströmt ins Wohnzimmer. »Vati ist gestorben. Vati ist gestorben«, rief sie. Sie stand völlig unter Schock. Ihr geliebter Vati Klaus war ein feiner, gebildeter, kultivierter Mensch. Schon kurz nach dem Zweiten Weltkrieg war er mit Kerstins Mutter Ingrid zusammengekommen, deren Familie einst ein großes Gut nahe der polnischen Grenze besessen hatte – bis sie im Krieg alles verloren und vertrieben worden waren. Klaus hatte in den Nachkriegsjahren ganz klein angefangen, mit einer tragbaren Eistruhe und einem Bauchladen verkaufte er Eis von Langnese – und war so gut, dass er Karriere machte. Bis zu seiner Pensionierung leitete er Unilever Nordbayern.

Wenn wir privat feierten, ob Geburtstage oder Silvester, waren Kerstins Eltern immer mit dabei. Klaus drängte sich nie in den Vordergrund, war stets ein angenehmer Gesprächspartner mit einem beeindruckenden Wissen und viel Herz. Und nun war er einfach tot – an einem ganz normalen Sonntagmittag. Nur 68 Jahre alt. (Scheiße, ich bin schon 62!) Er hatte mittags noch Schweinebraten mit Klößen gegessen, sich anschließend zur Mittagsruhe ins Bett gelegt. Als er zum Nachmittagskaffee nicht aufstand, wollte Ingrid ihn wecken – und fand ihn leblos in seinem Bett. Er war einfach eingeschlafen. In diesem Alter. Aber andererseits – so schmerzhaft es war – war es ein schöner Tod.

Wir fuhren sofort zu Ingrid, um ihr beizustehen. Mein Schwager Agi war bereits mit seiner Frau dort. Nachdem wir Ingrid eine Zeit lang getröstet hatten, begann ich sofort, den Nachlass zu sichten, alles für die Beerdigung vorzubereiten – bis spät in die Nacht. Für mich ist Aktivität eine Form der Verarbeitung. Wenn ich in Bewegung bin, trifft mich der Schmerz nicht mit voller Wucht.

Die ersten vierzehn Tage lebte Ingrid bei uns, bevor sie wieder in ihr Haus zurückkehrte. Ich war schon wieder unterwegs zu Seminaren, während Kerstin zu Hause blieb. Als ich nach ein paar Tagen auf dem Rückweg war, rief ich sie mit dem Autotelefon an. Sie meldete sich und weinte: »Komm bitte bald nach Hause. Ich habe seit drei Tagen schreckliche Nackenschmerzen. Ich halte es nicht mehr aus. Ich habe schon die stärksten Schmerztabletten genommen – aber sie helfen nicht.« Ich fragte sie, warum sie mir das nicht früher gesagt habe, und sie antwortete, sie habe mich nicht beunruhigen wollen – und mich bei meiner Arbeit nicht belasten. Das ist typisch Kerstin – bis heute.

Ich fuhr sofort nach Hause und fand sie völlig erschöpft, ein Häufchen Elend auf der Couch, von Schmerzen geplagt. Ich entschloss mich, sie zu hypnotisieren, um die seelisch-geistige Ursache dieser Schmerzen herauszufinden. Denn Kerstin glaubt wie ich an das Gesetz von Ursache und Wirkung. In der Physik ist es ein unumstößliches Grundgesetz: kein Effekt ohne Ursache. Und was in der Physik gilt, gilt auch in der Metaphysik. Keine Krankheit, kein Schmerz, keine Veränderung tritt im Leben eines Menschen auf, ohne dass es zuvor eine Ursache gegeben hätte – nicht immer bewusst, oft unbewusst gesetzt. Dieses Gesetz, das Kausalitätsprinzip, wurde bereits vor rund 2.500 Jahren von Sokrates formuliert. Es ist eines der Fundamente meiner Arbeit: Wer seine Ergebnisse verändern will, muss an die geistig-seelischen Ursachen heran. Das ist Metaphysik.

Kerstin und ich glauben daher, dass jede Krankheit, jede körperliche Einschränkung, jeder Schmerz und jede Verletzung immer auch eine geistig-seelische Wurzel hat. Selbst Schulmediziner stimmen inzwischen überein, dass rund 80 Prozent aller Erkrankungen psychosomatisch sind – also durch seelisch-geistige Faktoren ausgelöst werden. Der einzige Unterschied zu unserer Sichtweise: Wir glauben, dass es nicht 80, sondern 100 Prozent sind.

Also versetzte ich Kerstin in Hypnose und befragte ihr Unterbewusstsein: Was war die seelisch-geistige Ursache für ihre unerträglichen Nackenschmerzen? Die Antworten in der Hypnose kommen langsam, ruhig, fast sanft – aber sie sind klar. Ihr Unterbewusstsein offenbarte, dass sie ihren Vati Klaus noch nicht losgelassen hatte. Sie hielt ihn innerlich noch immer fest – aus tiefer Liebe. Wenn sie loslassen würde, würden auch die Schmerzen verschwinden.

Plötzlich hatte ich eine Eingebung. Ich fragte Kerstins Unterbewusstsein, ob es möglich sei, mit der Seele von Klaus in Kontakt zu treten. Die Antwort: Ja. Und so begann ich, über Kerstin mit der Seele von Klaus zu sprechen. Jetzt wird's für manche vermutlich *too much*, oder? Ich kann mir vorstellen, wie einige Leser dieses Buch zuschlagen, es in die Ecke werfen und denken: »Was für ein Spinner! Noch so ein abgehobener Esoteriker!« Aber ich habe dir versprochen, in diesem Buch offen und ehrlich zu sein. Also bekommst du auch diesen Teil von mir – ganz ungeschönt. Ob es dir passt oder nicht.

Ich erfuhr, dass Klaus' Seele nicht gehen konnte, weil Kerstin sie so sehr festhielt. Natürlich dürfen wir als Hinterbliebene trauern – ein paar Tage, vielleicht ein wenig länger. Denn die Seele befindet sich anfangs noch in einem Zwischenzustand. Doch irgendwann müssen wir loslassen. Viele verwechseln Loslassen mit Vergessen – dabei ist es das Gegenteil: Wir sollen uns in Liebe erinnern. Wir sollen die Verbindung aufrechterhalten – aber wir müssen die Seele gehen lassen. Wenn wir das nicht tun, schaden wir nicht nur uns selbst, sondern auch der Seele, die dadurch nicht dorthin zurückkehren kann, woher sie gekommen ist und wo sie hingehört: zu Gott.

In der Hypnose fing Kerstin an zu schluchzen, Tränen strömten über ihr Gesicht. Doch irgendwann beruhigte sie sich. Ich fragte ihr Unterbewusstsein, ob sie Klaus nun losgelassen habe – und bekam ein klares Ja. Bevor ich die Hypnose beendete, fragte ich, ob ich erneut mit Klaus' Seele in Kontakt treten dürfe. Auch das wurde bejaht. In den nächsten Tagen versetzte ich Kerstin noch ein paar Mal in Hypnose, und ich sprach erneut mit Klaus. Ich erfuhr viele Dinge über das, was wir »die andere Welt« nennen. Erkenntnisse, die mir bis heute helfen, dem eigenen Tod ohne Angst entgegenzublicken.

Denn der Tod ist nicht das Ende. Der Tod ist der Anfang von etwas Neuem, von etwas Wunderbarem – von dem Ort, von dem wir kommen. Das Leben ist im Grunde nur eine Schulklasse, in der wir lernen sollen. Und lernen bedeutet: Erfahrungen machen. Um Erfahrungen zu sammeln, müssen wir unsere Komfortzone verlassen – entweder freiwillig, durch Projekte, Vorhaben, Ziele, oder unfreiwillig, indem uns Probleme geschickt werden, die genau das von uns fordern: aus der Komfortzone herauszutreten, uns zu bewegen, zu wachsen. Ich habe in dieser Zeit noch viel mehr erfahren, aber das hebe ich mir für meine fortgeschrittenen Lifing-Seminare auf. Wenn du an einem dieser Seminare teilnimmst, dann weiß ich, dass du bereit bist – bereit, noch tiefer einzutauchen, noch mehr zu erkennen und zu verstehen. An dieser Stelle würde das einige Leser nur irritieren oder überfordern. Denn nicht jeder hat schon den Bewusstseinsgrad erreicht, sich mit diesen Themen offen auseinanderzusetzen.

Jedenfalls beendete ich an diesem Tag die Hypnosesitzung mit Kerstin, weckte sie sanft auf und fragte sie, wie es ihr gehe. Sie meinte, dass sie beim Weinen, als sie ihren Vati losgelassen hatte, ein Knacken im Genick gespürt habe. Die Schmerzen seien zwar noch da, aber nicht mehr völlig unerträglich. Und jetzt kannst du es glauben oder nicht – am nächsten Tag waren ihre Nackenschmerzen zu 95 Prozent verschwunden. Und am übernächsten Tag waren sie komplett weg. Ohne Einrenken, ohne Medikamente, ohne jegliche körperliche Behandlung. Einfach nur durch Loslassen.

Im Juli 1999 klingelte bei uns im Büro das Telefon. Meine Assistentin meldete sich: »Ein gewisser Christoph Daum ist am Apparat.«

Ich fragte zurück: »Bist du sicher?«

»Ja, der Fußballtrainer Christoph Daum.«

Ich nahm das Gespräch entgegen: »Hier ist Jürgen Höller.«

»Ja, hallo, hier ist der Christoph Daum«, sagte er.

Ich fragte, wie ich ihm helfen könne. Es stellte sich heraus, dass er ein großer Fan meiner Motivationslehren war. Er hatte meine Bücher und Audioprogramme regelrecht verschlungen und in seiner erfolgreichen Motivationsarbeit mit den Mannschaften eingesetzt. Jetzt wollte er mit Bayer 04 Leverkusen durchstarten und fragte, ob ich mir vorstellen könne, in der Vorbereitung auf die Saison 1999/2000 ein Mentaltraining für die Mannschaft durchzuführen. Und ob ich mir das vorstellen konnte! Genau auf so etwas hatte ich gewartet.

Ich muss dazu sagen: Ich hatte 1999 im Robinson Club ein Mentaltraining für den »Club der Besten« durchgeführt. Das war ein exklusives Event für Deutschlands erfolgreichste Amateursportler – Olympiamedaillengewinner, Europa- und Vizeweltmeister, aus Sommer- und Wintersportarten. Eine Woche Spiel, Spaß, Sport – und eben auch Mentaltraining mit mir. Eine der eindrucksvollsten Übungen dort war der berühmte Glasscherbenlauf. Ich ließ mir vom Hotel mehrere Weinkisten mit leeren Flaschen bringen, sammelte zusätzlich leere Gläser und Flaschen von den Athletentischen ein, legte sie auf ein großes Tuch, schlug alles mit dem Hammer zu Scherben, breitete die Fläche aus – und ließ sie dann barfuß darüber laufen. Natürlich erst, nachdem ich mit ihnen ein intensives Mentaltraining durchgeführt hatte, das ihr Unterbewusstsein darauf vorbereitete.

Du kannst dir vorstellen, was in den Köpfen dieser Athleten vorging. Viele waren auf ihre Füße angewiesen. In ihren Köpfen lief das Katastrophenkino: »Was, wenn ich mir eine Sehne durchtrenne und nie wieder laufen, springen oder trainieren kann?« Aber wer mich kennt, weiß: Ich habe eine gewisse Überzeugungskraft. Am Ende liefen fast alle über die Scherben – sogar einige Olympia-Bundestrainer waren dabei. Sie waren durchweg beeindruckt. Manche regelrecht überwältigt von dem, was mentales Training möglich machte. Ich zeigte ihnen noch weitere Techniken: Autosuggestion, Visualisierung – Werkzeuge, mit denen sie ihren körperlichen Zustand in Sekunden verändern und ihre Leistung punktgenau steigern oder auch regulieren konnten. In einigen Experimenten stellten die Athleten fest, dass sie ihre körperlichen Grenzen durch diese mentalen Techniken deutlich verschieben konnten.

Mit manchen von ihnen arbeitete ich später einzeln weiter, unter anderem mit Grit Breuer, der 400-Meter-Läuferin, die im darauffolgenden Winter Hallenweltmeisterin wurde. Über diese Woche wurde natürlich auch in den Medien berichtet – und so hatte Christoph Daum von mir erfahren. Jetzt wollte er ein ähnliches Training für seine Mannschaft bei Bayer Leverkusen – und wenig später wurde ich auch noch gebeten, alle rund 50 Olympia-Bundestrainer für die Olympiade 2000 mental vorzubereiten.

Christoph erklärte mir also am Telefon, dass er meine Bücher gelesen und meine Mental-Kassetten gehört habe – und dass er mich für das Trainingslager in Grünberg buchen wolle. Die Mannschaft bereitete sich dort auf die Saison 1999/2000 vor. Ich fuhr mit einem Mitarbeiter dorthin, gut vorbereitet, und bekam zweimal 90 Minuten Zeit. Das erste Training fand vormittags statt, dann gab es um zwölf ein gemeinsames Mittagessen, anschließend zwei Vortragseinheiten à eineinhalb Stunden – danach wieder Training.

Als ich den Raum betrat, saßen die Spieler eher gelangweilt herum. Manche skeptisch, manche abwartend, manche sogar leicht abweisend. Kein Wunder – bis dahin hatte noch kein Bundesligist je mit einem Mentaltrainer gearbeitet. Sportpsychologen waren ein Fremdwort. Wer damals auch nur andeutete, er beschäftige sich mit solchen Themen, galt schnell als »verrückt«. Aber dann legte ich los. Ich begann gleich mit einem eindrucksvollen Experiment, mit dem ich ihnen zeigte, wie sie durch reine Visualisierung ihre körperliche Leistungsgrenze sofort durchbrechen konnten. Und plötzlich hatte ich ihre volle Aufmerksamkeit. Vor allem aber die von Christoph Daum.

Was ich damals nicht wusste: Bei jedem Bundesligisten waren mindestens drei Journalisten permanent dabei – teilweise sogar mehr. Darunter war immer jemand von der *Bild*-Zeitung. Diese Reporter waren in denselben Hotels untergebracht wie die Mannschaft, begleiteten sie bei Trainings, Spielen, Reisen – sie waren immer da. Es war eine Art Symbiose: Die Berichte in den großen Medien bedeuteten Sichtbarkeit, Aufmerksamkeit, Zuschauer – und letztlich Geld. Deshalb duldeten die Vereine diese Nähe. Doch sie war ein zweischneidiges Schwert. Wenn ein Spieler über die Stränge schlug oder ein Skandal aufkam, war der Weg in die Öffentlichkeit kurz.

Der *Bild*-Reporter, der damals für Leverkusen zuständig war, hieß Vim Vomland. Ein echtes Unikat, auch namentlich. Als die Journalisten erfuhren, dass ich eine halbtägige Session mit der Mannschaft durchführte, wollten sie natürlich mit in den Raum. Doch Christoph ließ das nicht zu. Er wollte, dass die Spieler sich nicht beobachtet fühlten, dass sie sich öffnen konnten. Also mussten die drei Reporter der größten Medien – darunter auch jemand vom *Kölner Express* – enttäuscht draußen bleiben.

Am Ende des ersten Vortrags holte ich dann – wie so oft – meine Glasflaschen hervor, sammelte zusätzlich noch Gläser und Flaschen von den Tischen der Spieler ein, zerschlug alles mit dem Hammer und breitete die Scherben auf gut fünf Metern Länge aus. Dann erklärte ich der Mannschaft, dass sie nun barfuß darüber laufen sollten. Die Reaktionen? Entgeisterung, Unglauben. Jeder Spieler hatte schließlich einen Passus in seinem Vertrag, der ihm ausdrücklich verbot, irgendwelche Risiken einzugehen, die zu einer Verletzung führen könnten. Und jetzt standen sie vor mir – Profis mit millionenschweren Füßen – und ich sagte ihnen, sie sollten über eine Scherbenbahn laufen. Klar, dass sich einige dachten: »Hat der Typ einen Hau?« (Anmerkung: Natürlich habe ich einen gewissen Schlagschatten. Natürlich bin ich verrückt – aber das habe ich ihnen nicht erzählt …)

Ich begann mit der mentalen Vorbereitung, und da machten sie alle begeistert mit. Schließlich spielte sich alles erst mal nur im Kopf ab – das war noch unverbindlich. Dann war es so weit. Ich ging zu Christoph, sah ihm in die Augen und sagte: »Also, lieber Christoph, du als Trainer musst natürlich mit positivem Beispiel vorangehen.« Christoph zögerte keine Sekunde. Er sprang auf, kam zu mir nach vorn, stellte sich selbstbewusst vor die Scherben, sprach seine Formel, dass er die volle Verantwortung übernehme und nun seinem großen Ziel entgegenlaufe – und dann marschierte er los. Ich hielt seine Hand, legte meine andere Hand auf seine Schulter, gab ihm damit zusätzliche Sicherheit, und er lief – ruhig, fokussiert, voller Selbstvertrauen – über die Scherben.

Die Spieler rissen die Augen auf. Sie konnten es kaum glauben. Und dann geschah, was ich erwartet hatte: Ulf Kirsten, Leverkusens Top-Torjäger, sprang auf und tat es Christoph gleich. Dann kamen Jens Nowotny und viele andere. Nur einer lief nicht: Oliver Neuville. Er hatte zu große Angst. Die Mannschaft damals war jung – voller Potenzial – und sie spielte in der Saison 1999/2000 mit späteren Weltstars wie Michael Ballack, Emerson, Lúcio, Ze Roberto und weiteren Ausnahmespielern.

Nach der Übung gab es Kaffeepause. Die Reporter von *Bild, Kölner Express* und einer weiteren großen Tageszeitung liefen sofort zu Spielern und Betreuern. Und kaum einer hatte den Mund halten können: Die Ersten plapperten begeistert, dass sie gerade barfuß über Scherben gelaufen waren. Für die Presse natürlich ein gefundenes Fressen. Die Journalisten stürzten sich auf Reiner Calmund, Christoph Daum, Trainer, Betreuer, Spieler – auf alle. Calmund konnte übrigens nicht laufen – nicht aus Angst, sondern wegen seines Gewichts. Er meinte grinsend, dass er die Scherben wohl so klein treten würde, dass es keine Herausforderung mehr für die anderen sei.

Die Reporter waren völlig aus dem Häuschen – und gleichzeitig enttäuscht: Sie hatten nichts fotografieren dürfen. Also baten sie Christoph Daum um eine Nachstellung. Er war einverstanden. Ich bereitete die Scherbenbahn noch einmal vor, Christoph lief erneut darüber – diesmal unter dem Klicken unzähliger Kameras. Mein Mitarbeiter fotografierte natürlich auch.

Im zweiten Teil des Seminars – nach der Pause – waren alle wie verwandelt. Spieler, Trainer, Manager, Betreuer: restlos begeistert, beeindruckt, elektrisiert. Ich blieb nach der Veranstaltung noch eine Weile bei ihnen, dann fuhr ich am Samstagabend nach Hause. Als ich am nächsten Morgen beim örtlichen Bäcker die *Bild am Sonntag* aus dem Ständer holte, traf mich fast der Schlag: Auf Seite 1 prangte ein riesiges Foto – Christoph Daum beim Scherbenlauf, wie ich ihm die Hand hielt. Zwei Seiten Bericht im Innenteil. Und am Montag in der regulären *Bild*-Zeitung dasselbe: Titelbild plus eine weitere ganze Seite. Wahnsinn!

Danach stand mein Telefon nicht mehr still. Redaktionen von Talkshows riefen an, Reporter großer Zeitungen wollten Interviews, Radiosender baten mich, ihre Hörer zu motivieren. Es war ein regelrechter Medienhype. Jeder wollte mit mir sprechen, jeder wollte mich in seiner

Sendung haben. Und ich muss zugeben: Mir gefiel das. Dem kleinen Jürgen, der früher immer die Pfeife war, flogen plötzlich die Türen auf. Ich war in aller Munde.

Nach der Hinrunde der Saison 1999/2000 lag Leverkusen auf Platz zwei. Bayern führte – mal wieder. Christoph meldete sich vor dem nächsten Trainingslager, das in Rom stattfinden sollte, erneut bei mir. Er wollte, dass ich diesmal drei Tage intensiv mit der Mannschaft arbeitete – rein mental. Nicht nur er hatte das vorgeschlagen, auch mehrere Spieler hatten aktiv darum gebeten. Also flog ich nach Rom. Zwischen den täglichen Trainingseinheiten hielt ich jeweils halbtägige Mentaltrainings ab. Und zwischendurch blieb mir sogar ein wenig Zeit, um mir Rom anzuschauen. Es war meine erste Reise in die Ewige Stadt – und schon in meinem ersten Bus wurde mir mein Handy geklaut. Trotzdem: Ich genoss die Zeit.

Dann begann die Rückrunde – und gleich am 19. Spieltag kam es zum Spitzenspiel gegen den FC Bayern München. Leverkusen verlor 1:4. Teilweise wurden sie regelrecht vorgeführt. Und da lernte ich zum ersten Mal die andere Seite des Medienzirkus kennen. Am Tag danach erschien wieder eine Titelstory – mit dem Scherbenlauf-Foto. Diesmal allerdings unter der Überschrift: »Daums Scherbenhaufen«. Jetzt wurde nicht nur Christoph Daum, sondern auch ich als Mentaltrainer infrage gestellt. Was hatte das ganze Training gebracht? Drei Tage Rom, und das Ergebnis war eine herbe Klatsche gegen die Bayern.

Aber wir steckten den Kopf nicht in den Sand. Die gesamte Mannschaft setzte sich zusammen, und wir gaben uns einen Schwur: Jeder würde alles tun, damit Leverkusen in dieser Saison Meister würde. Das war unser internes klares Ziel. Und ich betonte eindringlich: Dieses Ziel durfte niemals nach außen getragen werden. Kein Interview, keine Andeutung – nichts. Denn öffentlich ausgesprochen hätte dieses Ziel einen enormen Druck erzeugt. Und den wollten wir vermeiden. Alle versprachen, dieses Versprechen zu halten.

Was danach folgte, war eine Rückrunde, wie man sie selten gesehen hat – zumindest bis zur legendären Saison 2023/24. Leverkusen spielte den wohl schönsten Fußball der gesamten Liga. Bis auf ein paar Unentschieden gewannen sie so gut wie jedes Spiel. Aber sie gewannen nicht nur – sie spielten sich in die Herzen der Fans. Ein leidenschaftlicher, technischer, kreativer Fußball, wie man ihn in Deutschland selten gesehen hatte. Soweit ich mich erinnere, ging in dieser Rückrunde kein Spiel mehr verloren. Und dann kam der vorletzte Spieltag – und Leverkusen gewann.

Die Bayern hingegen hatten ihr Spiel verloren. Leverkusen lag nun zwei Punkte vorn – mit dem klar besseren Torverhältnis. Ein Unentschieden im letzten Spiel gegen die bereits geretteten Unterhachinger würde zur Meisterschaft reichen. Bei der ARD-Sportschau wurde Uli Hoeneß in München auf dem Rasen interviewt. Und Uli, der alte Fuchs, griff noch einmal tief in die Trickkiste der psychologischen Kriegsführung. Auf die Frage, ob er Christoph Daum schon ein Glückwunschtelegramm zur Meisterschaft geschickt habe, sagte er vor laufenden Kameras und Millionen Zuschauern: »Ja, das habe ich. Denn Leverkusen wird definitiv Meister. Denn sollte Leverkusen jetzt nicht Meister werden, wären sie ja die Deppen der Nation.«

Schnitt – Live-Schaltung nach Leverkusen. Dort stand Christoph Daum, stolz, aufrecht, mit breiter Brust – ebenfalls auf dem Rasen. Man spielte ihm die Sequenz mit Hoeneß' Glückwunsch vor. Der Reporter fragte: »Herr Daum, nehmen Sie die Glückwünsche an?« Und Christoph – leider – machte nun den ersten großen Fehler der Saison: Er nahm sie an. Es war der Moment, in dem Leverkusen psychologisch den entscheidenden Vorteil aus der Hand gab. Reiner Calmund war zu diesem Zeitpunkt übrigens gerade im *Aktuellen Sportstudio* zu Gast, nachdem Leverkusen am vorletzten Spieltag gewonnen hatte. Dort lobte er Daum und auch mich, den Mentaltrainer, in den höchsten Tönen – sinngemäß sagte er: »Diese Saison haben wir vor allem Jürgen Höller zu verdanken.«

Der zweite große Fehler folgte kurz darauf: Christoph gab ab Montag unzählige Interviews, trat in einer großen Talkshow auf und ließ sich immer wieder zur vermeintlich sicheren Meisterschaft beglückwünschen. Ich rief ihn noch an und bot an, kurzfristig zu kommen und die Mannschaft mental neu einzustellen. Aber Christoph lehnte ab: »Jürgen, es läuft doch so gut. Ich will jetzt nichts mehr verändern. Ich danke dir aber sehr für deine Mithilfe.«

Selbst am letzten Spieltag war ich im Einsatz. Ich hielt gerade ein Zwei-Tages-Seminar in Frankenthal vor mehreren Hundert Teilnehmern. Ich hatte einen Mitarbeiter in die erste Reihe gesetzt. Er sollte mir durch Zeichen anzeigen, wie es im Spiel stand. Ich war innerlich unter Hochspannung. Irgendwann hob er einen Finger. Ich blickte ihn fragend an, nickte – und er schüttelte den Kopf. Also: 1:0 für Unterhaching. Ich sah auf die Uhr – noch viel Zeit. Später hob er zwei Finger. Wieder nickte ich, dachte: »2:1 für uns?« Aber er schüttelte den Kopf. Also: 2:0 für Unterhaching. Und genauso kam es. Leverkusen verlor. Ein Eigentor des jungen Michael Ballack leitete das Drama ein. Die Mannschaft verlor 0:2 gegen Unterhaching, während Bayern parallel gewann. Die Meisterschaft war futsch – auf der Zielgeraden.

Ich war am Boden zerstört. Christoph hielt seinen 14-jährigen Sohn in den Armen und weinte hemmungslos. Ich wusste: Wir hätten es schaffen können. Wir hätten einfach nur ruhig bleiben müssen, in dieser Woche nicht die Nerven verlieren, den Ball flach halten. Weiter auf Understatement setzen. Immer wieder hätte die Standardantwort lauten sollen: »Unser Ziel ist es, den schönsten Fußball zu spielen – mehr nicht.«

Angeblich – ich war nicht dabei – hatte es vor dem Spiel in der Kabine noch folgende Szene gegeben: Die drei Brasilianer Emerson, Lúcio und Zé Roberto kickten sich locker den Ball zu. Da soll jemand aus dem Betreuerteam – vielleicht Christoph selbst – gesagt haben: »Jetzt hört mal auf mit dem Scheiß, jetzt wird's ernst. Wir wollen Deutscher Meister werden.« Und das war genau das Problem. Durch die Annahme der Glückwünsche, durch das offene Aussprechen des Ziels war der Druck für diese junge Mannschaft zu groß geworden. Die meisten Spieler waren gerade mal Anfang zwanzig. Nur Ulf Kirsten war ein erfahrener Routinier, der noch einmal eine überragende Saison spielte. Die anderen waren jung, hungrig – aber eben auch unerfahren.

Und wenn man alles will, beginnt man, sich zu verkrampfen. Man kämpft verbissen – und verkrampft noch mehr.

Franz Beckenbauer hat es einmal perfekt auf den Punkt gebracht: »Geht's raus und spielt's einfach Fußball. Und wenn wir verlieren, ist es egal. Hauptsache, wir haben toll gespielt.«

Was dann folgte, war ein mediales Gewitter. Wieder wurde das Foto des Scherbenlaufs von Christoph Daum und mir ausgegraben. Jetzt aber stand darunter: »Meisterschaft in Scherben zerbrochen!« Wir waren gescheitert. Verlierer. Und Reiner Calmund – der eine Woche zuvor noch öffentlich erklärt hatte, Leverkusen habe mir den Titel zu verdanken – schob nun in einem Interview die Schuld mir zu, dem Mentaltrainer.

Aber keine Sorge – Calli und ich haben uns längst ausgesprochen. Ich habe ihn sogar später als Gastreferenten zu einem meiner Motivationstage eingeladen. Er stand vor 10.000 Teilnehmern auf der Bühne und hat sie glänzend unterhalten. *Shit happens.* Und manchmal sagt man Dinge eben auch, um die eigene Haut zu retten …

1999 und 2000 waren zweifellos die Höhepunkte meiner Karriere. Ich wurde von 84 der 100 größten deutschen Unternehmen gebucht – darunter IBM, Deutsche Telekom, Compaq, McDonald's. Bei McDonald's war es ein Marketingmitarbeiter, der Fan meiner Arbeit war. Er hatte meine Bücher gelesen, ein Seminar besucht – und war so begeistert, dass er im Unternehmen von meinen Inhalten schwärmte. Kurz darauf besuchten drei McDonald's-Führungskräfte eine große Veranstaltung von mir in Oberhausen – unter ihnen auch ein Vorstand, Personalvorständin. Alle drei waren restlos begeistert und wollten eine feste Zusammenarbeit aufbauen.

Wir definierten die Kooperation – es sollte keine einmalige Aktion werden, sondern langfristig und tiefgreifend wirken. Bevor der Vertrag unterzeichnet wurde, wurde ich in die Zentrale nach München eingeladen, zu einem Termin mit, dem damaligen Vorstandsvorsitzenden von McDonald's Europe. Die erste McDonald's-Filiale in Europa war übrigens 1972 am Stachus in München eröffnet worden – zur Olympiade. Er nahm sich mehrere Stunden Zeit und erzählte mir die gesamte Geschichte von McDonald's. Angefangen bei Ray Kroc, dem Mann, der McDonald's groß gemacht hat – obwohl er weder Schnellimbiss noch Selbstbedienung erfunden hatte.

Die eigentliche Idee stammte von den Brüdern Richard und Maurice McDonald. Sie hatten die Vision – aber nicht die Mittel, um ein System zu entwickeln. 1937 eröffneten sie ein kleines Drive-in im Osten von Pasadena, Kalifornien. Ray Kroc stieß 1954 dazu – damals als Handelsvertreter für Multi-Mixer, mit denen man acht Milchshakes gleichzeitig zubereiten konnte. Während seine Kollegen abends um die Häuser zogen, Bier tranken und Poker spielten, saß Ray Kroc in seinem billigen Motelzimmer und hörte Schallplatten – Vorträge über Kommunikation, Verkauf, Motivation. Seine Kollegen lachten ihn aus: »Ray, du bist 54 – und deine ganzen Motivationsplatten haben dir nichts gebracht. Du bist genauso weit wie wir.«

»Lacht ihr mich nur aus«, antwortete Ray Kroc seinen Kollegen, »meine Chance wird kommen – und dann bin ich vorbereitet.« Schon damals hörte er Weiterbildungsinhalte von Dale Carnegie, Napoleon Hill, Dr. Joseph Murphy und vielen anderen Vordenkern. Eines Tages rief er von unterwegs seine Sekretärin June Martinez an, die ihm mitteilte, dass ein Restaurant gleich acht Multi-Mixer auf einmal bestellt habe. »Was?«, fragte er ungläubig. »Das kann doch gar nicht sein. Wer ist denn in der Lage, 64 Milchshakes auf einmal zuzubereiten? Da muss ein Fehler vorliegen.« Doch June hatte die Bestellung überprüft. Es war kein Fehler. Sie wollten tatsächlich acht Geräte.

Ray Kroc war neugierig geworden. Er fuhr mehrere tausend Kilometer nach San Bernardino und stand schließlich vor dem Gebäude mit dem charakteristischen gelben M. Vor dem Restaurant bildeten sich lange Schlangen wartender Gäste. In diesem Moment reifte in ihm die Vision: So etwas sollte es überall auf der Welt geben. Er traf sich mit den Brüdern McDonald, sicherte sich zuerst die nationale Franchiselizenz, später kaufte er ihnen die gesamten Rechte ab. Den ersten McDonald's-Franchisebetrieb eröffnete er selbst – er war also sein eigener erster Franchisenehmer. In zwei Filialen testete er dann über zwei Jahre hinweg alles durch – mit der Stoppuhr in der Hand. Er maß jeden Ablauf, optimierte die Prozesse der Fließbandgastronomie und machte daraus das, was McDonald's heute ist. Die ganze Geschichte kann man übrigens im Hollywood-Film *The Founder* mit Michael Keaton als Ray Kroc sehr gut nachvollziehen.

Drei Jahrzehnte lang baute Ray Kroc McDonald's auf, arbeitete unermüdlich, war nie krank. Erst als seine Frau starb und er Barbara kennenlernte – 30 Jahre jünger als er –, änderte sich etwas. Sie überzeugte ihn, seine Anteile für 800 Millionen Dollar zu verkaufen, um den Rest seines Lebens mit ihr zu genießen. Ironie des Schicksals: Nur sechs Monate nach dem Verkauf starb Ray Kroc – der zuvor nie ernsthaft krank gewesen war.

Diese Geschichte erzählte mir der, Vorstandsvorsitzender von McDonald's Europe, als ich ihn in der Münchner Zentrale traf. Ich war tief beeindruckt. Er berichtete mir auch von der Eröffnung der ersten Filiale 1972 am Stachus in München – anlässlich der Olympiade. Damals suchte er händeringend einen Schlachthof, keinen Metzger, denn McDonald's plante schon die Expansion in ganz Europa. Er ging zu einer Großschlachterei und bat um 50 bis 80 Kilo Rinderhack pro Woche – mit der Aussicht auf stark steigende Mengen. Der Schlachter lachte ihn aus und schickte ihn weg. Es war nicht leicht, geeignete Lieferanten zu finden. Und doch: Im Jahr 2000, als ich McDonald's-Mitarbeiter schulte, arbeiteten sie immer noch mit den meisten dieser damaligen Partner zusammen. Und jener Schlachter? Der verkaufte inzwischen für 50 Millionen DM Fleisch im Jahr an McDonald's.

Der Boss führte mich auch durch die gesamte Zentrale. Eine eigene Schulungsfiliale war dort aufgebaut – mit vollständig aufklappbaren Geräten, damit man jede Funktion verstehen konnte. Diese Filiale diente ausschließlich der Ausbildung neuer Mitarbeiter. Jeder neue Vollzeitmitarbeiter musste zunächst 14 Tage nach München, um dort zu lernen: Geschichte, Philosophie, Abläufe, Vision. Das angeschlossene Schulungszentrum war eines der modernsten, das ich je gesehen hatte: samtbezogene Sessel, theaterförmig angeordnet, Mikrofone an jedem Platz – perfekte Bedingungen für Diskussionen und interaktives Lernen.

Ich schloss mit McDonald's den größten Vertrag meiner Unternehmensgeschichte ab. Anderthalb Jahre lang sollte ich Franchisenehmer, Filialleiter und Mitarbeiter schulen – insgesamt 25.000 Menschen. Und ganz gleich, wie man zu McDonald's oder dem dort servierten Essen steht: Eines ist sicher – sie haben wahrscheinlich das beste Franchise-System der Welt aufgebaut. Und jetzt eine provokante Aussage: System schlägt im Zweifel sogar Qualität. Du glaubst mir nicht? Es gibt unzählige Restaurants, die bessere Burger machen. Millionen Hobbygriller brutzeln wahrscheinlich geschmackvollere, gesündere Burger als McDonald's. Aber warum verdienen sie keine 9,4 Milliarden Dollar Gewinn pro Jahr – wie McDonald's im Jahr 2024?

Dann flatterte mir ein Angebot der Bildungsmesse Didacta ins Haus. Man bot mir an, eine öffentliche Diskussion mit einer Journalistin zu führen – live vor Messepublikum. Sie war meine härteste Kritikerin. Gleichzeitig war ich für sie eine willkommene Einnahmequelle. Nachdem ich in kürzester Zeit zum absoluten Star der Trainerbranche aufgestiegen war, war ich für die Medien natürlich hochinteressant – zumal ich bei manchen Seminaren medienwirksame Aktionen durchführte: etwa barfuß über einen sechs bis sieben Meter langen, bis zu 1.000 Grad heißen rotglühenden Teppich zu laufen oder von einem 80 Zentimeter hohen Podest in einen Haufen frischer Glasscherben zu springen, um danach weitere sechs Meter über einen Scherbenteppich zu laufen. Manchmal legte ich auch eine 12 Millimeter (also 1,2 cm!) dicke Eisenstange in meine Halskuhle – genau dort, wo es besonders weich ist –, während ein gegenüberstehender Partner dasselbe bei sich tat. Dann bewegten wir uns aufeinander zu, bis sich die Stange bog.

Sie kritisierte all das – und machte es lächerlich. Ihre bevorzugten Quellen: die sogenannten seriösen, investigativen Medien wie *Der Spiegel*, *Spiegel TV*, die ARD-Sendung *Panorama* und ähnliche Formate. Investigativ bedeutet eigentlich, etwas aufzudecken. Aber meiner Erfahrung nach bedeutet es bei diesen Medien oft das Gegenteil.

Der Tenor steht schon vorher fest. Ziel und Ergebnis sind definiert. Dann wird gedreht, geschnitten, kommentiert – bis der Beitrag genau so aussieht, wie er soll.

Die vermeintlich unseriösen Boulevardmedien, wie zum Beispiel die *Bild-Zeitung,* die jahrzehntelang als lügenhaft und reißerisch verschrien war, habe ich dagegen als deutlich seriöser erlebt. Ihre Berichterstattung ist offener – dort steht das Urteil eben nicht schon von Anfang an fest. Und nach allem, was ich von anderen Prominenten gehört habe, bin ich mit dieser Einschätzung nicht allein. Die sogenannten seriösen, investigativen Medien sind oft politisch beeinflusst, haben eine bestimmte Gesinnung – meist linksgerichtet –, bedienen die Klischees der »Gutmenschlichkeit«, richten sich an die brave, gehorsame Bevölkerung. Mal erklärten sie meine Inhalte für banal und nichtssagend – Kalenderweisheiten. Mal bezeichneten sie sie als gefährlich, weil sie Menschen verändern könnten. Frei nach dem Motto: *Wer Menschen manipulieren kann, kann sie auch ins Unglück führen.* Manchmal rückten sie mich sogar in die Nähe einer Sekte – man denke nur an den Beitrag bei *Spiegel TV*.

Zum Glück hatte ich lange vor dem *Spiegel*-Artikel einen Passus in all meine Verträge aufnehmen lassen – sowohl in die mit Firmenkunden als auch mit Seminarteilnehmern. Darin versicherten beide Seiten, sich klar vom Gedankengut der Scientology-Sekte und ihrem Gründer Ron Hubbard zu distanzieren. Ich nahm außerdem Kontakt zu Renate Hartwig auf, die sich damals stark gegen Scientology engagierte. Sie prüfte alles sehr genau und stellte mir schließlich eine Art Gutachten aus, das mich in jeder Hinsicht vom Verdacht befreite, irgendeinen Bezug zu scientologischem Gedankengut zu haben. Und sie war damals die oberste Instanz in diesem Bereich. Dieses Gutachten trug ich jahrelang gefaltet in meiner Jackettasche – für den Fall eines Live-Interviews im Fernsehen. Und tatsächlich zog ich es bei manchen Auftritten hervor, wenn wieder einer von diesen »Experten« mich mit genau diesem Mist aus dem *Spiegel TV*-Beitrag attackieren wollte. Dann wurde es still – sofort.

Und jetzt hatte ich endlich die Chance, auf die ich lange gewartet hatte: Dieser bösartigen Journalistin einmal direkt gegenüberzutreten. Ich bereitete mich minutiös vor. Sammelte ihre Vorwürfe, stellte ihnen faktenbasierte – zum Großteil wissenschaftlich belegte – Gegenargumente gegenüber. Höchst motiviert fuhr ich nach Hannover zur Didacta.

Damals warteten mehrere Hundert Messeteilnehmer gespannt, als eine Moderatorin uns beide und unsere gegensätzlichen Sichtweisen vorstellte. Und dann ging es los. Sie eröffnete sofort mit einem scharfen Vorwurf. Ich konterte: »Sagen Sie mal, Sie erzählen hier wunderbare Geschichten und Märchen. Aber haben Sie jemals persönlich ein Seminar bei mir besucht? Haben Sie überhaupt schon einmal ein Buch von mir vollständig gelesen? Denn was Sie hier sagen, widerspricht allem, was ich schreibe und auf der Bühne vermittle.«

Schon dieser erste Einwand verunsicherte sie. Sie stotterte und sagte sinngemäß, dass es kein Seminar brauche, um zu wissen, dass das, was ich den Menschen vermittele, unsinnig, sogar gefährlich sei.

»Ach so«, erwiderte ich sofort. »Sie können also das Schnitzel in einem neuen Restaurant bewerten, obwohl Sie es noch nie gegessen haben? Es ist einfach schlecht – weil Schnitzel generell schlecht sind, oder wie?« Dann legte ich nach: »Was wollen Sie eigentlich ausdrücken, wenn Sie einerseits sagen, meine Inhalte seien banal, oberflächlich und unsinnig, aber gleichzeitig behaupten, sie seien gefährlich? Entscheiden Sie sich bitte. Entweder sie sind harmlos – dann sind sie nicht gefährlich. Oder sie sind gefährlich – dann sind sie wohl kaum banal. Legen Sie sich fest, und dann können wir weiterdiskutieren.«

Auch dieser Treffer saß. So ging es etwa 15, vielleicht 20 Minuten weiter. Schwertfeger war in die Enge gedrängt. Ihr Gesicht war rot, sie schwitzte, sie stotterte – sie hatte keine Chance.

Als Journalistin im stillen Kämmerchen konnte sie vernichten, schreiben, angreifen – und das ohne jede Hemmung. Aber nun, im Blickfeld der Öffentlichkeit, zeigte sich, wie sie wirklich war. Und das war in meinen Augen: erbärmlich. Sie hatte keine Chance gegen mich.

Doch als ich in die Menge vor der Bühne blickte, erkannte ich – dank meiner großen Erfahrung –, dass ich zwar gerade dabei war, Bärbel Schwertfeger argumentativ zu besiegen, aber gleichzeitig auch dabei war, das Publikum zu verlieren. Mir fiel ein, was ich selbst in meinen Rhetorikseminaren oft sagte: »Worum geht es eigentlich in den meisten Diskussionen? Geht es darum, den Diskussionsgegner zu besiegen? Oder geht es – wenn wir zum Beispiel in einer Talkshow mit Millionen Fernsehzuschauern sitzen – vielmehr um die Wirkung auf das Publikum?«

Ich schaltete zwei Gänge zurück. Ich ließ Bärbel Schwertfeger nun mehr Raum. Sie kam langsam wieder aus ihrer Ecke heraus. Ich schoss nicht mehr gegen sie, sondern hielt mich deutlich zurück. Nun dachte sie, ihre große Chance wäre gekommen. Und sie kramte tief in ihrem Arsenal nach neuen Angriffen – allerdings waren es nun die schwachsinnigsten Vorwürfe, die sie auspackte. Ich ließ sie gewähren.

Nach einiger Zeit warf ich erneut einen Blick ins Publikum – und sah: Das anfängliche Mitleid, die Identifikation mit ihr, war verschwunden. Die Aufmerksamkeit richtete sich wieder auf mich, gespannt, offen.

Ich wartete – und kurz vor Ende der Diskussion, etwa fünf Minuten vor Schluss, holte ich meinen eigentlichen Trumpf hervor: Ich hatte nämlich den Psychologie-Professor Dr. Dr. Wolfgang Graf kennengelernt. Er hatte nicht nur meine Bücher gelesen und einen Großteil meiner Seminare besucht – er hatte sie auch evaluiert. Das heißt: Er hatte sie unter wissenschaftlichen Maßstäben der Psychologie untersucht und daraufhin eine fundierte Bewertung meiner Inhalte erstellt.

Und dieser Professor Graf saß die gesamte Diskussion über unerkannt unter den Zuhörern. Ich hatte ihn nicht vorgestellt, bat nun aber die Moderatorin, ihm ein Mikrofon zu geben. Als anerkannter Psychologieprofessor – was sie nicht war – sollte er aus berufener Perspektive eine Einschätzung abgeben. Dem wurde sofort entsprochen. Ich selbst musste kein Wort mehr sagen: Professor Graf hielt ein flammendes Plädoyer für meine Inhalte. Er erklärte wissenschaftlich fundiert, dass nahezu alles, was ich in meinen Seminaren vermittelte, exakt den neuesten Erkenntnissen der Psychologie und Verhaltensforschung entspreche. Nach seinem Dafürhalten sei es nur zu empfehlen, sich mit diesen Inhalten zu befassen und sie auch praktisch anzuwenden. Damit war der Drops gelutscht.

An dieser Stelle ein generelles Wort zum Thema Kritik: Ich habe nichts gegen Kritiker – im Gegenteil. Kritiker bringen einen zum Nachdenken, sie können zur Verbesserung beitragen, sie halten einem einen Spiegel vor. Doch es gibt Kritik – und es gibt »Kritik«. Und diejenige von Menschen, die meine Seminare nie besucht und meine Bücher nie gelesen haben, nehme ich nicht ernst. Dasselbe gilt für Medienberichte, bei denen das Ergebnis aus ideologischen Gründen von Anfang an feststeht. Warum sollte ich so etwas ernst nehmen?

Am besten ist es dann noch, wenn feindlich gesinnte Journalisten (ich sage bewusst nicht »kritisch«) sich zur Untermauerung ihrer Thesen sogenannter Pseudowissenschaftler bedienen. Ein Beispiel: Ein gewisser Günter Scheich veröffentlichte einst das Buch *Positives Denken macht krank*. Der Beschreibungstext bei Amazon liest sich wie ein Angriff auf die ganze Branche: »Bodo Schäfer, Jürgen Höller und Christoph Daum lauten die illustren Namen einer Branche, die Motivation, Durchsetzungskraft und Erfolg verspricht. Doch die Menschen sind heute nicht unter-, sondern übermotiviert.« Schon damals war das Quatsch – heute wirkt es noch absurder. Weiter heißt es dort: »Eine immer größere Zahl von Motivationstrainern macht ihre Klienten süchtig nach Höhenflügen, zwanghaftem positiven Denken und schließlich häufig auch nach Drogen.« Heute, rund 27 Jahre nach Veröffentlichung, wirkt das nur noch lächerlich. Dennoch wurde Scheich von Leuten wie Bärbel Schwertfeger als seriöser Psychotherapeut präsentiert. In besagtem Buch wird auch vor den Lehren des positiven Denkens gewarnt – ein Selbstbetrug, der angeblich zu Burn-out und Depressionen führt, vor allem aber ein großes Geschäft sei.

Und nun? Von Günter Scheich oder Bärbel Schwertfeger hört man heute so gut wie nichts mehr. Dale Carnegie, Napoleon Hill, Joseph

Murphy – und auch ich – sind hingegen nach wie vor präsent und erfolgreich. Die drei Genannten sogar posthum: Ihre Bücher tauchen immer wieder in den internationalen Bestsellerlisten auf.

Ich habe mich oft gefragt, warum ich bei manchen Journalisten auf so massive Ablehnung stoße. Vielleicht liegt es daran, dass viele von ihnen kommerziell nicht sonderlich erfolgreich sind. Die meisten arbeiten freiberuflich, verdienen oft nur ein paar Euro pro Artikel. Viele haben Journalistik studiert, sind intelligent und idealistisch gestartet – mit echtem Sendungsbewusstsein. Und das ist auch gut so. Die besten Journalisten sind diejenigen, die neutral berichten, ohne sich vorab eine Meinung zu bilden. Doch dann komme ich – und erzähle Dinge wie: »Jeder kann erfolgreich sein. Jeder ist seines Glückes Schmied. Jeder ist Schöpfer seiner Realität.« Für Menschen, die gerade so über die Runden kommen, wirkt das wie blanke Provokation. Ich drücke damit offenbar einen ganz bestimmten Knopf.

In den letzten 25 Jahren hat sich die mediale Spaltung noch deutlich verstärkt. Der Einfluss von Politik, Lobbyisten, reichen Individuen und Interessengruppen ist größer denn je. Die sozialen Medien haben diesen Prozess noch beschleunigt. Der Journalismus hat in vielen Bereichen darunter gelitten. Heute ist es schwer, seine Meinung offen zu sagen, ohne gleich abgestempelt zu werden. Wer bestimmte Maßnahmen infrage stellt oder während der Corona-Zeit kritisch über Impfungen sprach, wurde schnell zum »Querdenker«, dann zum »Reichsbürger«, schließlich gar zum »Nazi« oder »Antisemiten« erklärt. Auch ich wurde direkt in die rechte Ecke gedrängt. Während linksgerichtete Demos während der Pandemie ungestört stattfinden konnten, wurden Maßnahmengegner oft hart angegangen – selbst ältere Menschen wurden geschubst, geschlagen, abgeführt. Ich habe das selbst gesehen.

Natürlich gab es auch auf Seiten der Maßnahmenkritiker überzogene Reaktionen. Manche leugneten Corona komplett – was ich nie tat. Ich hatte selbst dreimal Corona. Beim ersten Mal lag ich zwei Wochen lang flach. Und ja, es kursierten die wildesten Verschwörungstheorien – manche glaubten ernsthaft, Donald Trump und Wladimir Putin würden gemeinsam die Welt retten. Nun ja, die Realität hat das mittlerweile relativiert.

Ich veröffentlichte damals regelmäßig Klartextvideos in den sozialen Medien, in denen ich Maßnahmen anhand offizieller Zahlen, Daten und Fakten kritisch hinterfragte. Ich zitierte das RKI, zeigte Screenshots, berief mich auf Statistiken der Helios-Kliniken, auf europäische und internationale Quellen, renommierte Wissenschaftler. Manche meiner Videos hatten Millionen Zuschauer.

Und was passierte? Ich wurde von den sozialen Medien verwarnt – allein schon für die Tatsache, dass ich mich zu Corona äußerte. Erst kam eine einwöchige Sperre, dann eine Monatsblockade mit der Androhung, mein Konto dauerhaft zu löschen. Als wir darauf hinwiesen, dass wir Millionenbeträge in Werbung investierten, wurde die Sperre zwar gelockert – aber die Drohung blieb bestehen.

Man muss sich das mal vor Augen führen: Man durfte nicht einmal das Wort »Corona« verwenden. Beiträge wurden automatisch gelöscht, Konten stillgelegt. Das ist kein freier, seriöser Diskurs – das ist Kontrolle. Wer die Maßnahmen kritisierte, galt als Gegner der Medien, der Politik, der Wissenschaft, der Gesellschaft. Aber ich habe etwas anderes gelernt: »Ich muss deine Meinung nicht teilen – aber ich würde alles dafür tun, dass du sie sagen darfst.« Dafür würde ich im Zweifel sogar sterben.

Aber ich hatte auch positive Erlebnisse mit der Presse. Der damalige Chefreporter des *Focus*, Frank Gerbert, besuchte ein komplettes Seminar von mir und veröffentlichte anschließend eine Titelstory, die hauptsächlich von mir handelte – rund zwölf oder fünfzehn Seiten stark. Die *Bild*-Zeitung richtete später ein Lesertelefon ein, bei dem ich Fragen der Leser zum Thema Motivation und Lebenshilfe beantwortete. Ausgewählte Fragen und Antworten erschienen dann auf einer Sonderseite in der *Bild*. Das war Wahnsinn im positiven Sinne. Die Anmeldezahlen meiner Seminare schossen erneut sprunghaft in die Höhe.

Ich war nun der Motivationsguru, der Mentalmagier, der Mentalprofessor – und was auch immer sonst. Die Medien hofierten mich, schmeichelten, schmierten mir Honig ums Maul. Hauptsache, sie konnten mit mir zusammenarbeiten. Immer mehr Sportler meldeten sich und wollten unbedingt von mir trainiert werden. Ich konnte gar nicht alle annehmen und arbeitete schließlich nur mit einer Auswahl zusammen. Dennoch betreute ich im Laufe meiner Karriere 56 Weltmeister, Europameister, Welt- oder Vizeweltmeister sowie Olympia-Gold-, -Silber- und -Bronzemedaillengewinner. Auch Athleten aus eher ungewöhnlichen Disziplinen waren darunter – etwa ein Hundedressurweltmeister, eine Weltmeisterin im Pferdesport und Bodybuilder.

Im Oktober 1999 hielt ich ein Seminar in Innsbruck vor 2000 Teilnehmern. Ich hatte gerade geduscht und zog mich an, als ein Mitarbeiter in der Garderobe auf mich zukam: Draußen sei ein Sportler, der am Seminar teilgenommen habe und mich unbedingt sprechen wolle.

»Wer denn?«, fragte ich.

»Er heißt Andi Goldberger.«

»Andi Goldberger?« – Der Andi Goldberger? Einer der erfolgreichsten Skispringer aller Zeiten? Derjenige, der öffentlich zugegeben hatte, Kokain konsumiert zu haben, danach alles verlor – Sponsoren, Freunde, seine Reputation – und schließlich völlig erfolglos wurde?

»Okay, er soll reinkommen.«

Andi kam in meine Garderobe. Er hatte von meinem mentalen Training im Spitzensport gehört, insbesondere über meine Arbeit mit Bayer Leverkusen. Und ihm gefiel das mit dem Scherbenlauf – das war ganz nach Andis Geschmack. Höflich und ein wenig schüchtern fragte er, ob ich mir vorstellen könne, auch ihn zu trainieren. Ich wollte wissen, was sein Ziel sei. Er sagte, dass er eigentlich schon alles gewonnen habe – nur einen Weltrekord sei er noch nicht gesprungen. Er wolle sich für immer in der Weltrekordliste verewigen.

Ich fragte, wann das in der Saison möglich wäre. Seine Antwort: Nur am Saisonende in Planica. Nur dort sei die Schanze lang genug, um die notwendige Geschwindigkeit für einen Weltrekord zu erreichen. Und wann würde dieses Springen stattfinden? »Am 19. März 2000«, sagte er.

Das passte gut. Ich arbeitete nämlich immer nur sechs Monate mit einem Sportler – dann musste er bereit sein, sein großes Ziel zu erreichen. Rekorde? Das gefiel mir. Ich sagte ihm, dass ich einverstanden sei, unter drei Bedingungen.

Also trainierten wir.

Ein Beispiel: Er sollte sich in den sechs Monaten täglich etwa dreieinhalb Minuten vorstellen, wie er am 19. März 2000 in Planica auf dem sogenannten »Backen« sitzt, das Lied *Chariots of Fire* von Vangelis dabei im Ohr. Er stellt sich vor, wie er in die Hocke geht und die Schanze hinunterrast. Seine Beine: riesige, zusammengepresste Stahlfedern mit tausenden Kilo Kraft. Je schneller die Ski, desto weiter der Sprung – deshalb ist das Material und dessen Präparation eine Wissenschaft für sich.

Er sollte sich ausmalen, wie er kurz Daumen und Zeigefinger zusammendrückt – sein mentales Startsignal. Dann der Absprung – exakt am optimalen Punkt. Und jetzt wird es etwas esoterisch: Er springt in eine große weiße Wolke, die ihn sanft und weit nach unten trägt. Sicher landet er. Er bremst. Er blickt zur Anzeigetafel. Und dort blinkt es immer wieder auf: NEUER WELTREKORD. Er schaut sich um: Begeisterte Zuschauer, Tausende.

Das sollte er sich täglich mindestens einmal vorstellen – während er sich *Chariots of Fire* komplett anhörte.

Am 19. März 2000 sprang Andi Goldberger dann tatsächlich. Er saß oben auf der Schanze von Planica, setzte sich auf den Absprungbalken, ging tief in die Hocke, fuhr die Schanze hinunter, sprang ab, landete fest und sicher, bremste, blickte zur Anzeigetafel – und dort stand: ANDI GOLDBERGER – NEUER WELTREKORD – 225 METER. Er schaute sich um und sah 60.000 Menschen, die ihm begeistert zujubelten. Er hatte unser gemeinsames Ziel verwirklicht. Andi, ich bin heute noch stolz auf dich. Dass er danach öffentlich zu mir stand und mir seinen Weltrekord in den Medien u. a. in Deutschland in der Zeitschrift »*Welt*«, widmete, freut mich bis heute.

Am 5. Februar 2000 erfüllte sich meine große Vision, die ich 1991 gehabt hatte: Ich stand auf der Bühne der Dortmunder Westfalenhalle, und die Teilnehmer ehrten mich mit minutenlangen Standing Ovations. Ursprünglich hatte ich mir 15.000 Teilnehmer vorgestellt, tatsächlich waren es rund 14.000 – mehr ließ die Halle einfach nicht zu. 109 Pressevertreter waren anwesend, ebenso mehrere Fernseh-Kamerateams aus Deutschland, Österreich und der Schweiz. Es gab eine Pressekonferenz, bei der ich die Fragen von Journalisten verschiedener Tageszeitungen, Wochenzeitschriften, Illustrierter und sogar der ersten Internetportale beantwortete. Ich erinnere mich genau: Nach meinem Vortrag ging ich in die Garderobe, duschte, zog mir ein frisches Hemd und einen neuen Anzug an. Zwei Bodyguards begleiteten mich durch einen langen Gang in Richtung VIP-Bereich. Mein Auftritt war der erste des Tages gewesen, und ich war so aufgeregt gewesen, dass ich kaum etwas gegessen hatte. Jetzt wollte ich zur Ruhe kommen und endlich etwas zu mir nehmen. Während ich also den Gang entlangging, kam mir jemand entgegen: mein Papa Horst.

Mein Papa war ein anständiger, ehrbarer Mann, der immer für seine Familie da war. Er hatte seinen Traum von der Selbstständigkeit aufgegeben, um stattdessen die sichere Stelle eines Fabrikarbeiters anzunehmen. Unsere Beziehung war nicht einfach. Da ich in seiner Wahrnehmung keine besonderen Talente hatte oder Leistungen erbrachte, fiel es ihm schwer, mir Lob oder Stolz zu zeigen. Zudem war es in seiner wie auch in der Familie meiner Mutter nicht üblich, sich zu umarmen oder sich zu sagen, dass man sich liebt. Auch meine Eltern zeigten solche Gesten vor mir nur selten. Es ist oft so: Wir geben unbewusst vieles von dem weiter, was wir selbst als Kinder erfahren haben – unsere Werte, unsere Glaubenssätze, unsere Sicht auf die Welt und unsere Art zu leben.

Bei meinen »Power Days« erzähle ich zu Beginn gern die Geschichte vom Adler. Eines Tages fällt ein Adlerei aus einem Horst. Zum Glück landet es weich auf moosigem Waldboden, und das Küken im Inneren überlebt den ersten Absturz seines Lebens. Ein Landwirt entdeckt das Ei, erkennt die Gefahr für das Adlerküken im Inneren und nimmt es mit nach Hause. Aus Mitgefühl legt er es zu seinen Hühnern in den Stall, in der Hoffnung, dass sie das Kuckucksei annehmen.

Tatsächlich funktioniert der Trick. Die Hühner brüten das Ei aus, als wäre es ihr eigenes. Eines Tages schlüpft der kleine Adler. Das erste Lebewesen, das er sieht, ist ein Huhn. Auch alle anderen, die er von nun an wahrnimmt, sind Hühner. Bis auf den Landwirt sieht er nur Hühner. Und weil die Hühner ihn für einen der ihren halten, behandeln sie ihn auch so. Der Adler glaubt, er wäre ein Huhn.

Er bekommt einen Hühnernamen, geht in den Hühnerkindergarten, dann auf die Hühnerschule. Da er dort gute Noten bekommt, besucht er später auch noch die Hühneruniversität. Er lernt alles, was ein Huhn wissen muss, um durchs Leben zu kommen: dass der Landwirt einmal am Tag mit einem Eimer Körner kommt – und dass man fleißig und schnell sein muss, um möglichst viele davon zu erwischen. Er lernt auch, dass man, wenn man etwas Besonderes will, sich am besten eine Ecke sucht, wo noch niemand gepickt hat, um dort nach einem besonders saftigem Wurm zu suchen.

Er lernt aber auch: Hühner haben zwar Flügel, aber die sind im Verhältnis zum Körpergewicht zu klein. Hühner können also nur ein wenig flattern, aber nicht wirklich fliegen. Eines Tages, als der Adler erwachsen ist, blickt er an einem wunderschönen Frühsommernachmittag gedankenverloren in den blauen Himmel. Dort oben zieht ein Adler majestätisch seine Kreise – die Flügel weit ausgebreitet, scheinbar schwerelos im Aufwind. Da fragt er, ohne groß nachzudenken: »Wer ist das dort am Himmel, der so hoch fliegen kann?«

Die anderen Hühner schauen ihn erstaunt an und antworten: »Na, das ist der Adler, der König der Lüfte. Weißt du das nicht?«

»Aber warum fliegen wir nicht so hoch? Dann wären wir doch frei! Kein Zaun könnte uns aufhalten, kein Tal, kein Berg. Wir könnten fliegen, wohin und mit wem wir wollen – so hoch und so weit wir wollen. Wir wären frei.«

Die anderen schauen sich irritiert an – und brechen dann in schallendes Gelächter aus. »Was bist du denn für ein Dummkopf! Wir sind als Hühner geboren und dazu bestimmt, am Boden zu leben. Der Adler – der wurde halt schon als Adler geboren, als König der Lüfte. Da kann man nichts machen.«

Der Adler verstand – und lebte weiter das Leben eines Huhns. Er pickte seine Körner, suchte sich ab und zu einen Wurm, führte ansonsten aber ein eher tristes Dasein. Eines Tages jedoch bewegte er seine Flügel und begann zu fliegen. Immer höher stieg er: acht Meter, zwölf Meter, zwanzig Meter. Als er nach unten blickte, erschrak er. Hühner schaffen beim Flattern höchstens fünf bis sechs, im besten Fall vielleicht acht bis zehn Meter. Wer höher fliegt, stürzt ab – und verletzt sich womöglich schwer oder stirbt sogar. Also segelte er vorsichtig zurück zu Boden, froh darüber, diesen »Fehler« heil überstanden zu haben.

Von diesem Moment an achtete er peinlich genau darauf, nie höher als acht bis zehn Meter zu fliegen. Viele Jahre später, auf seinem Sterbebett, lässt er sein Leben noch einmal in Bildern vor seinem inneren Auge vorbeiziehen. Und sein letzter Gedanke gilt jenem erwachsenen Adler, den er einst hoch oben am Himmel kreisen sah. Mit diesem Bild schließt er die Augen – und denkt: *Schade, dass ich nicht auch das Glück hatte, als Adler geboren zu werden.*

Das ist die Geschichte, die hinter allem steckt, was mich und meine Seminare ausmacht. Ich glaube: Jeder Mensch wird als Adler geboren. Jeder Mensch hat etwas Besonderes in sich. Aber wenn wir im Hühnerstall aufwachsen – und das meine ich nicht despektierlich gegenüber unseren Eltern –, dann halten wir uns eben für ein Huhn. Der Hühnerstall, das ist das Viertel, in dem wir groß werden, die Stadt, das Land, unsere Religion, unsere Kultur, die Medien – all das, was uns prägt. Und so leben wir das Leben eines Huhns. Dazu bestimmt, am Boden zu bleiben und irgendwie zu überleben.

Aber ich hatte bis dahin in den Augen meines Vaters eben nichts Besonderes gezeigt. Und nachdem ich mich selbstständig gemacht hatte, war ich zwei Jahre später auch schon fast pleite gewesen. Jetzt, in der Westfalenhalle, kam er mir auf dem Gang zum VIP-Bereich entgegen. Und ich war mir sicher: *Jetzt ist er endlich stolz auf mich.*

Er kam näher, sah mich an – und sagte: »Ich komme gerade aus dem VIP-Bereich. Bei der Kaffeepause gab's viel zu wenig Brötchen. Da musst du dich unbedingt drum kümmern, Sohn.« (Er nannte mich immer »Sohn«.) Bitte? Sein Sohn hatte gerade 14.000 Menschen zu wahren Jubelstürmen gebracht. 109 Pressevertreter waren dabei und würden millionenfach darüber berichten. Und er saß als mein Vater in der ersten Reihe – aber kein einziges Wort des Stolzes?

Was war nur mit ihm los? Ich spürte diese Wut in mir – ein Gefühl, das ich nur allzu gut kannte. Mein Vater war immer ein Arbeiter gewesen, später – wegen seines Rückenleidens – zum Brotzeitholer geworden, schwerbehindert. Da sein Unternehmen ihn nicht entlassen konnte, gaben sie ihm irgendeine Position.

Als ich 14 war, hatte ich im Heimatdorf einen Freund – nennen wir ihn Jakob. Seine Familie war eine der wohlhabenderen in Schwebheim. Ich war einige Nachmittage bei ihnen zu Hause, in ihrer Villa. Eines Tages lernte ich seinen Großvater kennen, den Patriarchen der Familie. Er fragte: »Und wer ist das?«

»Das ist Jürgen Höller«, antwortete Jakob.

»Und was machen deine Eltern?«, fragte der Großvater.

Ich antwortete ehrlich und ohne Hintergedanken: »Mein Vater ist Brotzeitholer beim Kufi.«

Am nächsten Tag rief mich Jakob an. Sein Großvater und seine Eltern hatten ihm verboten, weiter mit mir befreundet zu sein.

»Aber warum denn? Was habe ich denn getan?«, stammelte ich.

»Nichts«, sagte Jakob. »Aber sie sind der Meinung, dass jemand, dessen Vater nur Brotzeitholer ist und die Mutter eine ehemalige Friseurin und Hausfrau, kein geeigneter Umgang für mich ist.«

Rums! Da war es wieder: mein Programm. *Ich bin nicht gut genug. Ich bin eine Pfeife. Ich bin anders als die anderen. Man will mit mir nichts zu tun haben. Ich bin ein Außenseiter, ein Einzelgänger.* Von diesem Moment an sprach ich nie wieder darüber, dass mein Vater Brotzeitholer war. Nicht einmal, dass er in der Fabrik arbeitete. Ich sagte höchstens, dass er beim Kugelfischer sei. Und als er dann zum stellvertretenden Vertrauensmann der Schwerbehinderten gewählt wurde, stellte ich das als große Sache dar – als wäre er eine Art Gewerkschaftsführer für alle.

Ja, ich schämte mich für meinen Vater. Ich schämte mich dafür, dass er aus seinem Leben nicht mehr gemacht hatte. Und ich fand ihn irgendwie seltsam. Er war überzeugt, immer recht zu haben – aber ich hatte das Gefühl, dass 90 Prozent von dem, was er sagte, Quatsch war. Warum konnte er nicht einmal stolz auf mich sein? Ich verlangte ja nicht, dass er mich in den Arm nahm und mir sagte, dass er mich liebt.

Ich hatte oft Aggressionen gegenüber meinem Vater. Es kam häufig vor, dass Kerstin mich fragte: »Warum bist du eigentlich so gereizt und grantig?«

Und ich rief dann laut: »Ich bin doch nicht gereizt und grantig!«

Sie schaute mich ruhig an. »Ich weiß warum.«

»So? Warum denn!?«, bellte ich zurück.

»Weil wir morgen wieder deine Eltern besuchen.«

»Ja, und?«, schnauzte ich sie an.

»Du bist immer gereizt und aggressiv, wenn du mit deinem Vater zusammenkommst.«

»So ein Quatsch!« Was konnte ich denn dafür, dass er immer so einen Unsinn erzählte? Natürlich musste ich ihn da korrigieren – aber das ließ er sich nicht gefallen.

Einige Jahre später, nachdem ich meine Inhaftierung hinter mir hatte, ging ich morgens mit unserem Hund im Wald spazieren – vor dem Frühstück. Ich nutzte die Zeit oft, um in mich zu gehen und zu beten. Achtung: Jetzt wird es vielleicht für einige Leser etwas *scary* – die können die nächsten Zeilen gern überspringen, wenn es ihnen zu viel wird …

Ja, ich betete zu Gott. Aber nicht mit vorgefertigten Formeln wie »Vater unser, der du bist im Himmel«, sondern so, als würde ich mich wirklich mit jemandem unterhalten – mit einem Vater, einer Mutter, einem Bruder, einer Schwester. Und ich hatte tatsächlich das Gefühl, auf meine Fragen bestimmte Antworten zu bekommen. Also lief ich wieder einmal durch den Wald – und begann zu beten: »Hallo, lieber Gott …«

»Hallo, mein Junge«, fühlte ich eine Antwort in mir.

»Tut mir leid, dass ich mich schon länger nicht mehr gemeldet habe.«

»Das muss dir nicht leidtun«, kam die sanfte Erwiderung.

»Aber bist du nicht sauer, wenn ich mich immer nur dann melde, wenn ich mich schlecht fühle oder ein Problem habe?«

»Du hast doch selber zwei Söhne, oder?«

»Ja«, antwortete ich lächelnd.

»Kommen die ständig zu dir und sagen dir, wie sehr sie dich lieben?«

»Nein, permanent tun sie das nicht.«

»Wie oft kommen sie denn?«

»Na ja, vielleicht einmal im Monat.«

»Und bist du dann stinkesauer auf sie? Stößt du sie brüsk zurück und sagst ihnen, sie sollen sich verpfeifen, weil sie sich so lange nicht mehr gemeldet haben?«

»Natürlich nicht. Ich freue mich, dass sie sich überhaupt mal wieder melden.«

»Na also. Und genauso ist es bei mir.«

An dieser Stelle werden sich manche Leser wahrscheinlich fragen: Ist der Jürgen Höller jetzt völlig abgedreht? Glaubt der etwa wirklich, dass er mit Gott spricht? Und was heißt überhaupt, er bekommt Antworten? Hört er die? Sieht er etwas? Oder fühlt er sie einfach?

Es ist eine Mischung. Irgendwie ist die Antwort einfach in mir. Vielleicht ist es ja gar nicht Gott. Ich glaube zwar, dass es Gott ist – oder sie, oder es, oder wie auch immer –, aber vielleicht ist es auch einfach eine Verbindung zu meinem tiefsten Inneren. Und selbst wenn: Es spielt keine Rolle, solange mir die Antworten helfen. Und vor allem, solange sie auch der Welt etwas Gutes bringen – und niemandem schaden.

»Gestern war ich wieder bei meinem Vater. Und wir hatten wieder Streit.«

»Ich weiß«, war die mitfühlende Antwort.

»Ich verstehe einfach nicht, warum er so blöd ist.«

»Was genau meinst du mit blöd?«

»Na ja, jetzt haben wir es endlich geschafft. Unsere Schulden sind weg, ich bin wieder erfolgreich, mein Name gewinnt an Ansehen. Er müsste sich im Dorf nicht mehr für mich schämen. Aber trotzdem kommt es ihm nicht über die Lippen, dass er stolz auf mich ist.«

»Aha«, spürte ich innerlich. »Bist du denn stolz auf deinen Vater?«

»Ich? Wieso ich?«

»Na ja, er ist dein Vater. Bist du stolz auf ihn? Hast du ihm das jemals gesagt oder gezeigt?«

Ich wurde verlegen. »Nein, ich glaube nicht.«

»Ist es nicht eher so, dass du dich schon seit deiner Jugend für deinen Vater geschämt hast?«

Ich musste es zugeben. »Aber warum kann er mir denn nie sagen, dass er stolz auf mich ist? Oder dass er mich liebt?«

»Du kennst doch seine Geschichte: wie er im Krieg geboren wurde, wie schwer er es hatte. Wie er als kleiner Junge – mit sechs oder sieben Jahren – stundenlang auf dem Feld arbeiten musste, nur um ein paar warme Kartoffeln zu bekommen. Wie er von seinem Stiefvater geschlagen wurde. Und wie er ihn eines Tages erhängt auf dem Dachboden fand. Er war allein, verloren. Niemand war für ihn da. Er musste lernen, allein durchzukommen. Er musste hart werden, seine Gefühle verstecken. Sonst hätte er nicht überlebt. Und wer so aufwächst, der tut sich schwer, später wieder an seine Gefühle heranzukommen. Wie wäre es also, wenn *du* den ersten Schritt machst? Wenn *du* ihm sagst, dass du stolz auf ihn bist? Wenn *du* ihm sagst, dass du ihn liebst?«

Und genau das tat ich. Ich sagte es meinen Eltern.

Und es passierte noch etwas. Ich glaube daran, dass unsere Seelen sich vor der Geburt selbst entscheiden, welche Erfahrungen sie machen wollen, um zu wachsen und sich weiterzuentwickeln. Ich glaube an die Theorie, dass sich Seelen vor der Inkarnation verabreden – und ihre Rollen für das gemeinsame Leben festlegen. So stelle ich mir vor, dass meine Seele zu denen meiner Mutter und meines Vaters ging und sie bat, mir bei einer besonders wichtigen Aufgabe zu helfen: der Aufgabe, mich selbst zu lieben. Die Eigenliebe zu lernen. Und sie stimmten begeistert zu. Wir verabredeten, dass sie 21 Jahre vor mir auf die Welt kommen und ich später zu ihnen finden würde. Damit ich aber die Selbstliebe wirklich lernen könnte, mussten sie mir etwas versprechen: Sie dürften mir niemals sagen, dass sie mich lieben. Kein einziges Mal. Und sie dürften mir auch nie sagen, dass sie stolz auf mich sind. Denn hätte ich diese Liebe und Anerkennung von ihnen bekommen, hätte ich nicht lernen können, sie in mir selbst zu finden.

Ich glaube, dass ihnen dieser Plan schwerfiel. Denn auf der Seelenebene herrschen nur Liebe und Schöpfung. Und trotzdem erklärten sie sich bereit, diese Rolle für mich zu übernehmen. Mir zuliebe.

Und so kam ich auf die Welt. Und meine Talente und Begabungen blieben zunächst im Verborgenen. Die Eigenschaften, die ich gebraucht hätte, um in den ersten Jahren meines Lebens Anerkennung oder Bewunderung zu erhalten – sportliches Talent, handwerkliches Geschick oder künstlerische Begabung –, besaß ich nicht. Dazu kam: Ich war der Kleinste und Schmächtigste in meiner Klasse – und mit einer ordentlichen Portion Bequemlichkeit und Faulheit gesegnet. Auch schulisch brachte ich nur durchschnittliche bis mäßige Leistungen.

Doch als mir einer meiner Mentoren diese Zusammenhänge erklärte, konnte ich endlich loslassen: meine ganze Enttäuschung, meinen Groll, meine Wut, meinen Zorn, meine Verbitterung – ja, sogar meinen Hass.

Und dann gab es da diesen Tag, an dem wir eine große Party bei uns auf der Terrasse feierten – mit rund fünfzig Freunden und Familienangehörigen. Auch meine Eltern waren eingeladen. Ich hatte extra Namensschilder auf den Tischen verteilt und wollte damals nicht, dass meine Eltern bei mir am Tisch saßen. Ich hatte Angst, sie könnten mich blamieren. Vor allem mein Vater. Als ich ihn jedoch zu seinem Platz bat, setzte er sich einfach … neben mich. Ich sagte: »Papa, dort sitzt eigentlich der und der. Ihr sitzt am Familientisch.«

»Jetzt sitze ich hier«, antwortete er, »und nichts und niemand bringt mich wieder weg.«

Also saß er – neben mir – am Tisch mit meinen allerbesten und engsten Freunden. Und er redete drauflos. Aus meiner Sicht machte er wieder 95 Prozent falsch – oder sprach Dinge zum völlig falschen Zeitpunkt aus. Meine Freunde lachten. Laut. Einige brüllten regelrecht vor Lachen. Ich schämte mich mal wieder in Grund und Boden.

Die Feier ging bis halb fünf Uhr morgens. Am nächsten Tag hatte ich schon einige WhatsApp-Nachrichten auf dem Handy. Einer meiner besten Freunde, schrieb: »Was für eine tolle Party. Vielen Dank für die Einladung – aber das Allertollste war ja dein Vater Horst. Was für eine Stimmungskanone! Und er hat mich tatsächlich unter den Tisch gesoffen!« (Jürgen wog damals über 170 Kilo, mein Vater vielleicht 75.) »Ich wünschte, ich hätte auch so einen Vater wie du.«

Was? Einen Vater wie *meinen*?

Weitere Nachrichten mit ähnlichem Tenor folgten. Und ich erkannte plötzlich, dass ich meinen Vater vielleicht immer im falschen Licht gesehen hatte. Er steckte in der Schublade *Ich schäme mich für ihn* – und ganz gleich, was er tat, da kam er nicht mehr raus.

Und so ließ ich all das Negative los, das ich ihm gegenüber empfand. Mittlerweile hatte ich auch gelernt, mich selber mehr zu lieben, genau wie es sich meine Seele als Aufgabe ausgesucht hatte. Also war unser »Seelenvertrag«, den meine Eltern und ich geschlossen hatten, nicht mehr notwendig.

Dann kam das Jahr 2017. Der letzte Motivationstag, den ich veranstaltete – in der Münchner Olympiahalle. 10.000 Teilnehmer waren dabei, darunter Oliver Kahn und Ralf Möller als Stargäste.Ich hatte morgens meinen Vortrag beendet, duschte schnell hinter der Bühne in meiner Garderobe. Ich hatte zwei Räume: ein Wohnzimmer und ein Badezimmer mit Ankleide. Da kam Kerstin herein: »Bist du schon fertig?«

»Ich ziehe mich gerade an.«

»Ich habe nämlich Leute hier, die dich überraschen wollen.«

»So? Wen denn?«, fragte ich neugierig.

»Sag ich nicht«, antwortete sie und lächelte.

Na gut, ich machte die Tür zum Bad zu. »Bring sie ins Wohnzimmer. Ich komme gleich.«

Als ich Hemd und Hose angezogen hatte, ging ich zu ihnen. Es waren meine Eltern. Sie wollten mich überraschen. Mein Vater war mittlerweile 76 Jahre alt, durch sein Rückenleiden stark gebeugt, ein wenig gebrechlich. Er sah mich an, trat näher, nahm mich in den Arm und sagte: »Ich bin stolz auf dich, mein Sohn. Ich war es immer. Ich konnte es nur nie sagen. Und ich habe dich immer geliebt.«

Ich spürte etwas auf meinem Hemd. Als wir uns losließen, war mein frisches Hemd feucht – von seinen Tränen. Seitdem sagte er es mir jedes Mal, wenn wir uns sahen und verabschiedeten: wie stolz er auf mich ist und wie sehr er mich liebt.

In seiner Autobiografie »Harald Glööckler« schreibt er zu diesem Thema: *Ich habe schon damals nach dem Sinn dahinter gesucht. Mich gefragt, wie es sein kann, dass so etwas Grausames passiert und ob es so etwas wie Schicksal gibt. Ich habe mich natürlich auch gefragt, warum Mama meinen Vater nicht einfach verlassen hat. Ich kam zu keinem Ergebnis. Doch dann fiel mir zufällig ein Buch über Reinkarnation in die Hände, das aus irgendeinem Grund in Tante Katharinas Bibliothek herumstand – und das, obwohl die Tante jeden Sonntag in die Kirche ging. Dort las ich von der Theorie, nach der jede Seele vor der Geburt selbst bestimmt, welche Erfahrungen sie machen möchte. Es hieß, das habe den Zweck, an diesen Erfahrungen weiter zu wachsen und im nächsten Leben der Erleuchtung näher zu kommen. Nach dieser Theorie treffen sich die Seelen vor der Geburt und besprechen die Rollenverteilung des gemeinsamen Lebens. Da hatte ich die Idee, dass meine Mutter vielleicht diese Leben benötigte, um – in einem viel größeren Zusammenhang – bestimmte Dinge zu begreifen. Das hat mir damals sehr geholfen, mit meiner Trauer fertigzuwerden. Ich stellte mir vor, dass das Leben wie ein Film ist, für den die Seelen vorher das Drehbuch abgesprochen haben.*

Am 18. Mai 2000 kam unser Sohn Maximilian zur Welt – nur vier Monate, nachdem Kerstins Vati Claus gestorben war. Auch Maximilian hielt ich im Krankenhaus auf dem Arm, und das gleiche überwältigende Gefühl durchströmte mich wie bei der Geburt von Alexander. Nur dass es diesmal für mich leichter war – ich kannte den Ablauf bereits. Für Kerstin hingegen war es schwieriger. Die Wehen zogen sich endlos. Irgendwann hielt sie es nicht mehr aus und bat mich, ihr zu helfen. Ich sprach mit den Ärzten, und wir bekamen für eine halbe Stunde einen eigenen Raum. Dort hypnotisierte ich sie. Ich gab ihrem Unterbewusstsein mit auf den Weg, dass sie Maximilian jetzt loslassen und ganz schnell zur Welt bringen könne. Dass sie dabei wenig Schmerzen haben und die Geburt gut überstehen würde.

Nachdem ich sie aufgeweckt hatte, wurden die Wehen sehr intensiv – und rund 30 Minuten später kam Maximilian auf die Welt.

In den folgenden Monaten war ich ununterbrochen unterwegs. Im Jahr 2000 schulte ich live rund 250.000 Menschen von der Bühne aus – das sind Zahlen wie bei Rockstars. Dazu kamen unzählige Talkshows, Interviews, Porträts. Parallel bereitete ich den Börsengang vor, übernahm zwei Firmen und arbeitete praktisch rund um die Uhr. Wenn ich zu Hause war, wollte ich meine Ruhe. Kerstin gab sie mir. Aber irgendwie entfernten wir uns in dieser Zeit voneinander. Wir stritten immer häufiger – und das nicht leise. Wir verletzten uns gegenseitig, aber sprachen dennoch nicht wirklich offen miteinander. Haben wir bestimmte Themen gemieden? Waren es die Tabus? Oder war es der grausame Tod unserer einst so romantischen Fantasien?

Scheidung oder Trennung war nie ein Thema. Dafür liebten wir uns zu sehr. Aber ich war der vergötterte Star, der von allen hofiert wurde – während mir Kerstin zu Hause sehr deutlich machte, dass ich dort auch nur ein ganz normaler Mensch war. Sie hatte das Gefühl, mir nicht auch noch zu Hause Bewunderung und Anerkennung schenken zu müssen. Doch genau das fehlte mir. Ich wollte ihr weißer Ritter sein. Ihr Held. Der Mann, zu dem sie aufschaute. Den sie bewunderte. Den sie verehrte. Und dafür hätte ich alles für sie getan.

Ich habe mich mit vielen Menschen unterhalten: mit erfolgreichen Sportlern, Künstlern, Politikern und Unternehmern. Und letztlich haben alle – hinter vorgehaltener Hand – dasselbe bestätigt: Du kannst keinen Traum leben, wenn du dich nicht vollständig auf ihn konzentrierst. Die schmerzhafte Wahrheit für die Angehörigen großer Träumer lautet: Sie kommen erst an zweiter Stelle.

Das hätte ich mir damals niemals eingestanden. Und es war mir auch nicht wirklich bewusst. Aber so war es. Ich liebte Kerstin. Ich liebte unsere Kinder. Aber letztlich wollte ich meinen Traum verwirklichen – ihn leben.

Irgendwie schleppten wir uns in unserer Beziehung weiter. Wir hatten ja auch die beiden kleinen Kinder. Maximilian war gerade erst geboren. Zehn Monate nach seiner Geburt wurde der Börsengang abgesagt – und ich geriet in den Überlebensmodus. Ich musste kämpfen, um das Unternehmen zu retten. Und wir vergaßen darüber unsere eigenen Probleme.

Heute bin ich mir sicher: Hätte der Börsengang funktioniert, wären wir vermutlich nicht mehr zusammen. Ich wäre 300-facher Millionär geworden – aber ich hätte meine Familie verloren. Und vermutlich auch mich selbst. Denn ich war noch nicht heil. Ich musste meine Aufgabe erst noch erfüllen: mich selbst zu lieben. Unabhängig von allen anderen Menschen. Unabhängig von Erfolg, Geld, Anerkennung im Außen. Nur ich – die reine, pure Menschenseele.

Und wahrscheinlich konnte ich das nur lernen, indem ich wirklich alles loslassen musste. Alles hinter mir lassen. Alles verlieren, was mich bisher ausgemacht hatte.

Aber das wusste ich damals alles noch nicht. Ich musste erst durch einen Ozean schwimmen – aus Schmerz, Leid, Tränen. Doch auch aus Erkenntnissen, aus Wissen, aus Erfahrungen und Entscheidungen. Und erst dann konnte ich geläutert, gereinigt und meinem wahren Wesen entsprechend neu starten.

LEARNINGS KAPITEL 6:

1. Jeder Mensch ist ein Schöpfer: Setzt du deine Schöpferkraft ein, um etwas zu erschaffen – oder um etwas zu zerstören?
2. Jede Seele kommt mit einmaligen Aufgaben auf die Welt.
3. Diese Aufgaben sind untrennbar verbunden mit einzigartigen Talenten und Begabungen.
4. Lass die Seelen der Verstorbenen los.
5. Verzeihe den Menschen, die dir Schmerz zugefügt haben.

AUTOSUGGESTIONEN:

1. Ich folge immer meinem Herzen.
2. Ich glaube an mich und an meine Träume.
3. Ich bin selbstbewusst.
4. Meine Träume werden Wirklichkeit.
5. Nichts ändert sich, außer ich ändere mich.
6. Wissen ist mein größter Reichtum.
7. Ich lebe meine Berufung.
8. Ich bin ein Schöpfer.

KAPITEL 7: DER ANFANG VOM ENDE

1999 war einerseits das Jahr, in dem ich in ungeahnte Höhen schoss – gleichzeitig jedoch hatte ich ein Erlebnis, das neu für mich war und direkt aus einem meiner Albträume hätte stammen können. Ein japanisches Pharmaunternehmen hatte eine deutsche Pharmafirma übernommen und eine harte Restrukturierung durchgeführt. Die Außendienstmitarbeiter wurden in ihren Gebieten und Provisionen beschnitten, die Kosten radikal gesenkt, einige Mitarbeiter entlassen. Nun wollte die neue Muttergesellschaft die verbliebenen Angestellten motivieren – und veranstaltete ein viertägiges Event in der portugiesischen Hauptstadt Lissabon.

Die Veranstaltung fand in einem hochwertigen Fünf-Sterne-Hotel statt. Ein deutscher Kabarettist wurde extra für ein Abendprogramm engagiert, es gab Ausflüge in die Umgebung, Fachvorträge und mehr. Die Organisation übernahm die Eventagentur Vok Dams. Sie erhielt dafür einen Festbetrag, und die japanische Pharmafirma verließ sich darauf, dass es eine gelungene Motivationsveranstaltung werden würde. Was lag da näher, als die europäische Nummer 1 als Motivationstrainer zu engagieren: Jürgen Höller. Mein Tagessatz lag inzwischen bei 49.500 Mark (netto, zuzüglich Spesen und Umsatzsteuer), und dennoch war ich ausgebucht.

Dams hatte eine vermeintlich grandiose Idee: Man würde mich nicht als den großen Motivationstrainer ankündigen, sondern lediglich als »Überraschungs-Stargast mit Vortrag«. Mir selbst blieb das Konzept bis zum Schluss verborgen. Ich durfte nicht gesehen werden und wurde, während die Veranstaltung am ersten Tag bereits lief, heimlich hinter die Bühne gebracht.

Im Saal saßen rund 200 Mitarbeiter – größtenteils Pharmareferenten, also Verkäufer. Was ich nicht wusste: Die Stimmung war miserabel. Sie hatten gerade von Einschnitten und Veränderungen erfahren – und nun saßen sie hier auf einem teuren Firmenevent in Lissabon. Was sollte das? Ob sie da wirklich gespannt auf den angekündigten Stargast warteten?

Ich muss dazu sagen: Ich pflegte eine ganz bestimmte Art von Auftritten. Am liebsten kam ich zum Auftakt meiner Vorträge oder Seminare – auch in Unternehmen – von ganz hinten oder durch einen Seiteneingang in den Raum gerannt, klatschte dabei wie wild in die Hände und brüllte meinen legendären Schlachtruf. So machte ich es auch diesmal. Nur, dass diesmal eben niemand wusste, wer ich war oder was da auf sie zukam.

Ich wurde also angekündigt, die Musik begann – ich startete immer mit der Titelmelodie von *Mission: Impossible* – und ich rannte in den Raum, klatschte laut, rief: »Guten Morgen, aufgewacht! Seid ihr alle schon fit? Jetzt geht's richtig rund hier. Wir zünden ein Feuerwerk! Guten Morgen, ihr Schlafmützen!«

Dann brüllte ich meinen Schlachtruf, sprang auf einen freien Stuhl – wie immer vorab im Saal für mich reserviert – und schaute erst einmal 10 bis 20 Sekunden lang triumphierend in die Runde, ohne ein Wort zu sagen.

Normalerweise löste ich diesen provokativen Einstieg dann rasch auf, etwa so: »Was habt ihr gerade gedacht, als ich wie ein Bekloppter hier reingerannt bin, wild klatschend und laut rufend, und auf diesen Stuhl gesprungen bin? Wahrscheinlich genau das, was ihr immer denkt, wenn euch im Leben etwas Neues, Ungewöhnliches begegnet: Entweder seid ihr neugierig und positiv gespannt – oder verunsichert, vielleicht sogar ängstlich. Aber genau das passiert uns im Leben ständig: neue, unvorhergesehene, verrückte Dinge.«

So hatte ich es geplant. Doch dieses Mal kam ich nicht dazu. Als ich auf dem Stuhl stand und die 20-sekündige Kunstpause machte, um dann meinen Einstieg aufzulösen, verließen die ersten zwanzig Mitarbeiter den Saal. Mitarbeiter, wohlgemerkt, die fest bei der Firma angestellt waren, die diese Veranstaltung organisiert hatte.

Ich bin es gewohnt, nicht jeden zu erreichen – selbst wenn ich etwas glasklar erkläre, gibt es immer jemanden, der es nicht versteht. Aber das? Das hatte ich noch nie erlebt. Es brachte mich aus dem Konzept. Ich stolperte über meine Auflösung, es wirkte holprig. Weitere zehn Leute standen auf und gingen. Ich wurde noch unsicherer – und sah hinten in der letzten Reihe die Verantwortlichen der Eventagentur Vok Dams sowie die Führungskräfte der Pharmafirma: Stirnrunzeln, fragende Blicke, ratloses Achselzucken.

Das brachte mich noch mehr aus dem Konzept. Meine Witze, die sonst zuverlässig für Brüller sorgten, zündeten diesmal überhaupt nicht. Der erste Witz blieb ohne jede Reaktion – kein einziger Lacher. Und wieder standen fünf Mitarbeiter auf und verließen den Saal.

Lange Rede, kurzer Sinn: Es ging genau so weiter. Als mein 90-minütiger Vortrag vorbei war, saßen vielleicht noch 60 der ursprünglich 200 Zuhörer im Raum. Und davon waren etwa 20 Führungskräfte sowie Mitarbeiter der Eventagentur Vok Dams.

Es war ein Desaster. Und es war genau das Szenario, das ich in meinen Albträumen immer wieder erlebt hatte. Genauer gesagt: Ich hatte zwei wiederkehrende Albträume, die mich in unregelmäßigen Abständen heimsuchten – und mich schweißgebadet aus dem Schlaf rissen.

Der erste Albtraum: Ich halte einen Vortrag oder ein Seminar – und die Teilnehmer verlassen nach und nach den Raum. Genau das war nun Realität geworden. Das Gesetz der Anziehung hatte zugeschlagen. Das, wovor man sich am meisten fürchtet, zieht man meist unbewusst an. Damals kannte ich noch nicht die mentalen Techniken, mit denen ich heute Ängste und negative Glaubenssätze – bei mir selbst und bei anderen – schnell auflösen und durch neue, stärkende Programme ersetzen kann. Als nun die Verantwortlichen von Vok Dams und die Führungskräfte der Pharmafirma auf mich zukamen, wollte ich am liebsten im Boden versinken.

»Na, das war jetzt aber ein Schuss in den Ofen«, sagte der Eventleiter. Die drei Geschäftsführer der Pharmafirma nickten schweigend und zustimmend. Ich weiß nicht mehr, was ich geantwortet habe. Ich wollte einfach nur weg. Mein Kopf war voll mit Fluchtgedanken – stark, dominant, alles überlagernd. Irgendwie schaffte ich es, in mein Hotelzimmer zu kommen, mich umzuziehen und so schnell wie möglich aus dem Gebäude zu verschwinden. Ich wollte einfach nur weg.

Allerdings hatte ich mir vorgenommen, wenn ich schon in Lissabon war, mir wenigstens noch zwei Tage lang die Stadt anzusehen. Also streifte ich kreuz und quer durch Lissabon – bloß nicht im Hotel bleiben, bloß keinem Mitarbeiter der Pharmafirma begegnen. Ich wohnte ja unter demselben Dach mit den anderen. Das Frühstück ließ ich mir aufs Zimmer bringen, und sobald das offizielle Tagesprogramm der Veranstaltung begann, schlich ich mich aus dem Hotel.

Mein zweiter wiederkehrender Albtraum sah so aus: Ich bin hinter der Bühne, bereit, meinen Vortrag oder mein Seminar zu starten – aber ich komme nicht auf die Bühne. Ich habe mich verlaufen. Ich finde den Eingang nicht. Türen, die eben noch offen waren, sind plötzlich verschlossen. Ich falle irgendwo herunter. Oder irre einfach nur umher. Und dann höre ich in meinem Traum, wie ich bereits angekündigt werde. Die Musik läuft, das Publikum wartet – aber ich schaffe es nicht auf die Bühne. Ich hämmere gegen Türen, irre durch Gänge, suche verzweifelt den richtigen Weg – und draußen im Saal beginnen die Leute zu tuscheln. Und ich komme nicht. Die Panik ist dann übermächtig.

Und auch dieser Albtraum wurde Realität. Bei einem Jahrestreffen der IBM in Stuttgart hatte ich einen Auftritt. Fünf Minuten vor Beginn war ich direkt hinter der Bühne. Alles war abgeklärt, alles vorbereitet. Ich war bereits verkabelt, das Mikrofon saß. Doch plötzlich meldete sich meine Blase. Der Weg zurück zur Garderobe wäre zu weit gewesen. Seitlich sah ich eine Tür. Ich öffnete sie – und sie führte ins Freie.

Ich ging ein paar Meter aufs Feld, erleichterte mich, und wollte dann schnell wieder zurück. Doch die Tür war verschlossen. Zu. Keine Chance. Ich hämmerte dagegen. Und währenddessen hörte ich drinnen die Musik beginnen – meine Eröffnungsmelodie. Mein Albtraum war Wirklichkeit geworden. Im allerletzten Moment öffnete Axel »Onkel Agi« Weinberger – mein Freund, Schwager und engster Mitarbeiter – die Tür von innen. Ich sprintete los und schaffte es gerade noch rechtzeitig in den Veranstaltungssaal.

Das Gute an beiden erlebten Albträumen war: Ich hatte sie jetzt hinter mir. Das Schlimmste, was ich mir vorstellen konnte, war passiert. Es konnte nicht schlimmer kommen. Ich konnte nun daraus lernen. Ich musste meine Schlüsse ziehen. Zwei Tage nach meiner Rückkehr aus Lissabon stand schon das nächste große Firmenevent an – mit Tausenden von Teilnehmern. Ich war der letzte Redner. Spät in der Nacht. Ein Unding eigentlich, wenn das Publikum schon 12 oder 14 Stunden Vorträge hinter sich hat. Alle hatten überzogen. Ich sollte das Highlight zum Schluss setzen – mit dem Lissabon-Desaster noch frisch im Kopf.

Aber genau in solchen Momenten entscheidet sich, aus welchem Holz man geschnitzt ist. Entweder man geht unter. Man versagt erneut – dann ist die Sache gelaufen. Oder man schafft es, durch die Wand zu gehen, sie einzureißen. Dann ist man für immer durch. Deshalb habe ich auch meinen Spitzensportlern bei ihrer mentalen Vorbereitung immer von diesen Erlebnissen erzählt. Ich wollte, dass sie verstehen: Ich kenne diese Ängste. Ich kenne diese Blockaden. Ich weiß, wie es sich anfühlt. Und ich weiß, dass man sie überwinden kann.

Ich hatte übrigens noch einen dritten Albtraum: Tausende von Menschen warten auf meinen Auftritt – und ich kann nicht kommen. Ich bin krank. Nun musst du wissen: Von etwa 3.500 Tagen, an denen ich seit meinem ersten Vortrag 1988 auf der Bühne stand, fehlte ich nur an zwei Tagen krankheitsbedingt. Einmal war meine Stimme komplett weg – kein Pfeifton kam mehr aus meiner Kehle. Und das andere Mal hatte ich Corona und nicht einmal die Kraft, aufzustehen, um mir ein

Glas Wasser zu holen. Ansonsten stand ich schon mit 40 Grad Fieber auf der Bühne. Ich habe Vorträge unter Schmerzen gehalten, war bis an die Unterlippe vollgepumpt mit Medikamenten. Einmal hatte ich so starke Rückenschmerzen durch einen eingeklemmten und entzündeten Nerv, dass ich mit dem Rollstuhl auf die Bühne gefahren wurde.

Als ich Corona hatte, fiel eine wichtige Veranstaltung aus – mit neuen Kunden, die mich zum ersten Mal live erleben sollten. Kunden, die wir gerade in dieser schwierigen Corona-Zeit für unser Unternehmen gewinnen wollten. Und ich fiel aus. Also ließ ich mich per Zoom zuschalten – aus dem Bett, im Schlafanzug – und sprach zumindest 45 Minuten lang. Die anderen Trainer in meinem Team waren grandios, gaben alles, und die Kunden waren am Ende trotzdem begeistert.

Und auch aus diesem dritten Albtraum, der Wirklichkeit wurde, lernte ich etwas Wichtiges: Wenn es dann wirklich passiert, ist es meist gar nicht so schlimm, wie wir es uns vorher ausgemalt haben.

Ende September 1999 nahm ich eine Einladung eines Unternehmers aus München an. Er war mit seinem Unternehmen an die Börse gegangen und hatte dadurch ein beachtliches Vermögen aufgebaut.

Er hatte drei VIP-Tische in einem der großen Bierzelte auf dem Oktoberfest reserviert und mich eingeladen. Ich kam direkt von einem Vortrag, hatte nicht einmal eine Tracht an. Die drei Tische waren voll mit Bankern und Investmentleuten. Nachdem wir alle schon ordentlich gefeiert hatten, stieg Er auf eine Bierbank, bat um Ruhe und rief in die Runde der rund 30 Finanzleute: »Sagt mal, was haltet ihr von folgender Idee? Das ist Jürgen Höller – Europas Motivationsguru Nummer 1, noch vor mir. Was wäre, wenn er mit seiner Motivations-AG an die Börse geht? An den Neuen Markt?«

Mir fiel die Kinnlade herunter. Ich wäre am liebsten im Boden versunken. *Ich* mit meiner kleinen Klitsche an die Börse? Ich hatte das Unternehmen doch erst am 1. Januar 1995 gegründet. Okay, zugegeben: Im Jahr 1999 würden wir voraussichtlich die Zehn-Millionen-Mark-Grenze beim Umsatz überschreiten. Das war schon eine stolze Leistung – aber an die Börse? War der verrückt?

Doch die Finanzleute zeigten sich interessiert. »Was genau machen Sie denn?«, fragten sie von allen Seiten. Ich erklärte, dass ich Seminare veranstaltete, Bücher schrieb und verkaufte. Damals hatte ich auch einen Versandhandel mit Weiterbildungsbüchern, Kassetten und Videos aufgebaut – mit Millionenumsätzen. Amazon existierte zwar bereits, spielte aber in Deutschland noch kaum eine Rolle.

Einer der Anwesenden, Leiter eines Private-Equity-Fonds, fragte: »Sind Sie auch im E-Learning aktiv, also beim Lernen über den Computer?«

Sie hätten in den USA in ein Unternehmen investiert, das zwar erst 1,5 Millionen Dollar Jahresumsatz mache, aber an der Börse bereits mit 30 Milliarden bewertet sei. Ihr eigener Anteil: drei Milliarden Dollar.

Ich antwortete, dass ich gerade dabei sei, E-Learning groß in mein Unternehmen zu integrieren.

»Wenn Sie das nachweisen können«, sagte er, »also, dass Sie ein funktionierendes System haben – dann wären wir definitiv dabei.«

Andere Banker und Investoren stimmten ihm zu.

Nun war ich richtig in Fahrt. Zwei Möglichkeiten taten sich auf: Entweder wir entwickelten E-Learning selbst – das hätte aber zu lange gedauert. Oder ich übernahm einfach eine bestehende E-Learning-Firma, die bereits Strukturen und Ergebnisse vorzuweisen hatte und deren operative Umsetzung ich nicht selbst steuern musste. Bei meinen Recherchen stieß ich auf die damalige Nummer 1 in Deutschland: die Firma Metatrain aus Neumarkt. Ich nahm Kontakt auf und erklärte meine Idee: Meine Inline AG würde Metatrain übernehmen. Die bisherigen Eigentümer erhielten dafür einen Vorstandsposten sowie entsprechende Aktienanteile an der neuen, fusionierten Firma. Nachdem ich ihnen aufgezeigt hatte, dass diese Anteile potenziell mehrere Millionen wert sein könnten, zeigten sie sich mehr als offen für die Idee.

Nun hatte ich aber noch ein zweites Problem: Mir fehlte die Managementkapazität. Bis 1999 hatte ich praktisch alles selbst aufgebaut und beschäftigte Ende 1998 gerade einmal zwölf Mitarbeiter. Also sah ich mich auf dem Markt um – und stieß auf die Firma *Friends and*

Business. Die Inhaber hießen Gerald Ernst und Gerd Kulhavy. (Später gründete Gerd dann Speakers Excellence, eine Idee, die wir damals in der Inline AG bereits in der Schublade hatten.) Ich stellte ihnen meine Idee vor, und auch sie waren sofort offen und begeistert.

Mit diesen beiden Zusagen im Gepäck besuchte ich den Private-Equity-Fonds in Frankfurt. Dort präsentierte ich mein Konzept – professionell, mit PowerPoint-Folien, Umsatzkurven, Zahlen. Ich jonglierte mit den Daten, als hätte ich die letzten zwanzig Jahre nichts anderes gemacht. Na ja – reden und verkaufen, das konnte ich nun mal am besten. Am Ende der Präsentation gab es eine Fragerunde, und alle waren Feuer und Flamme. Wenige Tage später erhielt ich das Okay: Sie würden in einer ersten Tranche zehn Millionen investieren und zusätzlich einen zweiten Partner mit ins Boot holen – eine Private-Equity-Gesellschaft der Sparkasse.

Ja, gab's denn das? Zig Jahre hatte ich gekämpft, um bei Banken überhaupt einen Kontokorrentkredit zu bekommen – und jetzt warfen sie mir das Geld geradezu hinterher?

Es gab allerdings ein Problem: Ich musste die beiden Firmen übernehmen. Und dafür war zunächst eine sogenannte Due-Diligence-Prüfung notwendig. Das bedeutete: Alle drei Unternehmen wurden von den beiden Venture-Capital-Firmen komplett durchleuchtet. Alle Verträge, alle Beteiligungen, jede Einzelheit kam auf den Tisch. Du kannst dir sicher sein: Dabei tauchen immer Baustellen auf, von denen du vorher keine Ahnung hattest. Verträge, die nicht wasserdicht sind. Vereinbarungen, die nur mündlich getroffen wurden. Nicht geklärte Markenrechte und vieles mehr. Solche Prüfungen ziehen sich über viele Monate.

Im März 2000 unterbreitete uns die Private-Equity-Gesellschaft ein Angebot für die erste Investitionsrunde. Alle drei Firmen sollten unter dem Dach der Inline AG fusionieren. Man hatte zusätzlich JP Morgan aus den USA ins Boot geholt (heute die größte Bank der Welt), außerdem die Landesbank Baden-Württemberg, die WestLB und die Bankgesellschaft Berlin. Insgesamt sollten nun 20 Millionen fließen.

Meine damalige Hausbank, die HypoVereinsbank (heute Teil der UniCredit), war regelrecht sauer, dass sie beim geplanten Börsengang nicht mitmachen durfte. »Herr Höller, wir waren doch immer Ihre Hausbank. Wie konnten Sie uns vergessen?«

Ich antwortete, dass ich gar nicht an die HypoVereinsbank gedacht habe – schließlich sei sie ja immer so knauserig mit dem Kontokorrent auf meinen Geschäftskonten gewesen.

»Ja, Herr Höller, das war natürlich Ihre Anfangszeit. Aber mittlerweile hat sich das doch komplett geändert.«

Und nun wollten sie mir klarmachen, dass ich gefälligst auch fünf Millionen von der HypoVereinsbank an Venture Capital annehmen müsse.

Na ja, dachte ich mir. Vielleicht sollte ich das Angebot annehmen. Wenn sie unbedingt dabei sein wollen … Fünf Millionen mehr Kapital bedeuteten: noch mehr Gas geben, den Aktienkurs noch weiter in die Höhe treiben …

Ich konnte es kaum fassen, als mir die fünf vorgesehenen Konsortialbanken schließlich die Bewertung vorlegten. Das war eine umfangreiche, professionell erstellte Analyse mit allen möglichen Berechnungen – aber am Ende interessierte mich nur eine einzige Zahl: Die fusionierte Inline AG – ich wiederhole: mit zehn Millionen DM Jahresumsatz im Jahr 1999 – sollte mit 550 Millionen DM bewertet werden.

Eine halbe Milliarde? Natürlich musste ich einen Teil meiner Anteile an die Inhaber der beiden anderen Firmen abgeben. Aber dennoch: 550 Millionen? Und ich würde ca. 2/3 der Aktien besitzen.

Nachdem ich im Herbst 1999 die Entscheidung gefällt hatte, an die Börse zu gehen, drehte sich in meinem Unternehmen plötzlich alles nur noch ums Geld. Als ich Ende der Achtziger mit meiner ersten Unternehmensberatung für Fitnessclubs gestartet war, war mein Antrieb ein ganz anderer gewesen: Ich wollte anderen Clubbesitzern helfen – mit dem Wissen, das ich mir mühsam aufgebaut hatte. Es erfüllte mich, zu sehen, wie schnell man Dinge drehen und positiv verändern konnte, wenn man nur die richtigen Stellschrauben kannte – und wusste, wie man sie bedient. Dieses Wissen hatte ich. Und als ich 1994 den Entschluss fasste, alle sechs Beratungen abzugeben, um mich ab 1995 ganz auf meine Trainertätigkeit zu konzentrieren, geschah das aus dem Wunsch heraus, noch mehr Menschen zu erreichen – vor allem kleine Selbstständige. Ich wollte ihnen helfen, endlich wirtschaftlich erfolgreich zu sein, ihre Unternehmen auf stabile Beine zu stellen. Das war mein Antrieb. Natürlich wäre ich ein Heuchler, wenn ich behauptete, es wäre mir nicht auch ums Geld und um Anerkennung gegangen. Wer will das nicht? Aber das kam an zweiter Stelle.

Mit dem geplanten Börsengang veränderte sich alles. Ich hatte plötzlich Aufsichtsräte – entsandt von den Private-Equity-Firmen. Und in den Sitzungen von Vorstand und Aufsichtsrat ging es plötzlich nur noch um eines: nackte Zahlen, Daten und Fakten. Umsatz- und Kostenpläne wurden aufgestellt – und mussten akribisch eingehalten werden. Ironischerweise hielten wir unseren eigenen Vierjahresplan, den wir aufgestellt hatten, sogar bis zum abgesagten Börsengang im März 2001 punktgenau ein. Im Jahr 2000 machten wir bereits 25 Millionen Mark Jahresumsatz. Auch unsere ambitionierten Ziele für 2001 hätten wir erreicht – hätten wir nur die nötigen Mittel aus dem Börsengang bekommen. Nun ja, was soll's …

Was sich aber entscheidend verändert hatte, war der Fokus. In den Vorstandssitzungen ging es nicht mehr darum, wie wir unseren Kunden echten Mehrwert bieten konnten, wie wir ihnen halfen, erfolgreicher zu werden, welche Inhalte wir ihnen an die Hand geben mussten, damit sie wuchsen. Und mit ihnen – so war mein früheres Denken – würden auch wir automatisch mitwachsen. Nein, jetzt ging es nur noch um Kostenoptimierung. Um die Frage, wie man aus jedem Kunden noch die letzte Mark Umsatz herausholen könnte und so weiter. Mein Denken veränderte sich – ohne dass ich es zunächst bemerkte.

550 Millionen Firmenwert beim Börsengang – Mensch, danach könnte ich doch wieder alles so machen wie vorher! Oder?

Rückblickend muss ich sagen: Ich wurde untreu – meiner höheren Aufgabe, meiner inneren Mission, die ich in diesem Buch bereits beschrieben habe. Die Mission, möglichst vielen Menschen das Wissen über die universellen Lebensgesetze weiterzugeben. Mein Antrieb war plötzlich nicht mehr Sinn oder Beitrag – sondern Börsengang, Umsatz, Gewinn. Letztlich war es wohl die Gier. Und Gier frisst immer das Hirn. Das ist nicht nur eine alte Börsenweisheit – das gilt für das Unternehmertum ganz allgemein.

Hohe Ziele zu haben, Antrieb zu verspüren, wachsen zu wollen – all das ist völlig in Ordnung. Aber in dem Moment, in dem es in Gier umschlägt, beginnt alles, sich gegen uns zu wenden. Ich habe das Hunderte Male erlebt – manchmal bei mir selbst, viele Male bei anderen.

Interessanterweise bekam ich in dieser Zeit plötzlich immer wieder Angst. Angst, der Börsengang könnte vielleicht doch scheitern. Und was dann? Die Private-Equity-Firmen hatten mich gedrängt, zusätzlich auch bei Kunden – und sogar bei Freunden und Familienangehörigen – weitere Gelder einzusammeln. Diese Menschen sollten bereits beim Börsengang als Aktionäre dabei sein und ihr Investment vervielfachen können. Ich glaubte daran. Alle glaubten daran. Und hätte es den Crash am Neuen Markt nicht gegeben – es wäre wohl auch so gekommen. Um Vertrauen zu schaffen, wurde ich allerdings gedrängt, eine persönliche Haftung zu übernehmen. Sollte der Börsengang bis zum Stichtag nicht zustande kommen, würde ich privat dafür haften, das eingesammelte Kapital an die Anleger zurückzuzahlen.

Ich hörte auf diese Leute. Niemand sonst ging in die persönliche Haftung. Nicht die Beck-Brüder von Metatrain. nicht Gerd Kulhavy oder Gerald Ernst von *Friends and Business*. Kein Vorstandsmitglied. Keine Bank. Keine Private-Equity-Firma. Nur ich unterschrieb. Ganz schön blöd, oder?

Aber ich war so felsenfest überzeugt vom Erfolg des Börsengangs, dass ich es tat. Und ich sah es auch als Ehrenpflicht an: Wenn ich Geld von anderen annahm, dann musste ich dafür einstehen – entweder durch Gewinne aus dem Börsengang oder, falls nötig, durch mich selbst. So haftete ich am Ende persönlich für fast fünf Millionen Mark Anlegergelder.

Und immer wieder schlich sich ein Gedanke in mein Bewusstsein, den ich sofort zu verdrängen versuchte: *Was passiert eigentlich, wenn es doch nicht klappt? – Ach Quatsch, scheiß auf Plan B. Das funktioniert!*

Ich bin übrigens bis heute Anhänger davon, keinen Plan B zu haben. Es hat mich in diesem Fall zwar viel gekostet – aber wie du noch sehen wirst, hat es mir auch unendlich viel gebracht. Wenn Plan A scheitert, mache ich einen neuen Plan A – aber nie einen Plan B. Denn Plan B ist der Notnagel. Die Ausrede. Die Sicherheit. Das Vernünftige. Und wie sagte Arnold Schwarzenegger immer: *»I hate Plan B.«*

Und doch war da diese leise Stimme in mir. Diese Angst, Geld zu verlieren. Und weißt du, was in dieser Zeit passierte? Merkwürdige Dinge. Ich hatte zum Beispiel bereits einige Jahre zuvor damit begonnen, bei jedem Termin in der Schweiz einen kurzen Abstecher nach Zürich zu machen – zu einer bestimmten Bank. Dort deponierte ich immer wieder kleine Beträge im Schließfach. Man wusste ja nie … Also doch ein Plan B? (Was genau es mit diesem Plan B auf sich hatte, erzähle ich dir gleich.)

Damals lag die gesetzliche Grenze für Bargeldtransfers von Deutschland in die Schweiz noch höher als heute – ich glaube bei 15.000 Mark. Vielleicht auch 20.000 Mark. Um ehrlich zu sein: Ich weiß es nicht mehr genau. Ich war wieder einmal in Zürich und wollte eine Summe einzahlen. Ich war mit dem eigenen Auto unterwegs – es sollte ja niemand etwas davon wissen. Keiner wusste von diesem Konto, nicht einmal Kerstin. Irgendetwas in mir hielt es für besser, dass sie nichts davon wusste. Ich weiß schon, was du jetzt denkst, du Schelm: »Sollte es mal zur Trennung kommen, dann bleibt das Geld schön beim Jürgen – und Kerstin erfährt nie davon.« Aber nein, das war damals nicht mein Gedankengang. Dieses Geld war mein absoluter Notnagel – für den Fall, dass wirklich alles den Bach runterginge. Und übrigens: Es war immer versteuertes Geld, kein Schwarzgeld. Nichts Illegales. Einfach eine Rücklage, eine Sicherheit für die Zukunft.

Ich stieg also aus dem Auto, ging mit meinen Unterlagen in die Bank, war mit meinem persönlichen Berater in einem separaten Zimmer, holte das Geld heraus – und stellte fest: Es fehlten etliche Tausend Mark. Wo war das Geld nur geblieben?

Ich entschuldigte mich kurz, stürzte nach unten auf den Parkplatz direkt vor der Bank am Zürcher Paradeplatz – und durchsuchte panisch meinen Ferrari. Nichts. Ich schaute unter das Auto. Ich schaute sogar in die Radkästen. Ein Zürcher Passant kam vorbei, sah mich verzweifelt suchend und fragte mitleidig, was ich denn verloren habe. »Geld fürs Schließfach«, wollte ich sagen – aber natürlich sagte ich das nicht. Die Kohle war weg. Irgendwo unterwegs hatte ich – ganz großes Kino – das Geld verloren. Wahrscheinlich beim Herauswühlen der Unterlagen aus dem engen Auto. Ich Depp.

Wochen später dann, zu Hause: Ich hatte im Schrank meines Privatbüros ein kleines Schubladenkästchen. Und dort hatte ich das Geld für das Schweizer Schließfach immer zwischengelagert. Irgendwann musste ich wohl einen Teil davon nach hinten geschoben haben. Die Schubkästen waren hinten leicht geöffnet, und als unsere Zugehfrau einmal das ganze Kästchen herausnahm, um in den Regalfächern Staub zu wischen, fand sie das Geld. Ganz verdattert kam sie zu mir und fragte, ob es denn sein könne, dass das da hinten liege.

Nun ja – *sein sollte es nicht*, aber ich freute mich trotzdem wie ein Schneekönig. Das Geld, das ich innerlich schon abgeschrieben hatte, war plötzlich wieder da. Ein bisschen wie ein Gewinn. (Wie leicht man das eigene Gehirn überlisten kann, oder?)

Ein anderes Mal fuhren wir in den Urlaub. Ich hatte zuvor eine ordentliche Summe Bargeld in unseren Privattresor gelegt, dazu Schmuck von Kerstin, ein paar Uhren und so weiter. Und wieder kam die *Angst: Was, wenn eingebrochen wird? Was, wenn alles geklaut wird?* Der Tresor hatte – wie dämlich! – ein normales Schloss mit einem Schlüssel. Keine Zahlenkombination. Nein, so ein richtig großer Tresorschlüssel. Ich hätte ihn natürlich mitnehmen können, aber ich wollte das unhandliche Ding nicht dabeihaben.

Also versteckte ich ihn.

Zwei Wochen später, zurück aus dem Urlaub: Ich wollte den Tresor öffnen – und hatte keine Ahnung mehr, wo ich den verdammten Schlüssel versteckt hatte. Also begann die große Suchaktion. *Wo würde ein Jürgen Höller einen Schlüssel verstecken?* Nicht zu offensichtlich, denn er ist ja nicht ganz auf den Kopf gefallen. Ich wusste noch, dass ich ihn irgendwo in meinem Büro versteckt hatte. Aber ich war wohl so clever gewesen, dass ich ihn sogar vor mir selbst versteckt hatte.

Kerstin und ich suchten vierzehn Tage lang – vergeblich. Ich gab irgendwann auf. Ich hoffte nur noch, dass mir irgendwann ein Geistesblitz kommen würde. Aber der kam nicht. Der Tresor musste geöffnet werden. Darin lagen auch wichtige Unterlagen, geschützt vor Wasser und Feuer. Also beauftragte ich einen Spezialdienst. Die kamen ins Haus, gingen an den Safe, flexten irgendwas herum – und schließlich war der Tresor offen. Danach musste ein neues Schloss eingebaut werden – eine hübsche vierstellige Summe. Alles nur, weil ich vergessen hatte, wo der blöde Schlüssel war. Vielleicht war das ja auch schon beginnende Demenz?

Keine 24 Stunden später saß ich wieder in meinem Büro, wollte gerade mit der Arbeit anfangen – da *klickte* es. Und ich wusste plötzlich ganz genau, wo ich den Schlüssel versteckt hatte. Ich ging in unser Kellerbüro, beichtete es Kerstin – und kassierte erst mal einen saftigen Anschiss. Na ja, war nicht mein erster. Und sollte auch nicht mein letzter bleiben.

Das Jahr 2000 war ein unglaubliches Jahr für mich. Zum einen schulte ich insgesamt ca. 250.000 Menschen live auf der Bühne. Eine nicht für möglich gehaltene Dimension. Das ist der Bereich, in dem die allergrößten Rock- und Popstars dieser Welt Menschen in Deutschland zu ihren Veranstaltungen bringen. Und ich schaffte das auch. Ich war der mit Abstand erfolgreichste Sprecher und Trainer Europas. Ich erhielt in dieser Zeit zahlreiche Einladungen zu Talkshows und Fernsehsendungen, sodass ich insgesamt innerhalb von nur drei Jahren 56-mal im Fernsehen zu sehen war. Die Zeitschrift Bunte wählte mich zu einem der 500 wichtigsten Deutschen und die Zeitschrift GQ zeichnete mich zu einem der 25 besten Redner unserer Zeit aus. Seitenweise Artikel über mich in den größten Publikationen von der *Bild*-Zeitung über *Welt*, der *FAZ, Süddeutsche* bis hin zu *Focus* und *Spiegel* berichteten über mich. Ich war ein Star. Ich hatte es endlich geschafft. Der kleine Jürgen von früher, der Einzelgänger wurde bewundert. Ich verwechselte Bewunderung mit Liebe und ich begann mich zu verändern. Ich begann damit abzuheben. Ich fühlte mich den anderen Menschen überlegen, besser. Ich hatte aus dem Nichts heraus als armes Arbeiterkind einen Markennamen aufgebaut, den im Jahr 2000 bei einer Umfrage 20 Prozent der deutschen Bevölkerung kannten. Doch anstatt dankbar zu sein für das Erreichte, wollte ich nur noch mehr. Am 5. Februar 2000 erfüllte ich mir meine große Vision. Ich stand auf der Bühne vor der ausverkauften Westfalenhalle in Dortmund. Doch statt der ursprünglich geplanten 15.000 Menschen passten mit den Stühlen nur maximal 14.000 hinein. 109 Pressevertreter und Kamerateams saßen in der Pressekonferenz bei der Veranstaltung vor mir. Und mein Ego blähte sich noch stärker auf. Ja, ich bin ein Star, sagte es mir. Im Jahr 2000 füllte ich alle großen Hallen in Deutschland, Österreich und der Schweiz. Ich trat regelmäßig vor 5.000 bis 10.000 Menschen auf. Doch ohne es zu bemerken, veränderte sich meine Persönlichkeit immer mehr, auch und gerade meiner Frau Kerstin gegenüber. Wenn ich nach Hause kann, war ich eben nicht der strahlende Held, der Star, sondern müde. Und Kerstin erwartete, dass ich jetzt entsprechend auch für die Kinder und für sie da sein sollte. Und für sie war ich eben der Jürgen, den sie kennengelernt hatte und nicht der große Star. Aber das ärgerte mich irgendwie. Ich glaube, dass ich in dieser Zeit kein guter Partner war und Kerstin immer größerer Ängste hatte, wie es mit uns weitergehen sollte. Es knirschte in unserer Beziehung, aber da ich sehr selten zuhause war, immer unterwegs auf der Bühne, und wenn zuhause, dann in Besprechungen für den geplanten Börsengang war, lebten wir halt weiter so vor uns hin. Am 18. Mai 2000 war dann noch die Geburt meines zweiten Sohnes Maximilian. Wieder durfte ich das Wunder der Geburt und diese bedingungslose Liebe in mir spüren. Zu diesem Zeitpunkt ahnte ich noch nicht, dass ich in den ersten Jahren aufgrund von Überlastung und dann meiner 18-monatigen Abwesenheit gar nicht für ihn da sein würde. Umso mehr habe ich mir dann die Zeit genommen für meine zwei Jungs. Als ich 2004 wieder neu startete, nahm ich mir regelmäßig die Zeit und wir spielten und tollten herum. Ich liebe dich, Maximilian.

Im März 2000 war die Inline AG also mit 550 Millionen bewertet. Die Börsen boomten, der Neue Markt in Deutschland und das Pendant in den USA drehten regelrecht durch. Jeder neue Börsengang wurde gefeiert, war zigfach überzeichnet. Aktien kamen mit einem Startkurs von 5 Mark auf den Markt – und standen am nächsten Tag bereits bei 20 oder 30. Niemand investierte mehr in klassische Unternehmen, bei denen man mit 10 oder 12 Prozent Kurssteigerung pro Jahr rechnen konnte, wenn es anderswo 100, 200 oder sogar noch mehr Prozent waren. Wir hatten es wieder einmal mit einer klassischen Blase zu tun.

Die erste dokumentierte Spekulationsblase in der Geschichte war übrigens die Tulpenblase im 17. Jahrhundert – in Holland. Tulpenzwiebeln waren damals äußerst wertvoll. Weil sie knapp waren, stiegen die Preise. Und je höher die Preise stiegen, desto mehr Menschen wollten investieren. Ein Kreislauf entstand – der Wert stieg immer weiter. Am Ende hatte fast jeder Holländer irgendwo Tulpenzwiebeln gekauft. Die Preise schossen in astronomische Höhen, Tulpen wurden wertvoller als Gold. Bis – ja, bis der Preis irgendwann so hoch war, dass keiner mehr kaufen wollte. Die ersten verkauften. Dann immer mehr. Der Preis fiel. Und je mehr verkauften, desto schneller fiel er. Die Blase platzte. Und der Wert rauschte in den Keller.

Wer glaubt, dass die Menschheit aus dieser Erfahrung gelernt hätte, irrt gewaltig. Es folgten immer neue Blasen. Erinnern wir uns an die Hypothekenblase 2008/2009, die fast das gesamte globale Bankensystem in den Abgrund riss – und eine weltweite Wirtschaftskrise auslöste. Oder denken wir an das massive Gelddrucken ab 2008 – eine riesige Geldblase. Auch die wird irgendwann platzen. Sei dir dessen sicher. Und alleine in Deutschland beschloss das Parlament im März 2025 für ca. eine Billion Euro neue Schulden zu machen – vier Wochen vorher schloss der neue Bundeskanzler Friedrich Merz neue Schulden nach der Wahl kategorisch aus. Naja, frei nach Konrad Adenauer: *Was kümmert mich mein dummes Geschwätz von gestern …*«

Zurück ins Jahr 2000: Der Börsengang unserer Firma verzögerte sich. Ab April 2000 kam es zum Börsencrash. Kein plötzlicher Einbruch – sondern ein schleichender, der sich über längere Zeit hinzog. Das sind die schlimmsten. Immer wieder flackert Hoffnung auf, viele kaufen nach – nur um mit ansehen zu müssen, wie die Kurse noch weiter sinken. Im Oktober 2000 lag der Wert der Inline Motivations AG – mittlerweile umbenannt in Inline AG – noch bei 200 Millionen. Im Januar 2001, laut aktueller Bewertung durch die fünf Konsortialbanken, nur noch bei genau 100,2 Millionen. *Na gut*, dachte ich. *Dann bin ich eben nur 60-facher Millionär statt 300-facher. Auch nicht schlecht.* Der Börsengang war für März 2001 geplant. Doch dann kam die Hiobsbotschaft: Die Banken teilten uns mit, dass der Börsengang verschoben werden müsse.

»Aber wieso denn?«, fragte ich entgeistert.

Die Antwort: »Weil die Firma mittlerweile zu klein ist.«

»Zu klein?«, wiederholte ich ungläubig. »100 Millionen?«

»Ja, aber bei einem Börsengang mit etwa 25 Prozent Beteiligung geht es gerade mal um 25 Millionen. Davon gehen dann die Verkaufsprovisionen der Konsortialbanken ab – das sind so geringe Beträge, das lohnt sich für niemanden. Da machen wir Verlust.«

Mir wurde heiß und kalt. Ich spürte: Da braut sich etwas zusammen. »Und was heißt das jetzt konkret?«, fragte ich.

»Der Börsengang wird einfach um zwei Jahre verschoben.«

»Einfach verschoben?«

Zur Erklärung: Bereits Ende 1999, als klar war, dass 20 Millionen investiert werden, wurden im Aufsichtsrat zwei Sitze für die Venture-Capital-Investoren vergeben. Der Aufsichtsratsvorsitzende kam von der größeren der beiden Private-Equity-Firmen. Sie waren jetzt die Aufseher und Kontrolleure – auch für mich als Vorstandsvorsitzenden.

Sie drängten mich, noch mehr Gas zu geben. Organisch hätten wir im Jahr 2000 von 10 Millionen auf vielleicht 15 Millionen wachsen können. Aber das reichte ihnen nicht. Das war zu wenig für eine gute Börsenstory. »Wir brauchen 300 Prozent Wachstum!«, sagten sie.

Ich erklärte, dass das realistisch nicht zu erreichen sei – es sei denn, wir würden mehr Geld für Marketing und Vertrieb ausgeben, als wir überhaupt einnehmen könnten.

»Das ist doch kein Problem!«, sagten sie. »Genau das ist doch der Sinn der Sache: dass wir investieren. Sie nehmen die 20 Millionen und stecken sie in den künftigen Umsatz, in Marktanteile. Wenn die Marktanteile da sind, kommen die Gewinne ganz von allein.«

»Ach, so läuft das?«

»Natürlich – so machen das doch alle!«

Sie führten Beispiele an: Amazon wurde 1994 gegründet und machte erst im vierten Quartal 2001 zum ersten Mal Gewinn. Tesla? Meldete seinen ersten Gewinn im Jahr 2020 – 17 Jahre nach der Gründung. Es gibt sogar einen Fachbegriff dafür: die sogenannte *Cash-Burn-Rate* – also der geplante Verlust in den Anfangsjahren. Unsere lag bei einer Million Mark pro Monat. Und so waren die 20 Millionen im März 2001 faktisch aufgebraucht.

In einer Aufsichtsratssitzung fragte ich: »Wie geht es jetzt weiter?«

»Kein Problem, wir restrukturieren und senken die Kosten so weit, dass die Inline AG wieder in die Gewinnzone kommt«, erklärte mir fröhlich der Aufsichtsratsvorsitzende.

»Ja, aber das wird doch eine Zeit lang dauern. Das geht ja nicht von heute auf morgen«, entgegnete ich. Schließlich hatten wir inzwischen 126 Mitarbeiter auf der Payroll, drei Filialen und zahlreiche Verträge mit Lieferanten und Geschäftspartnern abgeschlossen.

»Das wird kein Problem sein«, meinte der Venture-Capital-Spezialist. »Wir werden eine zweite Finanzierungsrunde durchführen – allerdings unter völlig anderen Bedingungen, als Sie es bisher gewohnt sind.«

Im Klartext: Sie würden nochmal Kapital nachschießen, aber es würde mich den Großteil meines Unternehmens kosten.

Die Gelder waren im Mai 2001 aufgebraucht. Dann kam die entscheidende Aufsichtsratssitzung. Ich erklärte offen: »Ich bin kein Sanierungsspezialist.«

»Den wird man Ihnen an die Seite stellen.«

Zwei Wochen später stellte sich der Sanierungs-Experte vor. Ich hielt ihn zunächst für einen schrägen Vogel – und, ehrlich gesagt, das war er auch. Aber: Er konnte sanieren. Keine Frage. Er hatte im Auftrag der Treuhand den Berliner Fernsehturm saniert, sich um das ostdeutsche Filmarchiv der DEFA gekümmert, und sein größtes Kunststück: Er baute die Uhrenfabrik Glashütte Original wieder auf. Als er dort einstieg, beschäftigte Glashütte 850 Mitarbeiter. Nach der Sanierung waren es noch 80. Aber man muss ihm lassen: Jahre später wurde die Marke für 1,5 Milliarden an die Swatch-Mutter SMH verkauft – gegründet von Nicolas Hayek. Später hieß das Unternehmen Swatch.

Im Juni 2001 starteten wir mit der Sanierung. Um 8:00 Uhr begann ein Workshop – insgesamt neun Personen, davon acht Vorstände. Es gab nur trockenes Brot, Wasser, Magnesium- und Vitamintabletten. Brot und Wasser standen symbolisch dafür, dass es erst wieder Belag und etwas anderes zu trinken geben würde, wenn wir die Gewinnzone erreicht hätten. Der Workshop sollte so lange dauern, bis ein Sanierungskonzept stand. Und es war klar: Auch wir Vorstände mussten verzichten. Es ging um Einsparungen, um das Eingemachte. Heilige Kühe gab es nicht mehr.

Manche kamen damit nicht zurecht. Einer meiner Vorstände, erklärte – soweit ich mich erinnere – als Erster, dass er den Gehaltsverzicht nicht mittragen könne. Er habe schließlich Verpflichtungen, Immobilien im Osten und so weiter. Er verabschiedete sich. Auf einem Schiff hätte man wohl gesagt: »Die Ratten verlassen das sinkende Schiff … So ging es im Laufe der Stunden weiter. Der Workshop dauerte bis vier Uhr morgens. Am Ende blieben aus dem Vorstand nur noch ein Urologe und ich übrig. Alle sechs anderen waren gegangen.

Nun musste ich der Belegschaft reinen Wein einschenken. Wir mussten zwei der drei Filialen schließen. Nur der Standort Schweinfurt sollte bestehen bleiben. Das bedeutete: Konzentration auf einen Standort – und ein radikaler Personalabbau. Von 126 auf etwa 25 Mitarbeitende. Eine Kürzung um rund 90 Prozent. Ich, der immer als starker Chef gegolten hatte, als Lokomotive, die die Mitarbeiter wie Waggons hinter sich herzog – ich musste sie enttäuschen. In ihren Augen sah ich, wie ihr Traum zerplatzte. Angst. Existenzsorgen. Würde es sie treffen?

Neun von zehn mussten gehen. Diejenigen, die bleiben durften, mussten auf Gehalt und Privilegien verzichten – und in der Sanierungsphase sogar mehr arbeiten. Viele gingen freiwillig. Andere, überraschenderweise, verklagten mich vor dem Arbeitsgericht.

Loyalität gab es in so einer Situation nicht mehr. Es wurde nicht gefragt, was sie verdient oder durch mich ermöglicht bekommen hatten.

Bis alle Entscheidungen gefallen und die Maßnahmen beschlossen waren, war es Ende Juli. Doch bis die Kündigungen wirksam und die Einsparungen spürbar wurden, vergingen weitere zwei Monate – bis Ende September. Allerdings hatten wir zu diesem Zeitpunkt bereits mehrere Millionen DM offene Rechnungen, die unbezahlt waren. Und die Lage verschärfte sich von Woche zu Woche.

»Das ist überhaupt kein Problem«, beschwichtigte mich einmal mehr mein Aufsichtsratsvorsitzender der Venture-Capital-Firma.

Die geplante zweite Finanzierungsrunde sollte mir finanziell fast alles nehmen. Gleichzeitig hatte ich bereits auf zwei Drittel meines Gehalts als Vorstandsvorsitzender verzichtet. Das bedeutete, dass ich auch privat in Schwierigkeiten kam. Wie viele Vermögende hatte ich in den 1990er-Jahren zahlreiche Immobilienprojekte im Osten gekauft und gebaut – zur Steuerersparnis. 90 Prozent der Finanzierung lief über Hypothekendarlehen. Solange ich siebenstellig verdiente, war das kein Problem. Aber nun lag mein Jahreseinkommen bei nur noch 300.000 Mark. Das klingt nach viel – doch wenn man jährlich 800.000 Mark für Zinsen und Tilgung zahlen muss, bleibt ein dickes Minus.

Ich hatte also gleich zwei Probleme: Ich brauchte eine Finanzierungslösung für die Inline AG – und eine für mich selbst. Das Ganze zog sich über den Sommer. Bis alles so weit geklärt war, war bereits Anfang September 2001.

Geplant war eine neue Finanzierung von über 2,5 Millionen Mark für die Firma – und auch für mich gab es eine Lösung: Sie mussten mich privat mit ins Boot holen. Denn wäre ich pleitegegangen, wäre die gesamte Geschichte in der Presse ausgeschlachtet worden. Wie sollte ein Unternehmen später an die Börse gehen, wenn dessen Gründer gerade persönlich insolvent war?

Zur Geburt meines Sohnes Alexander 1996 hatte ich ihm – auf Anraten meines Steuerberaters – 6 Prozent an der damaligen Inline Motivations GmbH geschenkt. Sollte er eines Tages erben, würde er für diesen Anteil keine Erbschaftssteuer zahlen müssen. Damals klang das wie eine clevere Idee – heute würde ich sagen: Was für ein Blödsinn!

Mittlerweile hatten sowohl mein Sohn als auch ich unsere Anteile in eine gemeinsame Höller Vermögensverwaltungs-GmbH eingebracht. Nun verkaufte ich Aktienanteile der AG für 1,6 Millionen Mark an die Private-Equity-Firma. Die Verträge wurden unterzeichnet, und das Geld floss direkt auf das GmbH-Konto. Es waren rund 1,8 Millionen. Jetzt musste ich es nur noch zu mir privat transferieren.

Ich fragte meinen Steuerberater, wie wir das am besten anstellen sollten. Es gab zwei Möglichkeiten: eine Gewinnvorwegentnahme – mit satten 53 Prozent Einkommensteuer – oder ein Darlehen, das später mit Gewinnausschüttung zurückgeführt werden sollte. Der Vorteil der zweiten Option: Die geplante Steuerreform würde den Spitzensteuersatz bald auf 42 Prozent senken.

Ich brauchte 1,5 Millionen Mark, um für die kommenden zwei Jahre durchfinanziert zu sein. Mein Gehalt war deutlich reduziert worden, und wir hofften, in zwei Jahren den neuen Börsengang zu starten. 11 Prozent auf 1,5 Millionen – das waren 165.000 Mark Steuern. *Haben oder nicht haben.*

Also entschied ich mich für das Darlehen. Ein Vertrag wurde aufgesetzt, das Geld offiziell von der GmbH auf mein Privatkonto überwiesen. Mein persönliches Finanzproblem war gelöst.

Nun ging es um die neue Finanzierungsrunde für die Inline AG. Alles war geregelt, alle Verträge aufgesetzt – als plötzlich am 11. September 2001 die Nachricht vom Terroranschlag auf das World Trade Center die Welt erschütterte. Am Folgetag halbierten sich die Börsenkurse erneut – nachdem sie seit Mai 2000 ohnehin schon auf die Hälfte gefallen waren. Ein Desaster. Im Jahr 2000 stand der DAX noch bei über 8.000 Punkten – nun war er auf ein Viertel gefallen.

Dann kam die nächste Hiobsbotschaft: Eine Nachricht unserer beiden Venture-Capital-Firmen. Angesichts der neuen Umstände würden sie mit der geplanten Finanzierungsrunde »erst einmal abwarten«.

»Wie bitte? Was heißt *abwarten*?«, fragte ich entsetzt.

Mittlerweile lagen Millionenbeträge an offenen, unbezahlten Rechnungen auf dem Tisch. Ich brauchte das Geld – dringend. Die mündliche Vereinbarung war allerdings wertlos. Die Verträge waren zwar aufgesetzt, aber noch nicht von beiden Seiten unterzeichnet worden. *Verdammte Finanzhaie!* Es blieb nur ein Weg: Ich musste mit den Lieferanten und Gläubigern verhandeln, um zumindest ein wenig Liquidität auf dem Konto zu halten. Die verbliebenen Mitarbeiter erklärten sich bereit, auf ein Monatsgehalt zu verzichten – das brachte etwas Luft. Ich begann, mit jedem einzelnen Gläubiger zu verhandeln: Teilverzicht in Höhe von 75 Prozent.

Es spielten sich Dramen ab. Ich führte zwölf Stunden täglich Gespräche – wochenlang. Doch vier Wochen nach 9/11 signalisierten die Venture-Capital-Investoren, dass sie zu einer neuen Finanzierungsrunde bereit wären – allerdings nur für einen Bruchteil des ursprünglich zugesagten Betrags. Ich musste also unbedingt diesen 75-Prozent-Verzicht durchsetzen. Und ich schaffte es. Wieder einmal – mit unbändigem Willen.

Aber ich war am Ende. Ich war komplett ausgelaugt. Als ich Ende November den Venture-Capitalists signalisierte, dass ich es geschafft hatte, wurde erneut eine Sitzung einberufen, und die Prüfungs- und Beratungsgesellschaft Rödl & Partner erklärte sich bereit, alle Beteiligungsverträge aufzusetzen. Zweieinhalb Millionen Mark wurden als notwendig ermittelt, um alle Restforderungen zu begleichen und ein kleines Polster zur Sicherheit zu besitzen. Im Oktober 2001 hatten wir erstmals wieder Gewinne gemacht. Auch im November. Mit dieser Finanzierungsrunde wären wir gerettet gewesen. Was für eine geile Mega-Story! Es würde nur noch ein paar Tage dauern, bis Rödl & Partner die Verträge für alle Beteiligten erstellt hatte.

Also flog ich mit Kerstin für ein paar wenige Tage in den Urlaub nach Teneriffa. Unsere beiden Kinder ließen wir bei ihrem Onkel Agi, damit wir wenigstens ein paar Tage durchatmen konnten. Ich war fix und fertig. Zum ersten Mal in meinem Leben fühlte ich mich körperlich und geistig am Ende. Aber ich hatte es doch geschafft. Dachte ich.

Am vorletzten Urlaubstag, morgens um etwa acht Uhr, klingelte das Handy. Mein Schwager Agi war dran – mit bebender Stimme. Er berichtete, dass gerade überall Hausdurchsuchungen stattfanden: in allen Firmenräumen, bei mir privat, sogar bei anderen Führungskräften.

Ich konnte es kaum glauben. Über mir baumelte plötzlich ein 50 Kilo schweres, spitzes Damoklesschwert – nur noch an einem seidenen Faden über meinem Kopf. »Hausdurchsuchung? Wieso das?«

»Ich geb dir mal den Staatsanwalt.«

Der zuständige Staatsanwalt meldete sich und erklärte, es gebe einen Anfangsverdacht auf Insolvenzverschleppung, Betrug und Veruntreuung von Anlegergeldern.

»Wie bitte? Wieso das denn?«, fragte ich fassungslos.

»Es gab mehrere Artikel in den Medien. Wir müssen dem Anfangsverdacht nachgehen.«

Was?

Was war passiert? Ein Journalist des *Schweinfurter Tagblatts* hatte es sich zur Aufgabe gemacht, über mich herzuziehen. Er hatte mit Begeisterung mehrere großformatige Artikel veröffentlicht – mit Titeln wie: »Der Adler im Sturzflug« oder »Vom Adler zum Pleitegeier?«

In diesen Artikeln hieß es, ich könne meine Rechnungen nicht mehr bezahlen, habe massenhaft Mitarbeiter entlassen – und man fragte zwischen den Zeilen deutlich, was denn mit den ganzen Millionen Anlegergeldern passiert sei. Es wurde suggeriert, ich habe mich privat bereichert – schließlich lebte ich in einer Villa, trug eine Rolex, fuhr Ferrari und machte Luxusurlaube.

Ich war am Boden zerstört. Kerstin und ich flogen vorzeitig zurück. In meinem Faxgerät zu Hause – ja, damals war das noch Standard, lag ein Fax unserer Venture-Capital-Firmen. Darin hieß es, man habe in der *Tagesschau* (immerhin, so weit war ich also schon gekommen …) erfahren, dass gegen mich staatsanwaltschaftliche Ermittlungen liefen. Man hoffe zwar, dass sich die Vorwürfe als gegenstandslos erweisen würden – aber bis dahin würde die geplante Finanzierung natürlich ausgesetzt bleiben.

Ich rief sofort meinen Anwalt an und erklärte ihm die Lage.

»Ach, du Scheiße«, entfuhr es ihm.

Ich fragte ihn, wie lange eine solche Untersuchung dauern könne.

»Kommt drauf an«, antwortete er. »Mit Glück sechs bis acht Monate. Mit Pech … mehrere Jahre.«

»*Was?!* Ich brauche jetzt eine Entscheidung. Ich bekomme sonst kein Geld! Ich habe zwei Millionen offene Rechnungen – aus Restforderungen. Ich muss zahlen. Ich hab das versprochen. Sonst bin ich pleite!«

Jürgen empfahl mir dringend, sofort Insolvenz beim Amtsgericht zu beantragen.

Also trat ich den schwersten Gang meines bisherigen Lebens an – zum Insolvenzgericht. Ich beantragte Insolvenz für die Inline AG.

Für ein Unternehmen, das seit drei Monaten wieder Gewinne machte:

100.000 Mark im Oktober,

120.000 im November,

geschätzte 150.000 im Dezember.

Alles egal. Alles vorbei.

In diesem Moment zog mein Leben an mir vorbei.

LEARNINGS KAPITEL 7:

1. Banker sind Menschen, die dir den Regenschirm aufhalten, wenn die Sonne scheint – und ihn dann wieder schließen, wenn es regnet.
2. Arbeite niemals für bessere Zeiten. Arbeite für deine höhere Aufgabe. Arbeite für einen Sinn, der dieser Welt Nutzen bringt.
3. I hate Plan B.
4. Ängste tendieren dazu, sich früher oder später zu manifestieren.

AUTOSUGGESTIONEN:

1. Ich folge immer meinem Herzen.
2. Ich glaube an mich und an meine Träume.
3. Ich bin selbstbewusst.
4. Meine Träume werden Wirklichkeit.
5. Nichts ändert sich, außer ich ändere mich.
6. Wissen ist mein größter Reichtum.
7. Ich lebe meine Berufung.
8. Ich bin ein Schöpfer.
9. Ich arbeite für meine Aufgabe, für meinen höheren Sinn im Leben.

KAPITEL 8: DER TIEFPUNKT

Wir schreiben also den 31. Oktober 2002. Die Polizei hatte mich gerade zuhause verhaftet – und Kerstin war auf der Straße zusammengebrochen. Gegen 14:00 Uhr war ich in der Polizeiwache in Schweinfurt, im Büro der kaufmännischen Polizeibeamten. Ich wurde erneut verhört und anschließend in eine Zelle gesperrt, die normalerweise als Ausnüchterungszelle für Betrunkene genutzt wurde. Dort gab es lediglich eine harte Betonpritsche – kein Kopfkissen, kein gar nichts. Essen bekam ich vorerst ebenfalls nicht. Und wenn ich Durst hatte, musste ich um ein Glas Wasser bitten, das ein Beamter aus dem Wasserhahn vor der Zelle zapfte. Es schmeckte warm, modrig, schimmelig und abgestanden. Aber wenn der Durst groß ist, frisst der Teufel eben Fliegen.

Es fühlte sich an, als wäre ich mit meinem ehemaligen Ferrari mit Tempo 300 abrupt gegen eine Betonmauer gekracht. Alles wirkte unwirklich, surreal. Die erste Phase meiner Emotionen war vom Gedanken erfüllt: »Das ist nur ein Albtraum.« Ein Albtraum, den ich in den Wochen zuvor immer wieder gehabt hatte. Mein Unterbewusstsein hatte offenbar etwas gespürt. Ich hatte gefühlt und eigentlich auch schon gewusst, dass es so kommen würde. Deshalb träumte ich immer wieder davon, verhaftet zu werden.

Die Verhaftung war an einem Donnerstag. Am nächsten Morgen wurde ich früh geweckt – es gab sogar Kaffee und ein belegtes Brötchen. Dann wurde ich von Schweinfurt nach Würzburg zum Gericht gebracht und dort im Schnellverfahren zunächst in Untersuchungshaft eingeliefert. Es war inzwischen Freitagnachmittag. Ich blieb bis Montag im Einlieferungsraum der JVA. Jeder, der am Wochenende aus welchen Gründen auch immer in die JVA verlegt wurde, landete dort.

Meine Ängste waren riesig. Würde ich mit Gewaltverbrechern zusammenkommen? In der Untersuchungshaft kann man vom Mörder, Vergewaltiger und Pädophilen bis hin zu Totschlägern, Zuhältern, Wirtschaftsstraftätern, Kleinkriminellen und Drogenhändlern jedem begegnen.

Am Samstagmorgen durfte ich zum ersten Mal den sogenannten Hofgang machen – ein gesetzlich vorgeschriebenes Recht, täglich 60 Minuten an der frischen Luft zu verbringen. Die meisten liefen dort immer im Kreis, immer links herum. Eine Runde war vielleicht 80 bis 100 Meter lang. Es gab auch eine Tischtennisplatte, an der einige Häftlinge spielten. Andere standen einfach in Gruppen zusammen und unterhielten sich. Als ich in den Hof geführt wurde, blickten mich zunächst alle kurz an. Jeder wusste – über Radio und Fernsehen, zu denen die Häftlinge durchaus Zugang hatten –, dass ein Prominenter als Neuzugang gekommen war. Sie waren gespannt.

Wieder erlebte ich die Polarisierung, die mein ganzes Leben begleitet hatte. Einige Häftlinge kamen sofort auf mich zu, suchten den Kontakt, wollten sich mit mir anfreunden. Andere hingegen, die mich gar nicht kannten, lehnten mich ab – einfach nur, weil ich prominent war. In ihren Augen war ich jemand aus einer bessergestellten Welt, auch wenn ich zu dem Zeitpunkt pleite war wie eine Kirchenmaus.

Das gleiche Spiel wiederholte sich bei den Beamten. Manche waren offen, hörten mir zu, versuchten, mich aufzufangen. Andere hingegen ließen mich deutlich spüren, dass sie nicht an einen Promi-Bonus dachten – im Gegenteil: Sie schienen entschlossen, einen Promi-Malus für mich durchzusetzen.

Dann bekam ich aus Sicherheitsgründen sogar eine Einzelzelle. Eigentlich steht laut EU-Recht jedem Häftling eine Einzelzelle von mindestens acht Quadratmetern zu. Doch wegen chronischer Überbelegung wird dieses Gesetz, trotz entsprechender Urteile, häufig ignoriert – die meisten sitzen zu zweit in Zellen von gerade einmal zwei mal vier Metern. Wahnsinn.

Bei meiner Einlieferung sollte ich unterschreiben, dass ich mit einer Zweibettzelle einverstanden wäre. Ich weigerte mich. Fast alle anderen unterschreiben automatisch alles, was man ihnen vorlegt – und verlieren damit die Möglichkeit, sich später auf ihr eigentliches Recht auf eine Einzelzelle zu berufen. Außerdem sollte ich auch unterschreiben, dass ich damit einverstanden wäre, dass im Falle eines Fluchtversuchs notfalls auf mich geschossen werden dürfte. Später erfuhr ich, dass auch dieses Dokument fast jeder unterschreibt. Wie bitte? Ich soll unterschreiben, dass es in Ordnung ist, auf mich zu schießen? Natürlich weigerte ich mich auch hier.

Diese beiden Weigerungen kosteten mich natürlich Sympathiepunkte bei den Beamten. Es ging darum, bloß keinen Ärger zu machen. Alles muss abgenickt werden, zu allem muss man Ja und Amen sagen – so läuft das Spiel. Im Grunde nicht viel anders als draußen in der Welt, nur eben offener, direkter, intensiver und härter.

Aber wie schreibt es doch meine wunderbare Frau Kerstin in ihrem Bestseller so treffend: »Ich muss? Nen Scheiß muss ich.« (Ein großartiges Buch übrigens, zu finden beispielsweise bei Amazon.)

Ich schwor mir, mich nicht kleinkriegen zu lassen – egal, was kommen sollte. Die ersten zwei Wochen waren die härtesten. Ich hatte nur ein paar Kleidungsstücke dabei, die ich bei der Verhaftung in aller Eile zusammengepackt hatte. In der Untersuchungshaft darf man eigene Kleidung tragen und diese bei Besuchen regelmäßig austauschen lassen. Aber ich hatte vergessen, Sportsachen einzupacken – also machte ich die ersten 14 Tage keinen Sport. Als mich Kerstin das erste Mal besuchte und ich ihr davon erzählte, brachte sie mir beim nächsten Mal Sportkleidung mit. Es war mir sehr wichtig, mich täglich zu bewegen – um mich fit zu halten, aber auch, um das Beste aus der Zeit zu machen.

In den ersten zwei Wochen hatte ich nichts zu lesen, nur eine Miniaturausgabe der Bibel, die mir der Gefängnispfarrer schenkte. Aus Verzweiflung und Langeweile begann ich zu lesen – und las die gesamte Bibel tatsächlich zweimal durch. Das hat mir viel gegeben, mich bereichert. Einen Fernseher hatte ich auch nicht. Erst nach etwa sechs Wochen stellte ich den Antrag, und nachdem er genehmigt war, konnte ich beim 14-tägigen Einkauf einen kleinen Röhrenfernseher kaufen.

In der U-Haft hat man nichts zu tun. Man ist 23 Stunden am Tag eingesperrt. Einmal pro Woche gibt es Besuch.

Weißt du, was das bedeutet? Zwei Stunden pro Monat – insgesamt. Für alle Besucher: Ehepartner, Kinder, Familie, Freunde. Wenn ein Freund für 30 Minuten kommt, werden diese von der Besuchszeit der Ehefrau abgezogen. Deshalb baten wir alle verbliebenen Familienmitglieder und Freunde, nicht zu kommen – damit die knappe Zeit für meine Frau und meine Kinder blieb.

Ab und zu hat man einen Termin mit dem Anwalt oder vielleicht irgendwann einmal beim Arzt. Einmal im Monat kommt der Friseur. Einmal pro Woche wird die Zelle für zwei Stunden geöffnet. Dann kann man Wäsche tauschen, die Zelle sauber machen – und wenn man schnell genug ist, vielleicht noch mit einem anderen Häftling eine Runde Schach spielen oder sich einfach unterhalten. Das war's. Was bleibt, ist Langeweile. Reine, tödliche Langeweile.

Als ich nach sechs Wochen endlich einen Fernseher hatte, begriff ich, wie wichtig dieses Gerät auch für einsame Menschen draußen sein kann – etwa für alleinstehende ältere Menschen. In den ersten Wochen, in denen ich nicht einmal Lesestoff hatte – der Besuch der Gefängnisbibliothek für meinen Block war leider gerade einen Tag vor meiner Ankunft gewesen –, durchlebte ich alle denkbaren negativen Gefühlsphasen.

Die erste Phase war das Nicht-wahrhaben-Wollen. Das Gefühl, in einem Traum zu sein. In der zweiten Phase kam die Erkenntnis: Es war kein Traum.

In der zweiten Phase kam die Wut. Warum hatte man mich verhaftet? Ich war doch kein schlechter Mensch. Ich hatte – so glaubte ich jedenfalls – nichts falsch gemacht. Ich wollte doch immer nur das Beste: für meine Mitarbeiter, meine Kunden, für alle. Hatte ich nicht Hunderte von Kinderpatenschaften in der Dritten Welt übernommen? Hatten wir nicht sogar durch unsere Kunden ein paar Tausend Patenschaften vermittelt? Und jetzt saß ich hinter Gittern?

Die dritte Phase bestand aus purem Selbstmitleid: »Ich armer Tropf. Ich armer Kerl.« Wieder einmal lief mein altes Programm ab: »Ich bin halt einfach eine Pfeife. Ich bin eine Null, zu klein, zu schlecht, zu ungenügend.«

In der vierten Phase fiel ich in eine Art Apathie. Ich ging kaum noch zum Hofgang, hatte keine Lust mehr aufzustehen, keine Kraft mehr, lange Briefe an Kerstin zu schreiben. Sie bemerkte das natürlich und machte sich große Sorgen. Schließlich schrieb sie mir einen Brief – den entscheidenden Brief. Darin erzählte sie mir, dass sie und mein Schwager Agi Tausende von Briefen, Faxen und E-Mails bekommen hatten. Täglich führten sie unzählige Telefonate mit unseren Kunden. Alle sagten sie dasselbe: Sie wüssten nicht, was ich getan hätte – und es sei ihnen auch egal. Ich hätte ihr Leben bereichert, ihnen geholfen, in manchen Fällen sogar das Leben gerettet. Ich dürfe jetzt nicht aufgeben. Ich hätte doch selbst immer wieder betont, dass man niemals aufgeben dürfe. Wenn ich es jetzt doch täte, hätte ich sie belogen. Dann wäre ich in ihren Augen schuldig. Wenn ich aber wieder aufstehen würde, könnte ich für viele ein leuchtendes Vorbild sein – der Beweis, dass man, egal wie tief man fällt, immer wieder aufstehen, weitermachen und neu beginnen kann.

Kerstin schrieb mir auch, dass ich mir keine Sorgen machen müsse. Sie werde draußen alles regeln. Sie sei stark, sie werde mich niemals verlassen. Sie stehe an meiner Seite. Und sie wisse, dass ich es schaffen würde – weil ich die Kraft hatte, das Wissen, den Glauben.

Und dann schrieb sie diesen einen Satz: »Einmal schaffst du es noch!!!«

In diesem Moment traf ich meine Entscheidung. Ich sprang innerlich von meinem Bett auf und schrie in Gedanken: »Jürgen, steh jetzt auf!« (Laut hätte ich das besser nicht gesagt – das wäre bei den anderen Häftlingen wohl nicht gut angekommen.) Doch dieser Moment war der Wendepunkt. Es war noch ein langer Weg mit vielen Rückschlägen, Tiefpunkten und Enttäuschungen. Aber jede Reise beginnt mit einem ersten Schritt. Und sie beginnt mit einer Entscheidung. Eine kraftvolle Entscheidung kann alles verändern. Sie ist wie ein Schalter, den man im Kopf umlegt.

Von diesem Moment an hatte ich wieder Energie. Ab diesem Moment hatte ich ein neues, positives Mindset. Ich begann daran zu glauben, dass ich wieder aufstehen könnte. Ich wusste nicht wie, nicht wann, nicht wo – aber ich wusste, **dass** ich es schaffen würde. Ich würde wieder erfolgreich sein. Ich würde wieder glücklich werden. Und ich wusste, dass ich natürlich auch wieder in Freiheit mit meiner Frau und meinen Kindern leben würde.

Meine Verhaftung schlug noch einmal große Wellen in den Medien. Ich hatte es sogar in die *Tagesschau* geschafft. Die *Bild* berichtete landesweit.

»Herzlichen Glückwunsch, Jürgen!«, sagte ich mir zynisch. »Jetzt hast du deinen bekannten Namen noch bekannter gemacht.«

Allerdings war der Name jetzt so negativ belegt, dass er zerstört war. »Jürgen Höller« war in kürzester Zeit zum Schimpfwort geworden.

Das war vielleicht das Schlimmste für mich: der Gedanke daran, wie die Menschen draußen auf meine Frau und meine Kinder reagieren würden. Kerstin hielt natürlich alles von mir fern. Später erfuhr ich, wie schwer es wirklich gewesen war. Menschen aus dem Dorf, die wir kannten, standen plötzlich vor der Tür. Sie hatten von meiner Verhaftung gehört und wollten – eiskalt – das Haus kaufen. Diese Arschlöcher wollten unsere Notlage ausnutzen.

Ich musste schließlich auch privat die Insolvenz anmelden. Alles wurde gepfändet – die gesamte Wohnungseinrichtung, das Auto, einfach alles. Uns blieb nichts. Kerstin musste sich Geld von ihrer Mutter leihen, um überhaupt ein kleines Auto kaufen zu können. Weitere Unterstützung kam nur durch wenige Freunde – denn die meisten hatten sich abgewendet. Einer der wenigen, die blieben, war Paul.

Ja, genau: der Paul, einer meiner ersten drei Unternehmensberater in der Inline Unternehmensberatung für Fitnessanlagen. Ihm hatte ich

1995 meine Unternehmensberatung übergeben. Er ließ meine Familie nicht im Stich. Er stand ihr bei und unterstützte sie.

Natürlich hatte Paul damals ein gut funktionierendes Unternehmen von mir übernommen. Durch die Insolvenz war er nun in der glücklichen Lage, die Lizenzgebühren, die er all die Jahre an mich gezahlt hatte, nicht mehr entrichten zu müssen. Doch trotzdem – wie viele hätten in dieser Situation wirklich ein Gewissen gehabt und gesagt: »Jetzt spare ich jedes Jahr Hunderttausende an Lizenzgebühren. Es ist doch selbstverständlich, Jürgens Familie in dieser schweren Zeit zu unterstützen?«

Ich bin Paul für immer dankbar und werde ihm stets loyal verbunden bleiben. Besonders gefreut hat es mich, als er die von mir gegründete Unternehmensberatung schließlich an den Migros-Konzern aus der Schweiz verkaufte. Er fragte mich noch, ob er das wirklich tun solle – aber die Summe war so attraktiv, dass ich sagte: »Schlag zu!« Und so verkaufte er das Unternehmen für eine hohe zweistellige Millionensumme. Genieße dein Leben mit deiner wunderbaren Familie, lieber Paul. Du hast es dir verdient!

Eine kleine Anekdote am Rande: Nachdem Migros das Unternehmen übernommen hatte, wurde Paul noch für einige Jahre als Geschäftsführer eingesetzt. Doch schon nach kurzer Zeit kam es zum Knall – man wollte ihn loswerden. Es dauerte keine weiteren zwölf Monate, bis es mit der Firma spürbar bergab ging. In der Folge kaufte Migros noch eine zweite Unternehmensberatung dazu, etwa gleich groß und ebenso erfolgreich.

Kein Wunder: Auch diese wurde von einem ehemaligen Mitarbeiter von mir gegründet … Richtig, auch er war – gemeinsam mit Paul – einer meiner ersten drei Unternehmensberater gewesen. Später, nachdem ich die Firma an Paul übergeben hatte, spaltete sich auch Hubert ab und gründete mit dem erworbenen Know-how ein eigenes Unternehmen. Migros dachte wohl, wenn man zwei Halbblinde zusammenführt, sieht einer vielleicht wieder besser … Jedenfalls stand das Unternehmen ein Jahr später noch schlechter da. Schließlich verkaufte Migros seine komplette Fitnesssparte in Deutschland. Man munkelte, dass dabei insgesamt rund 100 Millionen Euro versenkt wurden. Na ja – bei den Milliarden, mit denen Migros sonst jongliert, fällt das kaum ins Gewicht. Eher Portokasse.

Auch viele Prominente, die wir kannten, zogen sich schlagartig zurück, als meine Verhaftung bekannt wurde. Auf Nachfrage wollte niemand mit den Medien sprechen. Und wenn doch, dann hieß es plötzlich: »Wir kennen ihn nicht.« Dabei waren sie mit uns auf Veranstaltungen gewesen, es gab gemeinsame Fotos, auf denen wir gefeiert hatten. »Ach, das war wohl Zufall. Ein kurzer Moment, in dem man sich begegnet ist.«

Der einzige Prominente, der sich in dieser Zeit meldete, war Udo Jürgens. Er rief bei Kerstin an und machte ihr Mut. Er erzählte, dass auch er früher große Schwierigkeiten mit dem Finanzamt gehabt habe – und nur knapp einer Haftstrafe entgangen sei. Heutzutage, wo man ab einer Million Euro Steuerhinterziehung ins Gefängnis muss, wäre wohl auch Udo für mehrere Jahre verurteilt worden.

Seitdem singen Kerstin und Onkel Agi bei meinen Power Days immer wieder das Lied *Never Give Up*, das aus Udo Jürgens' Feder stammt. Der Text passt perfekt zu unserer Geschichte – und soll anderen Menschen Mut machen.

Als ich später mein Buch schrieb und darin das Leben und die Vorkommnisse in der JVA Würzburg in allen Einzelheiten schilderte, wurde jede einzelne Seite genau gelesen. Die JVA konnte kaum fassen, dass es mir überhaupt erlaubt worden war, ein Buch zu schreiben. Aber niemand konnte mir verbieten, zu schreiben – und auch nicht, meine Texte nach draußen zu schicken.

Natürlich wurde jeder einzelne Brief, jede Seite, die rein- oder rausging, streng kontrolliert. Jeder Liebesschwur meiner Frau, jeder verzweifelte Satz von uns wurde von den Beamten gelesen. Aber sie konnten nichts dagegen tun – ich schrieb nur Fakten, Daten und die Wahrheit. Zähneknirschend mussten sie das akzeptieren.

Die Beamten selbst waren, wie schon erwähnt, zweigeteilt. Doch da ich stets höflich und korrekt mit allen umging, verbesserte sich das Verhältnis auch zu den zunächst Kritischen und Ablehnenden nach und nach. Schwerer hatten es dagegen die ausländischen Häftlinge. Ich erinnere mich noch gut an einen Samstagabend. Ich wollte die *Sportschau* mit der Fußball-Bundesliga sehen – kurz vor dem Bayern-Spiel fiel plötzlich der Strom aus. Ich drückte den Notrufknopf, der eigentlich nur in echten Notfällen betätigt werden durfte. Aber bitte: Wenn der Strom ausfällt und Bayern München gleich gezeigt wird – das ist doch ein echter Notfall, oder??? Der Stationsbeamte meldete sich höflich. Ich schilderte die Lage, und zwei Minuten später kam er tatsächlich und aktivierte die Stromsicherung. Ich bedankte mich freundlich – nur um fünf Minuten später erneut den Knopf zu drücken. Wieder war die Sicherung durchgeknallt. Er kam erneut, blieb freundlich, behob das Problem, und ich war erneut dankbar. Beim dritten Mal flog die Sicherung wieder raus. Dieses Mal hörte ich, wie er auf der gegenüberliegenden Seite eine Tür öffnete – bei einem iranischen Häftling. Er fuhr ihn heftig an. Der Mann hatte mit einem Tauchsieder offenbar länger etwas gekocht und damit die Sicherung überlastet. Der Beamte verbot ihm unter Androhung von Konsequenzen, an diesem Abend weiter zu kochen. Dann kam er zurück zu mir und erklärte höflich, dass das Problem nun dauerhaft gelöst sei.

Er war ein feiner Kerl. Als mein Buch *Und immer wieder aufstehen* im April/Mai 2003 – kurz nach meiner Verurteilung – erschien, kaufte er sich ein Exemplar. Höflich fragte er mich, ob ich es ihm vielleicht signieren könnte. Aber bitte ganz diskret – niemand dürfe davon erfahren. Natürlich hielt ich mein Wort. Und auch heute werde ich seinen Namen selbstverständlich nicht nennen.

Denselben Beamten traf ich im Jahr 2003 wieder – als ich meine ersten Ausgänge bekam und sogar mal ein freies Wochenende hatte. Kerstin und ich waren im Kino in Dettelbach bei Würzburg. Er war ebenfalls da, in Zivil, mit einem seiner Kinder, in Jeans und T-Shirt. Und ich? … Passte optisch zu Kerstin, die sich immer schick und stilvoll zurechtmacht. Als wir uns begegneten, begrüßten wir uns höflich. Und plötzlich waren die Rollen wieder getauscht: Ich war wieder Jürgen Höller – und er war wieder »nur« ein Beamter. Er wirkte plötzlich kleiner. Kleider machen eben Leute.

Die JVA-Beamten hatten für jede Zelle einen eigenen Schlüssel. Zusätzlich gab es spezielle Schlüssel für jede der vielen Zwischentüren, die alle paar Meter eingebaut waren, um Fluchtversuche unmöglich zu machen. Jeder trug also einen riesigen Bund mit rund 50 schweren Metallschlüsseln. Kein Wunder, dass die Beamten unter den Häftlingen den Spitznamen »Schließer« hatten – auch wenn sie sich das ausdrücklich verbaten. Der Beamte, der mir gegenüber stets zuvorkommend war, hatte offenbar auch seinen Spaß daran, auf seiner Gangrunde abends seinen Schlüsselbund mit Wucht gegen die Metalltüren ausländischer Häftlinge zu schlagen. Ich konnte mir lebhaft vorstellen, wie diese dadurch aus dem Schlaf gerissen wurden – oder wie ihr Puls vor Schreck auf 180 schoss.

Überhaupt standen ausländische Häftlinge in der Knasthierarchie noch weiter unten als wir deutschen. Ich erinnere mich an Weihnachten: Jeder Häftling bekam eine Müller-Milch. Es gab die Sorten Schoko, Vanille, Banane und Erdbeere. Letztere war eindeutig die unbeliebteste. Ich bekam eine Erdbeer-Milch und fragte den Beamten freundlich, ob ich sie gegen Schoko tauschen dürfte. Kein Problem – ich bekam Schoko.

Hinter mir stand ein Russe. Er bekam dann meine Erdbeermilch. In gebrochenem Deutsch fragte er: »Kann ich Schoko?« Doch der Beamte wies ihn schroff an, mit seiner Erdbeere abzuziehen. Der Russe beschwerte sich, weil er sah, dass ich zuvor getauscht hatte. Daraufhin machte ihm der Beamte unmissverständlich klar, dass er besser sofort verschwinde, wenn er keine weiteren Konsequenzen wolle.

Nun gab es in der JVA zwei Gruppen von »Ausländern«: 1. Die netten und harmlosen – und 2. die gestörten. Diejenigen, die hinter Gittern einem »Clan« zugehörten. Hattest du als Mithäftling mit einem Ärger, hattest du mit der ganzen Gang Ärger.

Ich hatte mich inzwischen auch einer Gruppe angeschlossen – Häftlinge mit etwas mehr Grips, mit denen man sich unterhalten konnte. Im Knast ist es wichtig, Teil einer Gruppe zu sein. Gemeinsam ist man stärker. Einer aus unserer Gruppe war ein Zuhälter – riesig gebaut, breitschultrig, und pumpte im Fitnessraum mit den schwersten Gewichten. Er wurde zum sogenannten *Hausel* ernannt. Ein Hausel ist für die Wäscheausgabe zuständig, für die Reinigung der Gemeinschaftsräume, Duschen, Küche und Gänge. Er holt dreimal täglich das Essen aus der Küche, verteilt es und bringt die Reste zurück. Der Vorteil: Hausel bekommen wie alle arbeitenden Häftlinge einen kleinen Lohn – und sie dürfen ihre Zellen den ganzen Tag offenstehen lassen. Ein unglaubliches Privileg! Was für ein Gefühl, wenn du deine Zelle jederzeit verlassen darfst.

Außerdem hatten die Hausel die Oberhand über die Wäsche – und das Essen. Wenn zum Beispiel für jeden Häftling eine volle Kelle Linseneintopf vorgesehen war, konnte er einfach bei jedem fünf Linsen weniger hineinkippen. So blieb am Ende eine Extraportion für ihn und seine engsten Freunde – also auch mich. Mal war es ein Nachschlag Linsen, mal eine Scheibe Fleisch … oder sonst etwas.

Wäsche war im Übrigen Mangelware: Frische Unterwäsche und Socken gab es zweimal pro Woche, ein frisches Hemd einmal pro Woche. Stell dir vor: Du musst eine Woche lang das gleiche Hemd tragen – langärmlig, selbst bei 40 Grad im Sommer, wenn die Sonne den ganzen Tag in die Zelle brennt. Frische Hosen? Einmal im Monat. Der Hausel dagegen konnte sich jeden Tag frische Kleidung nehmen. Und seine engsten Vertrauten profitierten davon mit – so auch ich.

Nun, das hört sich jetzt alles ein wenig locker und beinahe spaßig an. In Wahrheit war es die Hölle. Die reinste Hölle. Wenn du irgendwo liest oder hörst, dass der Knast wie ein Urlaub sei, dass man dort zur Ruhe komme – vergiss es. Nirgendwo sind Verzweiflung, Angst und Negativität so stark wie an diesem Ort. Die Häftlinge werden gebrochen – und kehren in der Regel als gebrochene Menschen zurück in die Freiheit. Sie sind innerlich so zerstört, dass aus den meisten nichts mehr wird. Und man darf nie vergessen: Es ist ein Ort voller Krimineller. Natürlich gibt es auch hier den einen oder anderen, der zu Unrecht einsitzt – aber das ist die Ausnahme.

Spektakulär war der Fall eines Mitinsassen, der über ein Jahr in Haft war. Er war regelmäßig zwischen Würzburg und München gependelt – am Wochenende in Würzburg, unter der Woche in München. Zusammen mit einem Partner betrieb er ein Computergeschäft. An einem Sonntagabend, kurz bevor er nach München zurückfuhr, wollte seine Frau noch mit ihm schlafen. Stunden später, bei seiner Ankunft in München, wurde er verhaftet – wegen angeblicher Vergewaltigung seiner Ehefrau. Es gab ein paar Indizien, die diese Behauptung zu stützen schienen. Er kam in Untersuchungshaft nach Würzburg. Zum Glück hatte er noch etwas Geld – damit engagierte er einen Privatdetektiv. Der fand heraus, dass seine Frau ein Verhältnis mit seinem Geschäftspartner hatte – und dass die beiden offenbar geplant hatten, ihn durch eine falsche Anschuldigung loszuwerden. Der Partner bot »großzügig« an, die Geschäftsanteile für einen symbolischen Preis zu übernehmen. Der Fall endete mit einem Freispruch. Die *Main-Post* berichtete in mehreren Artikeln ausführlich darüber. Die Frau wurde später wegen Falschaussage angeklagt. Sie erhielt eine kleine Geldstrafe – vielleicht noch eine Ermahnung. Ob überhaupt eine Bewährungsstrafe ausgesprochen wurde, weiß ich nicht. Und er wäre bei einer Verurteilung mehrere Jahre in den Knast gekommen, hätte sein Geschäft verloren und wäre für immer ein Vergewaltiger gewesen. Und sie kriegt eine Geldstrafe wegen falscher Anschuldigung …

Doch die meisten in der JVA waren schlicht Kriminelle. Die überwiegende Mehrheit saß wegen Drogendelikten oder Beschaffungskriminalität. Kleine Dealer. In der Zeitung liest man dann von Drogenbaronen, Drogenbossen oder Kartellen. Aber in Wahrheit sind es meist junge Leute, die selbst konsumieren – und dann anfangen, Freunden mal was weiterzugeben. Irgendwann entdecken sie, dass sich daraus ein Geschäft machen lässt. Sie verkaufen ein bisschen Ecstasy, ein bisschen Koks – und rutschen tiefer hinein.

Natürlich gibt es auch echte Schwerverbrecher. Und genau vor denen hatte ich am meisten Angst. Wie sollte ich mich gegen solche Typen zur Wehr setzen?

Zwei Situationen in der JVA waren entscheidend. Die erste ereignete sich während der wöchentlichen Stunde im Fitnessraum. Etagenweise durften jeweils etwa 50 Häftlinge ins kleine Studio. Die Geräte waren begrenzt – also musste man teilen. Aber es gab ein, zwei echte Büffel. Männer mit gewaltiger Statur, bekannt für ihre Brutalität. Sie beanspruchten bestimmte Geräte ganz für sich allein. Das wusste ich nicht, als ich – inzwischen in die reguläre Haft verlegt – zum ersten Mal mittrainierte.

Ich legte mich auf eine freie Hantelbank, um fliegende Brustübungen zu machen. Der »Büffel« war gerade in der anderen Ecke beschäftigt. Doch als er mich sah, stürmte er zu mir und brüllte: »Verschwinde sofort von meiner Hantelbank, sonst knallt's!«

Ich ließ eine Hantel auf den Boden krachen, packte die andere in meine rechte Hand und schrie zurück: »Halt dein Maul! Die Bank gehört dir nicht. Wir müssen uns die Geräte teilen. Und wenn du mich schlagen willst, dann mach's! Es gibt zwei Möglichkeiten: Erstens, du prügelst mich windelweich – dann bekommst du einen saftigen Nachschlag und verlierst all deine Privilegien, inklusive Fitnessstudio. Oder zweitens: Du greifst mich an – und ich knall dir in Notwehr diese Hantel auf den Schädel, bis dieser bricht. Entscheide dich!«

Mittlerweile hatte unser Disput natürlich auch den beaufsichtigenden Beamten im Glasbüro aufmerksam gemacht. Und hier kommt noch eine Anekdote: Der Beamte war einer meiner früheren Trainingskumpels aus der Zeit, als ich mit etwa 17 Jahren im Harry-Gelbfarb-Fitnessstudio in Schweinfurt trainiert hatte. Ihm fiel es damals leicht, Muskelmasse aufzubauen. Er hatte einen fantastisch definierten Körper – und den hatte er immer noch. Nun war er einer der Justizvollzugsbeamten und leitete den gesamten Sportbereich der JVA. Wenn niemand in der Nähe war, unterhielten wir uns über alte Zeiten. Er fragte nun, was los sei, ob es bei uns an der Hantelbank Probleme gebe. Ein einziges Wort von mir – und der andere Typ hätte ernsthafte Konsequenzen bekommen. Aber ich war klug genug, das nicht auszunutzen. Ich sagte nur: »Nein, nein, keine Probleme, nur ein Missverständnis. Alles okay.«

Ab diesem Moment herrschte zwischen dem Wasserbüffel und mir Waffenstillstand. Zum einen imponierte es ihm, dass ich gegenhielt – etwas, das in der JVA sonst kaum jemand wagte. Zum anderen respektierte er, dass ich ihn nicht verpfiffen hatte. Und ich hatte allen anderen, die gleichzeitig trainierten, gezeigt, dass ich bereit war, mich auch gegen einen der gefürchtetsten Insassen der JVA zu behaupten. Das merkten sie sich.

Der zweite kritische Moment ereignete sich, als mein Buch *Und immer wieder aufstehen* Ende April 2003 veröffentlicht wurde. Inzwischen war ich zu drei Jahren Haft verurteilt und in den Regelvollzug überführt worden. Nach einigen Wochen bot man mir an, in der JVA-Bibliothek zu arbeiten – das war natürlich genau mein Ding. Die Bibliothek der JVA Würzburg war groß und gut ausgestattet. Der zuständige Leiter, der auch die Bildungsangebote koordinierte, ermöglichte einigen jüngeren Häftlingen dort sogar eine Ausbildung. Jeden Vormittag und Nachmittag kam er für etwa zwanzig Minuten in die Bibliothek. Wir besprachen das Tagesgeschehen und tranken gemeinsam einen Kaffee. Montags brachte er oft Kuchen mit, den seine Frau am Wochenende gebacken hatte. Ein feiner Kerl. Er mochte mich, und ich mochte ihn. Endlich hatte er einen Häftling, mit dem er sich auch auf intellektueller Ebene austauschen konnte.

Als mein Buch erschien, bestellte er gleich drei Exemplare für die Gefängnisbibliothek. Was für eine Ironie: Ich, der zuständige Häftling für die Bibliothek, verlieh dort mein eigenes Buch an andere Gefangene. In einem der Kapitel schrieb ich, dass 86 Prozent aller Sexualstraftäter selbst in ihrer Kindheit sexuell missbraucht worden waren. Das sollte ihre Taten nicht entschuldigen – aber zumindest als Erklärung dienen. Auch Sexualstraftäter, die in einer gesonderten Abteilung untergebracht und streng von den anderen Häftlingen abgeschirmt waren, durften Bücher aus der Bibliothek ausleihen. So lernte ich diese Männer kennen. Viele von ihnen wirkten auf den ersten Blick völlig normal – oft sogar besonders freundlich, zuvorkommend und höflich. Kein Wunder: Selbst innerhalb der JVA galten sie als Ausgestoßene.

Einmal erhielt ich eine Nachricht von einem Mitgefangenen, in der er mir mit Gewalt drohte, auch gegenüber meiner Familie. Weil ich in seinen Augen die »Schweine« entschuldigte. Das ging gar nicht. Ich musste handeln. In *Und immer wieder aufstehen* schrieb ich, dass ich eine Maßnahme ergriff, deren Folgen der Häftling lange zu spüren bekam. Damals konnte ich es nicht näher ausführen – ich war ja noch in Haft.

Ein Mithäftling hatte mir gezeigt, wie man aus einem ganz normalen Plastikkugelschreiber eine gefährliche Waffe machen konnte. Man schraubt den Kugelschreiber auf und nimmt den unteren Teil mit der Spitze nach unten in die Hand. In die Handfläche legt man zum Schutz zusammengefaltete Pappe oder mehrfach gefaltetes Papier. Dort stützt sich der stumpfe Teil des Stifts ab. Dann macht man eine Faust, sodass der Kugelschreiber zwischen Mittel- und Ringfinger ragt – etwa fünf bis sechs Zentimeter schaut er aus der Faust heraus. Schlägt man nun mit der Faust zu, kann das natürlich zu schweren Verletzungen führen – vorausgesetzt, man trifft.

Ich hatte von einem wohlmeinenden Häftling auf der Station des Idioten eine Nachricht zugesteckt bekommen, dass dieser mir an einem bestimmten Tag – am Wochenende, wenn weniger Aufsichtsbeamte im Dienst waren – in der Dusche »meine Lektion« erteilen wollte. Ich hätte natürlich einfach nicht duschen gehen können, aber dann hätte ich mich vielleicht monatelang nicht sicher gefühlt – oder tatsächlich nicht mehr duschen können. Außerdem musste ich ein Zeichen setzen. Nein, ich musste das klären. Ganz ehrlich: Es ging um meine Familie. Ich wollte es klären. In mir machte sich ein Scheißegal-Gefühl breit.

Ich ging in die Dusche, den präparierten Kugelschreiber griffbereit. Es dauerte nicht lange, da tauchte der Typ auf, um mir meine Abreibung zu verpassen. Als er näher kam, traf ihn mein rechter Haken. Ich war ihm körperlich unterlegen, aber der Überraschungsmoment war auf meiner Seite. Ich riss ihm mit dem Kugelschreiber das Gesicht auf, trat ihm in die Weichteile und verpasste ihm noch einen Schlag. Als er sich krümmte, packte ich ihn und schlug seinen Kopf gegen die Wand. Es war eine ziemliche Sauerei. Danach blieb mir nur: weg von dort.

Ich habe lange überlegt, ob ich diese Episode überhaupt aufschreiben soll. Aber auch das gehört zu meinem Leben. Ich bin nicht stolz darauf. Während ich das hier schreibe, graut es mir fast vor mir selbst. Welche Abgründe können sich da auftun? Doch es ging um meine Familie. Lieber wäre ich für Monate in Einzelhaft gekommen, hätte man mich erwischt, als dass ich zugelassen hätte, dass so ein Arschloch meiner Familie etwas antut. Vielleicht hatte er nur gedroht. Vielleicht war er wirklich ein durchgeknallter Psychopath – das Risiko war mir zu groß.

Das Positive daran war: Natürlich sprach sich der Vorfall in der gesamten JVA herum. Die Beamten mochten mich inzwischen, weil ich nicht anspruchsvoll war und keinerlei Promi-Bonus erwartete. Ich war korrekt, pflegeleicht, begegnete ihnen mit dem gleichen Respekt, den ich jedem anderen Menschen entgegenbringen würde. Deshalb wurde die ganze Angelegenheit unter den Teppich gekehrt. Und ich hatte meinen Respekt. Es gab nie wieder Probleme.

Meine Zeit in der Bibliothek endete dann abrupt im Spätsommer 2003. Die Bibliothek hatte ein oberes Stockwerk, das der prallen Sonne ausgesetzt war. Es war der Jahrhundertsommer – acht Wochen lang fast täglich 38 Grad. Dort oben unterm Dach waren es bestimmt über 42. Und ich musste das lange grüne Hemd tragen, Sommer wie Winter. Kein T-Shirt, kein Unterhemd wie andere Häftlinge. Als ich eines Tages ins obere Stockwerk musste, war mein Hemd klatschnass – und ich zog einfach mal ein weißes T-Shirt an. Kurz darauf wurde mir mitgeteilt, dass ich verpflichtet sei, das grüne Hemd zu tragen. Ich schrieb einen Antrag an den Leiter des Blocks D, verwies auf die unerträgliche Hitze und darauf, dass alle anderen Hausarbeiter und Beschäftigten T-Shirts oder sogar Unterhemden tragen durften.

Statt einer Reaktion wurde ich ohne jedes Gespräch von meiner Tätigkeit in der Bibliothek abgezogen. Ich hatte aufbegehrt – das größte Vergehen in der JVA. Formal konnte man mir nichts vorwerfen, ich hatte mich korrekt verhalten. Aber ich hatte gegen das ungeschriebene Gesetz verstoßen: den Kopf einziehen, alles abnicken, zu allem Ja und Amen sagen. Und so war ich den Job los. Auch egal. Ich nutzte die gewonnene Zeit, um mich auf meine Entlassung und meinen Neustart vorzubereiten.

In der Bibliothek verdiente ich etwa 80 bis 90 Euro im Monat. Dafür durfte ich alle 14 Tage im JVA-Laden einkaufen. Dort gab es so gut wie alles – von Körperpflegeprodukten wie einem Gilette-Rasierer über Deo (denn so etwas war sonst nicht verfügbar) bis hin zu Grundnahrungsmitteln, mit denen man kochen konnte: Pizza, Nudeln, Kuchen, Milchprodukte, Obst, Gemüse – sogar Eis. Einmal im Monat gab es einen Eisbecher. Das war der Höhepunkt.

In der Gefängnisbibliothek hatte ich eine durchaus brauchbare Auswahl an Koch- und Backbüchern entdeckt. Ich las mich durch etliche davon, kopierte mir die besten Rezepte – es gab dort sogar einen Kopierer – und begann, das Kochen und Backen zu lernen. Noch heute behauptet meine Frau, ich mache die besten Kuchen und Torten der Welt. In der JVA war ich fast der Einzige, der wirklich wohlschmeckende Backwaren hinbekam – kein Wunder, denn niemand sonst hatte denselben Zugang zu Rezepten wie ich. Also backte ich jedes Wochenende einen Kuchen.

Aber einen ganzen Apfelkuchen mit zwölf Stücken in zwei Tagen aufzuessen, schaffte nicht einmal ich. Und wenn ich den noch warmen Kuchen aus dem Backofen der Küche holte und der Duft durch die Gänge zog, schauten mich die anderen an wie sabbernde Hunde. Mein Mitleid wuchs. Ich fragte den ersten, ob er ein Stück abhaben wollte. Er war begeistert – und wurde aus Dankbarkeit mein bester Freund. So kam einer nach dem anderen aus meiner Station in den Genuss eines Stückchens Apfelkuchen, Käsekuchen, Afrikatorte oder was auch immer gerade auf dem Plan stand. Sie schwärmten tagelang davon.

Ich fragte sie schließlich, ob sie nicht auch einmal einen halben Kuchen wollten. Natürlich wollten sie. Ich erklärte ihnen: Sie besorgen die Zutaten, ich backe den Kuchen – die Hälfte für sie, die andere Hälfte für mich. So konnte ich jedes Wochenende einen halben Kuchen essen, ohne dafür einen Cent meines Lohns auszugeben. Und wieder zeigt sich: Wissen, das andere nicht haben, lässt sich in Geld – oder in diesem Fall in Kuchen – umwandeln.

Dabei blieb es nicht. Bald backte ich zwei, manchmal sogar drei Kuchen pro Wochenende. Als Bibliotheksmitarbeiter genoss ich dieselben Privilegien wie ein Hausarbeiter: Meine Zelle war auch am Wochenende ganztägig geöffnet. Ich konnte also nach Herzenslust kochen und backen. Ich tauschte ein Viertel Kuchen gegen eine Packung Kaffee oder eine Schachtel Zigaretten. Und Kaffee und Zigaretten – das sind die Währungen im Knast. Damit lässt sich fast alles eintauschen.

In den wenigen Monaten, in denen ich die Bibliothek leitete, sammelte ich mehrere große Kartons voller Lebensmittel, Kaffee und Zigaretten an. Diese Vorräte reichten aus, um auch ohne festen Verdienst bis zum Ende meiner Haftzeit durchzukommen – die war auf Ende April 2004 terminiert. So konnte ich meine ganze Energie in die Planung und Ausarbeitung meines Neustarts stecken.

Ich ließ alle möglichen Ideen Revue passieren, was ich nach meiner Entlassung beruflich machen könnte. Klar war: Ich würde nie wieder als Angestellter arbeiten. Ich war und bin Unternehmer mit Leib und Seele – unter jemand anderem zu arbeiten, kam für mich nicht infrage. Aber was sollte ich also tun?

Fakt war: Ich hatte 6,6 Millionen Schulden, verteilt auf weitere 28 Jahre. Kerstin und ich besaßen keinen Cent mehr. Alles war gepfändet worden, und meine Familie konnte nur dank der Hilfe von Freunden und Verwandten überleben. Doch ich verfügte nicht nur über Intelligenz und Lebenserfahrung, sondern auch über ein enormes Wissen – gewonnen aus 230 besuchten Seminaren und Kongressen, rund 3000 gelesenen Büchern sowie etwa 700 durchgearbeiteten Audio- und Videoprogrammen. Dieses Wissen war unbezahlbar. Und ich war überzeugt: Selbst mit 6,6 Millionen Schulden konnte ich daraus wieder ein erfolgreiches Geschäft aufbauen.

Also entwarf und durchdachte ich mehrere Ideen. Einer der wenigen, die mir noch während meiner Haftzeit schrieben, war Bodo. Wir tauschten uns unregelmäßig aus. Schließlich erklärte ich ihm, dass ich plante, wieder auf die Bühne zurückzukehren. Bei allen anderen Ideen sagte zwar mein Verstand: »Das könnte funktionieren«, aber mein Herz blieb dabei vollkommen ruhig. Allein der Gedanke daran, wieder auf der Bühne zu stehen, ließ meinen Puls und Blutdruck steigen.

Allerdings sagte umgekehrt hier mein Verstand: »Das kann niemals funktionieren. Die Menschen werden doch nicht mehr zu einem Pleitier und Gefallenen wie mir kommen.«

Bodo riet mir dringend davon ab, im Bereich Erfolg und Motivation wieder auf die Bühne zurückzukehren. Grundsätzlich hielt er die Idee aber für gut, denn er war der Meinung, ich wäre der mit Abstand beste Redner Europas – vielleicht sogar der Welt. Stattdessen schlug er vor, Beziehungsseminare zu geben. Immerhin hatte meine Beziehung mit Kerstin – trotz dieser enormen Belastung – gehalten. Wir hatten in der Praxis bewiesen, dass es funktionieren kann. In Europa, so meinte er, gebe es dafür keine echten Experten. Und damit hatte er natürlich vollkommen recht.

Er sagte aber auch ganz klar, dass es unmöglich sei, als Erfolgstrainer zurückzukehren – nicht nach dem Absturz, den ich öffentlich hingelegt hatte. Niemand würde mir mehr glauben, niemand würde wiederkommen. Aber genau das war es, was ich wollte: Ich wollte dort wieder ansetzen, wo ich aufgehört hatte – erneuert, gereift, geläutert. Gerade durch die gemachten Erfahrungen war ich noch wertvoller geworden. Ich wusste jetzt in allen Facetten, wie man Erfolg schafft – aber eben auch, wie man Fehler macht. Ich hatte in meiner Karriere praktisch alle Fehler begangen, die man begehen kann. Dieses Wissen war kein bloßes Wissen mehr – es war Weisheit. Und Weisheit ist gelebtes Wissen. Deshalb fasste ich den Entschluss, wieder auf die Bühne zurückzukehren – als Erfolgs- und Motivationstrainer!

Über Weihnachten und Silvester 2003/2004 hatte ich einen längeren Hafturlaub und konnte das Fest zu Hause verbringen. Mein Gott, was haben wir alle geheult. Solche Emotionen erlebt man nur ganz selten im Leben. Meine Familie und ich waren überglücklich. Doch nach den Feiertagen zeigte mir Kerstin einen Brief. Die Hypothekenbank, die unser Haus finanziert hatte, kündigte die Zwangsversteigerung an und bat darum, dass Kerstin und die Kinder so schnell wie möglich ausziehen sollten.

Scheiße noch mal! Gerade hatte ich wieder Hoffnung geschöpft, Weihnachten im Kreise meiner Familie erlebt – und nun zog man mir erneut den Boden unter den Füßen weg. Wo sollte meine Familie hin? Und ich konnte nichts tun. In wenigen Tagen war ich wieder zurück in der JVA. Panik, Angst und Verzweiflung überkamen mich. Ich war nicht einmal mehr in der Lage, für meine Familie zu sorgen. Ein großartiger Mann war ich!

Über Silvester bekam ich fürchterliche Rückenschmerzen. Als Kerstin und ich dann gemeinsam versuchten, die geistig-seelische Ursache zu ergründen, war eigentlich schon vorher klar, was der Auslöser war: die Zwangsversteigerung unseres Hauses. Der Termin war auf den 29. Januar 2004 angesetzt.

Ich startete einen letzten verzweifelten Versuch und beschloss, bei der Hypothekenbank anzurufen. Vielleicht konnte ich sie doch noch umstimmen, dachte ich. Aber natürlich war das illusorisch. Die ursprünglich finanzierende Bank war mittlerweile von einem Heuschreckenunternehmen übernommen worden. Diese wollten einfach alle offenen Fälle möglichst schnell abwickeln, Cash machen – und das ganze Paket dann mit Millionengewinn weiterverkaufen. Menschliche Schicksale spielten dabei keine Rolle. Das nächste Auto, die nächste Jagd, die nächste Luxusreise warteten schon auf diese Pseudo-Banker.

Mir war klar, dass ich mit Mitgefühl nicht weiterkam. Ich musste mit Fakten überzeugen. Aber mit welchen? Ich saß im Knast und hatte kein Einkommen. Trotzdem rief ich an. Was hatte ich schon zu verlieren?

Als ich mit dem zuständigen Mitarbeiter verbunden wurde, erklärte ich ihm, dass die Bank zwei Möglichkeiten hatte. Möglichkeit eins: Sie führten die Zwangsversteigerung durch. Da das Haus bis über die Hutkrempe verschuldet war (ich hatte alles Geld, das ich flüssig machen konnte, in die Inline AG gesteckt) war klar, dass sie selbst bei einer Versteigerung auf einer erheblichen Restschuld sitzen bleiben würden. Diese müssten sie abschreiben – was ihren Unternehmensgewinn und -wert deutlich schmälern würde.

Möglichkeit zwei: Ich teilte ihm mit, dass ich ab dem 1. Mai wieder durchstarten würde. Ich würde Gas geben, wir würden Zins und Tilgung wieder aufnehmen. Dann müssten sie nichts abschreiben, sondern könnten auf laufende Rückzahlungen hoffen – und vielleicht, wenn alles klappte, sogar die gesamte Summe samt Zinsen und Zinseszinsen zurückbekommen. Er hörte zu, schien aber noch nicht völlig überzeugt.

Kerstin hatte mir noch etwas anderes erzählt: Durch ein weiteres Schreiben hatte sie erfahren, dass ich Jahre zuvor für unsere beiden Kinder eine Summe von ein paar Tausend Euro auf deren Namen angelegt hatte. Diese Schenkung war vor dem Insolvenzverwalter sicher. Das Geld gehörte den Kindern – und blieb auch unangetastet.

Ich rief meinen Anwalt an und fragte ihn, ob wir dieses Geld vielleicht für das Haus verwenden könnten. Er bat sich Bedenkzeit aus, prüfte den Fall sorgfältig – er wollte keinen Fehler machen – und teilte mir schließlich mit, dass es dafür durchaus Präzedenzfälle gebe: Wenn die Kinder durch diese Summe davor bewahrt würden, aus ihrem gewohnten Umfeld herausgerissen zu werden – was nach dem Trauma meiner Verhaftung einen weiteren Schock bedeutet hätte – sei ein solches Vorgehen absolut vertretbar.

Ich weiß heute nicht mehr genau, wie hoch die Summe war. Dieses Geld bot ich dem zuständigen Mitarbeiter der Bank an. Ich erklärte ihm, dass die Bank diesen Betrag sofort im Februar erhalten würde. Danach würde es nur zwei oder drei Monate dauern, bis sie sehen könnten, ob wir in der Lage wären, unsere Zins- und Tilgungszahlungen wieder regelmäßig zu leisten. Falls nicht, könnten sie die Zwangsversteigerung immer noch durchführen – und hätten diese Euros zusätzlich erhalten. Er war überzeugt.

Ein weiteres Problem bestand darin, dass einige Gläubiger, bei denen ich persönlich haftete, sich noch vor meiner privaten Insolvenz nachrangig in die Hypothek hatten eintragen lassen. Aber keiner von ihnen hatte ein Interesse daran, eine Versteigerung zu erzwingen – denn wenn selbst die Bank nicht vollständig befriedigt würde, hätten sie keinerlei Chance, etwas zu bekommen, müssten aber anteilig die Verfahrenskosten tragen. Also hielten sie still. Meine Familie konnte erst einmal im Haus wohnen bleiben. (So viel auch zur oft gestellten Frage, wie jemand, der pleite ist, trotzdem noch in seinem Haus wohnen kann.)

Dann stellte ich einen Antrag auf Erlass der Halbstrafe – also auf Entlassung nach der Hälfte der Haftzeit. Diese Möglichkeit war vor der Verurteilung zwischen meinem Anwalt und dem Staatsanwalt besprochen worden. Deshalb hatte ich mich in den entsprechenden Punkten schuldig bekannt und die drei Jahre Haft akzeptiert. Ich hatte keinen »Deal« im klassischen Sinne gemacht, denn sonst hätte der Staatsanwalt viereinhalb bis fünf Jahre gefordert – und eine Halbstrafe wäre ausgeschlossen gewesen. In meinen Augen ist das schon schräg: Der Staatsanwalt sagt dir: Bekenne dich in allen Punkten schuldig. Dann gibt es 3 Jahre und Halbstrafe. Wenn nicht, dann fordere ich 4–5 Jahre – bei 2/3 Straf-Verbüßung. In meinen Augen, aber ich bin Laie … grenzt das an Erpressung (ist es natürlich – rechtlich – nicht!) In Bayern ist die Halbstrafe ohnehin äußerst selten. Die JVA hatte keine Einwände, aber die Entscheidung lag letztlich bei der Staatsanwaltschaft.

Bei Gesprächen mit meinem Anwalt teilte die Staatsanwaltschaft ihm dann mit: Sie lehne ab. Was? Sie lehnten ab? Wieso??? Das war doch Teil der Vereinbarung gewesen! Ich rastete vollkommen aus und rief meinen Anwalt bei meinem nächsten Freigang an. Er sagte: »Ja, aber ein solcher Deal ist eben nur mündlich. Und wenn die Staatsanwaltschaft sich jetzt querstellt, haben wir keine Möglichkeit, das zu beweisen.«

So weit war es also gekommen – ich konnte mich nicht einmal mehr auf die Aussage eines Staatsanwalts verlassen. Unglaublich.

Doch dann geschah etwas Unerwartetes: Eine glückliche Fügung. Die Richterin Dr. Singer, die mich damals verurteilt hatte, schien Sympathie für mich zu hegen. Als ihr sämtliche Fakten und Hintergründe vorgelegt wurden, erkannte sie wohl, dass ich kein vorsätzlicher Krimineller war, sondern jemand, der aus Panik, Angst und Unwissenheit Fehler begangen hatte. Fehler, für die ich mich heute schäme. Fehler, die ich teuer bezahlt habe. Fehler, die nicht nur mich trafen – sondern auch meine Frau Kerstin und vor allem meine beiden Söhne, Maximilian und Alexander. Wie muss sich ein sechsjähriger Junge wie Alexander fühlen, wenn er in der Schule in Pfützen geschubst und beschimpft wird, weil sein Vater im Gefängnis sitzt? Wenn andere Eltern ihren Kindern verbieten, mit ihm zu spielen? Diese Richterin hatte mir in ihrer schriftlichen Urteilsbegründung zwei Geschenke gemacht – die ich damals gar nicht als solche erkannt hatte.

Erstens: Sie hatte explizit empfohlen, die Strafe zur Halbstrafe auszusetzen. Sie war über den mündlichen »Deal« im Bilde gewesen, hatte ihn befürwortet – und vorsorglich in die Urteilsbegründung aufgenommen. Darauf konnten wir uns jetzt gegenüber der Staatsanwaltschaft berufen. (Auf das zweite Geschenk komme ich später zu sprechen.)

Ich ließ durch meinen Anwalt ausrichten, dass ich andernfalls ein großes Fass aufmachen und an die Öffentlichkeit gehen würde. Wie würde es wohl wirken, wenn ein Staatsanwalt sich nicht an eine mündlich getroffene Vereinbarung – im Volksmund »Deal« genannt – hielte?

Meine rein persönliche Meinung nach ist so etwas schon fast eine Straftat – nur wird sie nicht verfolgt. Und dann kam schließlich der rettende Anruf meines Anwalts, gerade als ich im Auto auf dem Weg zu meiner Haftarbeit war: Alles war geklärt, ich würde tatsächlich auf Halbstrafe entlassen werden. Der offizielle Entlassungstermin war, wenn ich mich recht erinnere, der 3. Mai. Um Pressefotos und Aufnahmen meiner Entlassung zu vermeiden, wurde ich allerdings schon am 30. April entlassen. Der 1. Mai 2004 war somit mein erster Tag in Freiheit – und der Tag meines Neustarts.

Vielleicht hast du dich schon gefragt, wofür ich eigentlich verurteilt wurde? Der ursprüngliche Durchsuchungsbefehl lautete auf Verdacht der Insolvenzverschleppung, der Veruntreuung von Anlegergeldern und betrügerischer Handlungen in der Inline AG. Diese drei Punkte wurden im Verlauf der Ermittlungen fallengelassen. Aber ich hatte Fehler gemacht – und die möchte ich dir ganz kurz erklären.

Erstens:
Wie in diesem Buch bereits erwähnt, hatte ich mir aus der Höller Vermögensverwaltung GmbH – in der das Firmenvermögen meines Sohnes Alexander und mir gebündelt war – ein Darlehen in Höhe von 1,5 Millionen Mark überwiesen. Das geschah auf Anraten meines Steuerberaters. (Achtung! Auch Ratschläge können Schläge sein!) Ich hätte dafür allerdings das Jugendamt einschalten müssen, denn offiziell durfte ich Alexander bei so einem Vorgang nicht selber als Elternteil vertreten. Da ich das nicht getan und mir das Geld als Darlehen verbucht hatte, erfüllte das formal den Straftatbestand der Veruntreuung.

Zweitens:
Ich hatte versucht, eine Steuerhinterziehung über 20.000 Euro zu begehen – ein Vorgang, der noch gar nicht wirksam geworden war. Aber ja, ich hatte da etwas gedreht. Bei den übrigen Firmen, die von der Polizei geprüft wurden, fand man keinerlei Unregelmäßigkeiten oder Steuervergehen. Ich hatte alles korrekt versteuert – bis auf diesen einen Fall. Trotzdem erhielt ich dafür zehn Monate Einzelstrafe.

Kommen wir nun zum zweiten Geschenk der Richterin: In ihrer Urteilsbegründung hatte sie festgehalten, dass die Veruntreuung zu 94 Prozent zu meinen eigenen Lasten und lediglich zu 6 Prozent zu Lasten meines minderjährigen Sohnes Alexander ging. Das konnte ich später in Talkshows und Interviews immer wieder klarstellen.

Doch was machte die Presse daraus? »Jürgen Höller, der viele Millionen Anlegergelder zu verwalten hatte, wurde unter anderem wegen Veruntreuung zu einer Gefängnisstrafe verurteilt!«

Und was schließt der normale Leser daraus? Natürlich, dass ich Anlegergelder veruntreut habe.

Aber genau das habe ich eben *nicht* – keinen einzigen Cent!

Die Veruntreuung bezog sich auf ein internes Darlehen innerhalb einer GmbH, das zu 6 Prozent den von mir zuvor an Alexander übertragenen Anteilen zugeordnet wurde – und zu 94 Prozent mir selbst. Wäre das Ganze keine GmbH, sondern eine GbR gewesen, wäre dieser Vorgang übrigens rechtlich vollkommen einwandfrei gewesen – und ich wäre niemals im Gefängnis gelandet.

Dann allerdings habe ich tatsächlich Fehler begangen. Ich hatte rund 330.000 Euro in meinem Schließfach in der Schweiz liegen – und niemand wusste davon. Mir war klar, dass ich auch Privatinsolvenz anmelden musste. Als ich schließlich im Rahmen meiner persönlichen Haftung für die Millionen an Anlegergeldern eine eidesstattliche Vermögensauskunft abgab, verschwieg ich dieses Geld im schweizerischen Bankschließfach. Damit hatte ich eine falsche eidesstattliche Erklärung abgegeben – und das galt als Konkursbetrug. Dafür erhielt ich eine Einzelstrafe von zehn Monaten. Das war im Wesentlichen die dritte Straftat.

Darüber hinaus hatte ich versucht, kurz vor der privaten Insolvenz private Geldbeträge zu verschleiern und auf Familienangehörige zu übertragen. Auch das wurde als Konkursbetrug gewertet.

Natürlich war das mit dem Verschweigen des Geldes in der Schweiz und dem Verschieben von Privatvermögen auf andere Konten falsch. Es waren Straftaten – das ist ganz klar. Aber zur Erklärung: Mein Plan war, alle Gelder an die Anleger und Gläubiger zurückzuzahlen. Dafür musste ich jedoch neu starten. Und ein Neustart braucht nun einmal eine gewisse finanzielle Grundlage. Deshalb hatte ich das Geld verschwiegen – nicht aus Bereicherung, sondern aus dem Wunsch heraus, wieder Fuß zu fassen.

Es war absolut richtig, dafür bestraft zu werden. Doch bei der Höhe der Gelder allein wäre ich wohl niemals im Gefängnis gelandet – wenn nicht auch noch die oben beschriebene Veruntreuung vorgelegen hätte. Wäre das Ganze nicht über eine GmbH, sondern über eine GbR gelaufen, wäre ich kein Straftäter gewesen – und hätte niemals eine Haftstrafe antreten müssen.

Was für eine Ironie. Und besonders tragisch wird das Ganze, wenn man bedenkt, dass das Unternehmen in den letzten drei Monaten vor der Insolvenz – also vor dem Antrag – bereits wieder sechsstellige Gewinne erwirtschaftet hatte.

LEARNINGS KAPITEL 8:

1. Nen Scheiß muss ich.
2. Steh JETZT auf.
3. Einmal schaffe ich es noch.
4. Wenn eine Zitrone gepresst, zerquetscht oder zerstochen wird, kommt Zitronensaft heraus – weil Zitronensaft in ihr ist. Und wenn dir das Gleiche passiert, kommt auch aus dir nur das heraus, was vorher in dir war.
5. Du denkst, du kannst nicht mehr? Doch, du kannst.
6. Ich schaffe es!

AUTOSUGGESTIONEN:

1. Ich folge immer meinem Herzen.
2. Ich glaube an mich und an meine Träume.
3. Ich bin selbstbewusst.
4. Meine Träume werden Wirklichkeit.
5. Nichts ändert sich, außer ich ändere mich.
6. Wissen ist mein größter Reichtum.
7. Ich lebe meine Berufung.
8. Ich bin ein Schöpfer.
9. Ich arbeite für meine Aufgabe, für meinen höheren Sinn im Leben.
10. Ich schaffe es.

KAPITEL 9: DAS COMEBACK

Nachdem ich am 30. April 2004 entlassen worden war, folgte zunächst eine kurze Phase grenzenlosen Glücks. Ich war wieder mit Kerstin und den Kindern vereint. Ich konnte neu anfangen, ich war frei. Freiheit – dieser Wert war durch die vergangenen 18 Monate ganz an die Spitze meiner Werteskala gerückt und prägt bis heute mein Leben maßgeblich.

Nüchtern betrachtet war der Stand der Dinge ein anderer: Ich hatte 6,6 Millionen Schulden und war aufgrund meiner Konkursvergehen von der Restschuldbefreiung ausgeschlossen – anders als die meisten anderen Insolventen. Wollte ich also wirklich frei sein, musste ich die Schulden loswerden.

Meine Bewährungsauflagen verhinderten, dass ich mich erneut selbstständig machen konnte. Für die Dauer der Bewährung wurde mir geraten, eine Anstellung anzunehmen. Danach stehe mir wieder alles offen.

Aber irgendwo angestellt sein? Für mich kam nur ein Mensch in Frage, für den ich arbeiten wollte: meine Frau Kerstin. Sie hatte in den vergangenen 18 Monaten wie eine Löwin für mich gekämpft. Sie war immer für mich da gewesen, stets an meiner Seite. In dieser schwierigen Phase musste sie stark sein – Mutter und Vater zugleich – und das in Schweinfurt, einer Kleinstadt mit 50.000 Einwohnern. Jeder kannte sie. Wenn sie durch die Stadt lief, wurde getuschelt: »Das ist doch die Kerstin Höller, die Frau vom …«

Niemand verstand, warum wir nicht einfach wegzogen – fort von der Häme, der Kritik, der Ablehnung. Doch wer uns kennt, weiß: Wir laufen nicht weg. Wir halten stand. Wir wollten unser Haus für unsere Kinder bewahren. Ein weiterer Umzug kam nicht in Frage.

Während meiner Abwesenheit hatte Kerstin ein neues Unternehmen gegründet: Life Learning. Sie hatte erste Seminare mit anderen Referenten durchgeführt, Kundenkontakte gepflegt und den Boden für mein Comeback bereitet. Also ließ ich mich von Kerstin anstellen.

Ich weiß, viele glauben, ich hätte das nur getan, um meine Einnahmen nicht mit dem Insolvenzverwalter teilen zu müssen. Aber das stimmt nicht. Erstens wollte ich so viel Schaden wie möglich wiedergutmachen. Zweitens war mir die Selbstständigkeit während der Bewährungszeit deutlich abgeraten worden. Und drittens hatte Kerstin die Firma bereits gegründet – es lag nahe, dort mitzuwirken.

Natürlich war es ein seltsames Gefühl: Früher war Kerstin bei mir angestellt gewesen – nun war es umgekehrt. Aber was soll's? Wir waren so lange zusammen, ich wusste, dass ich auch in ihrer Firma gewisse Freiheiten haben würde.

Im Mai starteten wir mit dem ersten Seminar. Es fand im Hotel Krallerhof im österreichischen Leogang statt. Gerade einmal 13 Teilnehmer hatten sich angemeldet. Drei Tage für 695 Euro netto – das ergab rund 9.000 Euro Einnahmen. Nach Abzug der Kosten für Tagungspauschalen, Raummiete, Hotel, Verpflegung und Reisekosten blieben uns etwa 4.000 Euro. Immerhin – ein Anfang.

Kurz darauf folgte das zweite Seminar, diesmal mit 32 Teilnehmern. Doch beim dritten waren es wieder nur 14. Wenigstens hatten wir nun etwas Geld auf dem Konto. Aber die Sommerpause im Juli und August stand bevor – die Zeit, in der alle in den Urlaub fahren. Seminare lohnen sich da nicht. Wir mussten also irgendwie durchkommen.

Als wir am 1. Mai starteten, waren wir zu dritt. Wir hatten nur ein einziges kleines Auto. Das Unternehmen saß im Keller unseres Hauses. Der Teppich war alt, übersät mit Kaffee- und Hundeflecken. Zwei kleine Lichtschächte mit winzigen Fenstern, insgesamt 65 Quadratmeter. Die Büromöbel hatten wir einem Freund für 250 Euro abgekauft, die drei Computer und den Tintenstrahldrucker für 350 Euro auf dem Second-

Hand-Markt. Es waren große, klobige, weiße Kästen. Dazu kamen drei Telefone, drei Schreibtische, ein paar Stifte – das war's. Jeder hatte ein Regal. Einen Kopierer konnten wir uns nicht leisten – Leasingverträge waren für jemanden wie mich nicht zu bekommen, und zum Kaufen fehlte das Geld. Auch wenn Kerstin nicht offiziell pleite war, wurde sie als Ehefrau eines Insolventen quasi mit in Haftung genommen.

Wir konnten nicht einmal einen Handyvertrag abschließen – das lief über Kerstins Mutter. Autoleasing? Fehlanzeige. Ein Girokonto hatten wir – allerdings nur auf Guthabenbasis. Aber egal. Wir wollten nie wieder auch nur einen Euro Schulden machen. Unser Ziel war klar: Wachsen, aber ausschließlich aus eigener Kraft.

Da wir keinen Kopierer hatten, gab es ein kleines Ablagekästchen mit der Aufschrift *Kopien*. Dort legten wir in Klarsichtfolien die Vorlagen ab, zusammen mit einem kleinen weißen Zettel, auf dem stand, wie viele Kopien benötigt wurden. Einmal am Tag fuhr einer von uns nach Schweinfurt zum Kopiershop, um dort die Kopien anfertigen zu lassen.

Aber das wenige Geld, das von den drei Seminaren übrig geblieben war, hielt natürlich nicht lange. Ich musste schließlich auch meine Familie versorgen – nach 18. Monate Inhaftierung, praktisch ohne Einkommen. Selbst das eine Auto, das wir besaßen, musste bezahlt werden. Das Geld dafür hatten wir von Kerstins Mutter erhalten. Der Kapitaldienst für unser Haus, das gleichzeitig auch unser Büro war, hatte oberste Priorität.

Trotzdem machten wir zwei Dinge, die wohl kaum jemand nachvollziehen konnte.

Zum einen übernahmen wir drei Kinderpatenschaften bei der Deutschen Kindernothilfe – je 30 Euro pro Monat. Vor unserer Krise hatten wir über unsere Kunden und aus eigener Tasche bereits eine vierstellige Zahl an Patenschaften selber übernommen oder vermitteln können. Jetzt wollten wir selbst wieder einen Beitrag leisten. Es hatte Kerstin fast das Herz gebrochen, dass wir die Patenschaften, die wir zuvor übernommen hatten, kündigen mussten. 90 Euro im Monat waren viel, wenn man von der Hand in den Mund lebt. Aber es war uns wichtig.

Zum anderen schloss Kerstin Lebensversicherungen bei englischen Anbietern ab, für die sie monatlich 300 Euro einzahlte. Sie wollte es anfangs nicht, aber ich redete ihr gut zu. Neben dem Schuldenabbau war es essenziell, wieder Vermögen aufzubauen – so schwer es auch fiel. Und irgendwie funktionierte es.

Das erste Seminar nach der Sommerpause war für Mitte September angesetzt. Doch bereits im Juli sah ich: Das Geld würde nicht reichen. Anfang September könnten wir den Kapitaldienst nicht mehr bedienen – die Zins- und Tilgungszahlungen für unser Haus. Damit drohte sofort die Zwangsvollstreckung. Alles würde wieder von vorn beginnen.

Ich verschwieg Kerstin die Lage – ein Fehler, rückblickend. Aber ich wollte sie schützen, nach allem, was sie durchgestanden hatte.

Dann kam ein Anruf. Eine Produktionsgesellschaft, die für RTL arbeitete, bot mir an, beim nächsten Dschungelcamp im Januar 2005 teilzunehmen. Die erste Staffel war im Januar 2004 gelaufen – mit Rekord-Einschaltquoten. Costa Cordalis, inzwischen verstorben, war der erste Dschungelkönig gewesen.

Trotz des Erfolgs war das Image des Formats in Deutschland miserabel. Vor allem die *Bild*-Zeitung zeichnete das Bild: Teilnehmer seien abgehalfterte Promis, Loser, Pleitegeier – Menschen, die dringend Geld brauchten. Na klar, genau deshalb hatten sie wohl an mich gedacht …

Ich nahm den Zug nach Köln, um mit der Produktionsfirma zu sprechen. Ich war hin- und hergerissen. Die Gage war für unsere damaligen Verhältnisse hervorragend – genug, um uns für anderthalb Jahre über Wasser zu halten und den Seminarausbau zu sichern. Aber da war dieses miese Image. Zugegeben – mein Ruf war ohnehin ruiniert. Doch wollte ich ihn noch weiter ruinieren? Wäre das der Anfang vom endgültigen Ende?

Ich fuhr zurück – und bekam erst mal eine Grippe. Mitten im Sommer, bei 32 Grad, lag ich mit 39,5 Grad Fieber im Schatten unseres Gartens, zitterte vor Schüttelfrost und wusste nicht, wie ich mich entscheiden sollte. Kerstin, sonst mit einem sicheren Bauchgefühl gesegnet, war ebenfalls unschlüssig.

Schließlich rief ich einen Moderator an, heute erfolgreicher Talkmaster im ZDF. Ich bat ihn um Rat, als Mensch, nicht als Fernsehmacher. Ich hatte ihm bei mehreren Sendungen zur Verfügung gestanden und ihn zu meinem »Tigerseminar« in Bratislava eingeladen. Damals hatten wir weiße Sibirische Königstiger dabeigehabt. Der Höhepunkt: Wir gingen mit den Teilnehmern ins Gehege. Die Tiger leckten Sahne von unseren Händen, ließen sich streicheln – und ich, der Bekloppte, setzte mich sogar auf den Rücken eines dieser majestätischen Tiere und ließ mich durchs Gehege tragen.

Zur Verdeutlichung: Das geöffnete Maul eines solchen Tigers ist etwa so groß wie mein Kopf. Auch der Moderator hatte Manschetten, wie wir alle. Aber er zog es durch – so wie er auch einmal barfuß über Scherben gelaufen war.

Als ich ihn nun auf das Dschungelcamp ansprach, überlegte er kurz und sagte dann nur: »*Never ever, never ever.*«

Er erklärte mir: Wenn du einmal in so einer Schublade steckst, kommst du nie wieder raus. Alles wird 24 Stunden lang aus allen Winkeln gefilmt. Jede zugewiesene Rolle wird mit entsprechendem Material unterfüttert. Mit Glück bist du der Held – mit Pech der Unsympath, der Nervige oder der Vollidiot. Und selbst wenn du gewinnst: Niemand wird es dir anrechnen. Du bist und bleibst der Typ aus dem Dschungelcamp. Aus einer Show, die angeblich niemand sieht …

Also traf ich die schwere Entscheidung, abzusagen – und damit zurückzukehren in die finanzielle Ungewissheit. Vielleicht würde uns diese Entscheidung sogar das Haus kosten, wenn wir die nächste Rate nicht zahlen könnten? Aber ich begann, mental zu arbeiten. Durch das hohe Fieber war ich ohnehin ein wenig in anderen Sphären unterwegs und fing einfach an, die Sache geistig anzugehen.

Wer mit dieser Thematik nichts anfangen kann, denkt jetzt vielleicht, ich spinne. Aber ich kommunizierte wieder mit dem Universum – oder dem lieben Gott, wie man es nennen möchte. Ich formulierte eine Bestellung: Ich bat um eine Lösung, die unsere finanziellen Probleme schnell beheben sollte. Eine Rettung, die innerhalb der nächsten vier Wochen eintreten und uns bis zum Herbst tragen würde – bis die Seminare wieder laufen würden und wir über dem Berg wären.

Zwei Tage lang machte ich meine mentalen Übungen. Danach war ich wieder gesund.

Am Ende dieses zweiten Tages kam Kerstin zu mir und sagte: »Ich hatte einen Bauunternehmer aus Luxemburg am Telefon. Er möchte dich für Seminare in seiner Firma buchen. Was verlangen wir denn?«

Ich fragte zurück: »Was genau meint er mit Seminaren?«

»Dreimal einen ganzen Tag, jeweils im Abstand von zwei Wochen. Er will, dass du nächste Woche startest.«

Wow. Das war sie also – die Lieferung auf meine Bestellung.

Kerstin meinte: »Vielleicht sollten wir auf Nummer sicher gehen und einen Sonderpreis machen.« Zur Einordnung: Mein üblicher Tagessatz lag damals bei 5.000 Euro netto, zuzüglich Mehrwertsteuer und Spesen, wenn mich jemand extern buchte. Kerstin schlug 10.000 Euro für alle drei Termine vor.

Doch das fühlte sich für mich falsch an. Noch drei Jahre zuvor hatte ich für einen halbstündigen Vortrag bis zu 50.000 Mark erhalten – und jetzt sollte ich mich mit 3.333 Euro pro Tag zufriedengeben? Zumal ich inzwischen weitreichende Erfahrungen gemacht hatte, die mich alles gekostet hatten?

Nein – ich war mehr wert. Und wenn es die richtige Lieferung war, würde auch der Unternehmer bereit sein, den vollen Preis zu zahlen.

Kerstin bot also 5.000 Euro pro Tag an – 15.000 Euro für drei Termine in vier Wochen. Die Spesen inkludierten wir. Sie rief in Luxemburg an und kam 15 Minuten später zurück: »Er hat zugestimmt. Ich soll ihm den Vertrag schicken.«

Eine halbe Stunde später hatten wir den Vertragsentwurf verschickt, zwei Stunden danach kam er unterschrieben zurück. Damit waren wir finanziell bis zum September gesichert.

Nach dem Sommer ging es dann mit den Seminaren deutlich aufwärts. Wir veranstalteten die ersten Power-Days in Fürth bei Nürnberg. Etwa 100 Teilnehmer kamen – für kleines Geld –, um mich kennenzulernen. Ein Seminar für 695 Euro zu verkaufen war damals noch schwierig. Schließlich war ich ein Pleitier, für manche auch ein Ex-Knacki. Aber für 49 Euro mich zwei Tage lang erleben? Das wollten sich viele nicht entgehen lassen. Sie waren neugierig. Wir hatten angekündigt, dass ich gnadenlos offen erzählen würde – auch über den Knastalltag. Wahrscheinlich kamen viele weniger wegen der Inhalte als wegen des Insiderwissens.

An diesem Wochenende in Fürth legte ich richtig los. Die Energie war da – und 50 Teilnehmer meldeten sich direkt für das Aufbauseminar *Lifing* an. Der Preis lag nun bei 795 Euro netto – das ergab rund 40.000 Euro Umsatz. Und dann ging alles Schlag auf Schlag.

Wer mich kennt, weiß: Ich kann mit enormer Energie und Dynamik Dinge in Bewegung setzen. Ich drehte auf – und der einsetzende Erfolg gab mir jedes Mal einen weiteren Schub. Auch die Presse wurde wieder aufmerksam. Was? Der Höller? Der Pleitier und Knacki ist zurück? – Das war ein gefundenes Fressen für Boulevardformate wie *RTL Exklusiv* oder die *Bild-Zeitung*.

Und ich hatte schon wieder einen PR-Geniestreich auf Lager: Gemeinsam mit einer langjährigen Kundin, Edith Anna Kirchberger aus der Nähe von Linz, veröffentlichte ich ein Buch. Edith war Österreichs führende Hundeexpertin, Tierheilpraktikerin und -therapeutin, hatte über 10.000 Hundebesitzer geschult, Hunde gezüchtet und ein Tierheim betrieben. Ihr Verein *pro Hund* gab eine eigene Zeitschrift heraus.

Wir hatten zu der Zeit unseren ersten Hund Gino – ein Pyrenäen-Schäferhund. Eine unglaublich eigensinnige Rasse, die eine klare, konsequente Führung braucht, sonst übernimmt sie selbst die Führung im Rudel. Gino war schwierig – vor allem anderen gegenüber.

Unser gemeinsames Buch hieß: *Wir schaffen es, Bello – So motivieren Sie Ihren Hund und sich selbst.* Die Medien sprangen sofort darauf an. RTL kam in unseren Garten, Edith und ich gaben Interviews, und Gino – der sonst eher eigenwillig war – zeigte die beste Leistung seines Lebens. Er folgte jedem Kommando. Wir hatten einen Parcours im Garten aufgebaut, den er perfekt absolvierte. Ein echter Musterknabe.

Natürlich lautete auch eine Schlagzeile »Motivations-Guru auf den Hund gekommen!« Scheißegal – Hauptsache ich bekomme wieder mehr Aufmerksamkeit.

So beendeten wir erfolgreich das Jahr 2004.

Auch Spitzensportler kamen nun wieder auf mich zu. Zwei Spieler, die damals bei Bayer Leverkusen gewesen waren – in der Zeit, als ich dort als Mentaltrainer tätig war – wollten nun individuell von mir gecoacht werden. Sie zahlten gut, aber wollten nicht, dass es öffentlich wurde. Mein Name war schlicht verbrannt. Eine absurde Situation, oder? Sie wollten unbedingt mit mir arbeiten, obwohl ihre Vereine mittlerweile eigene Psychologen anboten. Aber diese lieferten ihnen nur leere Worte – viel Gerede, wenig Nutzen. Bei mir hingegen bekamen sie klare, praxistaugliche Techniken, die sofort Ergebnisse brachten. Ich konnte sie verstehen – und sie zahlten gut.

Etwa vier Monate nach meinem Comeback, im Herbst 2004, begannen die Albträume. Es waren immer die gleichen zwei Szenarien. In einem Traum war ich auf freiem Fuß, wurde aber verfolgt – jemand war mir auf den Fersen, wollte mich verhaften. Im zweiten Traum ging es um die Duschsituation in der JVA – nur dass ich in der Traumversion brutal zusammengeschlagen wurde. Diese Albträume suchten mich drei- bis viermal pro Woche heim. Ich wachte schweißgebadet auf. Auch im Alltag gab es Auslöser, die meinen Puls und Blutdruck in die Höhe schießen ließen – etwa, wenn es frühmorgens an der Tür klingelte, so wie bei der ersten Hausdurchsuchung damals. Sofort raste mein Herz, der Blutdruck stieg.

So starteten wir ins Jahr 2005.

Die Jahre 2005 und 2006 standen ganz im Zeichen der Arbeit. Ich konzipierte ein Seminar nach dem anderen: Rhetoriktraining, Verkaufstraining, ein Management-, Marketing- und Führungsseminar (MMF) für Unternehmer. Das *Lifing*-Seminar erhielt drei aufeinander aufbauende Fortsetzungen. Denn eines hat sich bis heute nicht geändert: Wer einmal in einem meiner Seminare sitzt und mich gut findet, kommt oft jahrelang wieder – zwei bis drei Veranstaltungen jährlich.

Unternehmer, die maximal wachsen wollen, wurden Mitglied im *Eventus Club* oder im *Unternehmer-Consulting*.

Diese Elitemitgliedschaften boten umfassenden Zugang: ein Jahr lang Live-Workshops, Round Tables, Einzelcoachings mit bis zu 40 Experten und Zugriff auf eine Problemlösungs-Videodatenbank. Mitglieder konnten zudem dreimal wöchentlich Fragen an Spezialisten aus verschiedenen Bereichen stellen – Branding, Marketing, Online-Marketing, Vertriebsaufbau, Business-Systeme, Unternehmer-Mindset und mehr.

Ich kooperierte auch weiterhin bestmöglich mit dem Insolvenzverwalter. Bis November 2007 hatten wir die Schuldenlast auf 2,9 Millionen reduziert. Alles, was sich veräußern ließ, war verkauft worden. Diese verbleibende Summe allein zu stemmen, war schwer – vielleicht zu schwer.

Also stellten wir bei einer Gläubigerversammlung einen Insolvenzplan vor. Ich bot an, nochmals 150.000 Euro in mehreren Raten aufzubringen – im Gegenzug sollten mir die restlichen 2,75 Millionen erlassen werden.

Und dann geschah etwas Unglaubliches: Die Versammlung nahm den Plan einstimmig an. Keine Gegenstimme, keine Enthaltung – nicht einmal das Finanzamt legte Widerspruch ein. Am 17. November 2007 – nur dreieinhalb Jahre nach meinem Comeback – war ich praktisch schuldenfrei.

Dreieinhalb Jahre später hatten Kerstin und ich gemeinsam wieder eine Million Euro auf dem Konto. Wir hatten unsere finanzielle Unabhängigkeit zurückerlangt. Weitere dreieinhalb Jahre danach – an meinem 50. Geburtstag – waren wir finanziell frei.

Ich erinnere mich gut an ein Gespräch mit einem bekannten Money Coach, der gemeinsam mit seinem Partner in den ersten Jahren unsere Finanzen begleitet hatte. 2004, bei einem Besuch in seiner Firmenzentrale, fragte er mich nach meinen finanziellen Zielen.

Ich nannte ihm das Vermögen, das ich mir für meinen 50. Geburtstag vorgenommen hatte – also rund zehn Jahre später. Er war verblüfft. Er sagte, dass er zwar ebenfalls groß denke und an positive Glaubenssätze glaube, aber mit 6,6 Millionen Schulden und einem kaputten Markennamen sei so ein Ziel aus seiner Sicht kaum realistisch. Er wollte mich vor Enttäuschungen bewahren und fragte, ob ich die Summe nicht etwas niedriger ansetzen wolle.

Ich? Kleinere Ziele? Niemals. Ich war überzeugt davon, meine Ziele zu erreichen.

An meinem 50. Geburtstag waren er und seine Frau unter den Gästen. Nach meiner Ansprache ging ich zu ihm und stieß mit einem Glas Champagner auf mein neues Lebensjahrzehnt an.

Fragte ich ihn, »erinnerst du dich noch daran, wie ich dir vor neun Jahren mein finanzielles Ziel für meinen 50. Geburtstag genannt habe?«

»Ja«, lachte er, »ich erinnere mich ganz genau. Ich hätte es nie für möglich gehalten. Du hast deine Ziele nicht nur erreicht – du hast sie deutlich übertroffen.«

Eigentlich hätte jetzt alles gut sein können. Eigentlich. Doch dann begann ein neues Kapitel. Neue Aufregungen, neue Abenteuer. Wäre ja gelacht, wenn ich es nicht schaffen würde, mich immer wieder selbst aus der Komfortzone zu katapultieren – auch wenn das manchmal mit Schmerzen verbunden war.

Im Sommer 2012 erhielt ich eine Einladung von einer Akademie in Nairobi, der Hauptstadt Kenias. Man bot mir den Ehrendoktorhut an, verbunden mit der Aussicht auf eine Professur für Entrepreneurship und Marketing – für zwei bis drei Jahre. Ich fühlte mich geehrt. Nur acht Jahre nach meinem Neustart erhielt ich nun diese doppelte Anerkennung. Unterkunft und Verpflegung waren inklusive. Ich sagte mit Freude zu.

Ich war bislang nur in nordafrikanischen Ländern wie Tunesien und Marokko gewesen und freute mich darauf, Afrika besser kennenzulernen. Ich verband die Reise mit ein paar Tagen in Kapstadt, bevor ich zurückflog. Und dort, in Kapstadt, erfüllte ich mir einen lang gehegten Wunsch: Ich besuchte Robben Island – die Insel, auf der Nelson Mandela, eines meiner sechs großen Vorbilder, 27 Jahre seines Lebens verbracht hatte. Mit 45 Jahren war er verhaftet worden, als er als Mitglied des ANC Sabotageakte mitorganisierte, etwa das Sprengen von Eisenbahnschienen. Natürlich war das kriminell – aber dafür 27 Jahre Haft?

Damals war Mandela Anwalt, gehörte also zur schwarzen Mittelschicht. Den ersten Kontakt zu seiner Frau Winnie hatte er nach 13 Monaten – zehn Minuten, durch eine Glasscheibe, mit einem schlecht funktionierenden Mikrofon. Seine Tochter, mit der Winnie bei seiner Verhaftung schwanger gewesen war, sah er zum ersten Mal, als sie 13 Jahre alt war.

Robben Island war einst eine Leprakolonie, später ein Gefängnis für politische Häftlinge. Als ich vor Ort war – heute ist es eine Gedenkstätte –, wurde mir das ganze Ausmaß dieser Zeit bewusst. Mandela musste bei Sommerhitze von über 40 Grad zwölf Stunden täglich Steine klopfen – und im Winter dasselbe bei Eiseskälte. Am schlimmsten fand ich die Unterschiede in der Behandlung: Selbst unter den politischen Gefangenen wurde zwischen Weißen und Schwarzen unterschieden.

Ich sah die Schlafsäle mit eigenen Augen. Die weißen Häftlinge hatten Fenster gegen die Kälte – die schwarzen nicht. Die Weißen schliefen in Betten mit Matratzen und Kissen – die Schwarzen nur auf dünnen Sisalmatten mit einer Decke, ohne Kissen auf den Boden. Auch bei der Verpflegung wurden die Weißen deutlich besser behandelt – sie bekamen doppelt so viel zu essen. Ich las den alten Essensplan – und war zutiefst darüber erschüttert.

Mein Führer auf Robben Island war selbst ein ehemaliger Mitgefangener Mandelas. Er hatte ihn persönlich kennengelernt. Das machte seine Erzählungen umso eindrücklicher. Als wir gemeinsam zum Bootssteg zurückgingen, erzählte er mir, dass Mandela, als er die Insel verlassen sollte, mit sich gerungen hatte: Sollte er den Rucksack voller Zorn, Wut, Hass, Enttäuschung und Schmerz mitnehmen – oder abwerfen?

Mandela entschied sich, diesen symbolischen Rucksack zurückzulassen – nur so konnte er unbelastet in ein neues Leben gehen. Und als er später Südafrikas erster frei gewählter schwarzer Präsident wurde, rief er nicht zur Vergeltung auf, nicht zur Vertreibung der weißen Minderheit oder zur Rache an den früheren Machthabern. Stattdessen rief er zur Versöhnung auf. Er gewährte sogar Straffreiheit – unter der Bedingung, dass sich Täter, die sich im Umgang mit Schwarzen schuldig gemacht hatten, einer mehrmonatigen Auseinandersetzung mit ihren Opfern stellten, öffentlich und medial begleitet. Meist endeten diese Begegnungen damit, dass sich Täter und Opfer am Ende weinend in den Armen lagen.

Ohne Mandelas Aufruf zur Versöhnung wäre Südafrika wohl schon am Tag nach seiner Wahl explodiert wie ein Pulverfass. Ich hatte seine Autobiografie *Der lange Weg zur Freiheit* während meiner Haftzeit zweimal gelesen. Sie gab mir ungeheure Kraft. Was waren meine 18 Monate – abgesessen bei guter Führung – im Vergleich zu 27 Jahren unsäglichen Leidens?

Doch zurück nach Nairobi. Ich hatte mir nach dem Tag der Feierlichkeiten, an dem mir der Ehrendoktorhut und die Professorenwürde verliehen werden sollten, noch einen freien Tag in der Stadt eingeplant. Einer der Professoren fragte mich, ob ich Interesse hätte, den Slum Kibera zu besuchen. Die Professoren unterstützten dort eine Schule – und ich sagte sofort zu. Ich hatte zwar oft von den Slums gehört und auch Berichte im Fernsehen gesehen, war aber noch nie selbst vor Ort gewesen. Ich wollte wissen, wie es dort wirklich aussah. Ich wollte lernen und verstehen.

Am nächsten Vormittag wurde ich um 10:00 Uhr abgeholt. Wir hatten zwei Fahrzeuge und insgesamt vier schwer bewaffnete Bodyguards, die sich auf beide Autos verteilten. Ich fragte den Professor, ob das wirklich nötig sei. Er erklärte mir, dass Mord in Kibera zu den häufigsten Todesursachen.

Zur Einordnung: Vor etwa 50 Jahren hatte Nairobi rund 250.000 Einwohner. Seither ziehen jedes Jahr Zehntausende vom Land in die Hauptstadt, in der Hoffnung, dort besser leben zu können als in der kargen, oft unfruchtbaren ländlichen Region, die sie kaum ernähren kann. Viele verkaufen ihr letztes Vieh und ziehen mit dem wenigen Geld, das sie besitzen, nach Nairobi. Allein dadurch wächst die Stadt jährlich um etwa 100.000 Menschen. Und wer dort ankommt, braucht eine günstige Unterkunft – am billigsten ist es im Slum Kibera. Heute leben dort rund eine Million Menschen auf engstem Raum, unter Bedingungen, die kaum vorstellbar sind.

Als wir ankamen, fiel mir sofort der mehrere Meter hohe Zaun aus Wellblech auf, der das Gelände umgibt. Abgesperrt ist es aber nicht – es führen ein paar Straßen hinein. Wir bogen in eine dieser Straßen ein, die schon nach wenigen Metern nicht mehr asphaltiert war. Sie wurde bald einspurig, dann schmaler, voller tiefer Schlaglöcher.

Links und rechts der wenigen Straßen, die überhaupt mit dem Auto befahrbar sind, liegen »Geschäfte« – Wellblechhütten, kaum größer als vier bis sechs Quadratmeter. In einer dieser Hütten war ein Friseursalon untergebracht: ein Stuhl, ein Spiegel, eine Schere, ein Kamm – mehr nicht. In anderen Hütten wurden kleine Eimerchen mit Holzkohle verkauft. Wie ich später erfuhr, gab es keine Elektrizität, und wer kochen wollte, grub ein Loch in den Boden, entzündete die Holzkohle, legte einen kleinen Rost darüber – und bereitete ein einfaches Mahl zu. Wenn eine Million Menschen das auf diese Weise tun, kannst du dir vorstellen, welcher Qualm dort in der Luft liegt – und wie stark man ihn riecht.

Ich sah auch einen Fischhändler: Auf einer großen, verrosteten Metallplatte lag ein undefinierbarer Fisch. Er hatte wahrscheinlich schon seit Stunden in der Sonne gelegen. Zumindest sah er so aus – und so roch er auch.

Der Professor erklärte mir, dass diese kleinen Geschäftsleute sogar noch zu den wohlhabenderen Menschen im Slum zählten. Sie standen besser da als die vielen Tagelöhner, die sich mit Gelegenheitsjobs durchschlugen.

Die meisten Bewohner Kiberas haben keine Schulbildung. Sie können weder lesen noch schreiben oder rechnen – und sind damit für qualifizierte Tätigkeiten nicht geeignet. Sie können nur ihre Arbeitskraft verkaufen – als Bauhelfer, Gärtner, Hilfsarbeiter. Manche Firmen oder Privatpersonen holen sich diese Menschen tageweise. Und so sitzen täglich Tausende am Straßenrand, warten stundenlang, ob sich ein Job ergibt – meist vergeblich. Dann kehren sie zurück in ihre ärmlichen Hütten, in der Hoffnung, dass es am nächsten Tag besser läuft.

Der Geruch dort war kaum auszuhalten. Der Professor erklärte mir, es sei eine Mischung aus dem Qualm der Feuerstellen, aus menschlichen Ausdünstungen – es gibt dort keine Duschen – und aus Fäkalien. Ich fragte, ob es denn keine Toiletten gebe.

»Doch«, sagte er, »sie haben die Lufttoilette erfunden.«

Ich war irritiert. »Was ist eine Lufttoilette?«

Er antwortete: »Wenn sie ihr großes Geschäft machen müssen, benutzen sie kleine Plastiktüten – ähnlich denen, die wir aus dem Supermarkt für Obst und Gemüse kennen. Sie verknoten die Tüten und werfen sie 20 oder 30 Meter weit – zum Nachbarn. Wenn dieser dann muss, wirft er seine Tüte wieder zurück.«

Im Klartext: Die Fäkalien von rund einer Million Menschen liegen offen im Slum herum. Es gibt keine Kanalisation. Kein sauberes Trinkwasser. Kein Abwassersystem.

Wir gelangten schließlich ins tiefste Herz von Kibera. Weiter kam man mit dem Auto nicht – also gingen wir zu Fuß weiter. Ich lief, bewacht von vier Bodyguards, einen schmalen Weg zwischen den Hütten entlang. Eine typische Hütte war etwa zehn bis zwölf Quadratmeter groß und beherbergte sechs bis zehn Menschen. Innen gab es nur blanken Boden, kaum Möbel. Die Kleidung der Bewohner war ärmlich, oft zerrissen und verschmutzt. Viele liefen barfuß, manche trugen abgetragene Flipflops oder völlig kaputte Schuhe.

Doch die Menschen waren unglaublich freundlich. Die Kinder winkten und begrüßten mich fröhlich. Kibera war ein einziges Labyrinth aus erbärmlichen Wellblechhütten, die in der Regenzeit verrosteten, zerfielen und keinen Schutz boten. Zwischen den Hütten streunten wilde Hunde, hier und da ein Huhn, gelegentlich eine Ziege. In kleinen Rinnen, die die Bewohner selbst angelegt hatten, floss das Abwasser offen durch die Gassen – ein stechender Geruch lag in der Luft. Die Kinder spielten in genau diesen Abwasserrinnen.

Endlich erreichten wir die Schule. Ursprünglich hatte es acht Klassenzimmer gegeben, inzwischen waren nur noch vier übrig. Die Räume bestanden aus Wellblech, ohne Fundament. Jedes Jahr während der Regenzeit wurde ein Klassenzimmer weggespült. Nun saßen jeweils zwei Klassen in einem Raum – die eine blickte in die eine Richtung, unterrichtet von einer Lehrkraft, die andere Klasse in die entgegengesetzte Richtung, ebenfalls mit einer Lehrkraft.

In einem der Räume war eine Ecke für die Lehrer eingerichtet, in einem anderen eine improvisierte Kochstelle – ein Loch im Boden, darin Holzkohle, der Qualm zog durch den gesamten Klassenraum. Einmal am Tag, mittags, gab es eine Mahlzeit für die Kinder. Die Lehrkraft schlug ein Instrument an, und die erste Klasse wusste: Jetzt gibt es Essen. Die Kinder rannten los, viele mit einem alten Kaffeepott in der Hand. Die Ausgabe war immer gleich: eine Tasse voll Reis und etwas Brühe mit ein paar Bohnen. Ich zählte acht Bohnen auf einem der Teller. Jeden Tag gab es das Gleiche – Reis mit Bohnen. Und dennoch: Die Kinder lachten. Sie waren fröhlich und dankbar. Es war oft der einzige Grund, warum sie zur Schule kamen – weil es dort etwas zu essen gab. (Da sollten die Teilnehmer des Dschungelcamps mal daran denken, wenn sie später über ihren Reis mit Bohnen schimpfen …)

Dann zeigte man mir die Latrine. Es gab auf dem Gelände tatsächlich ein Toilettenhäuschen – drei Wände aus Wellblech, ein kleines Dach, vorne eine Tür, die sich nicht richtig verschließen ließ. Im Boden ein einfaches Loch, ausgehoben mit dem Spaten. In dieses Loch verrichteten die Kinder und Lehrkräfte ihre Notdurft – groß und klein. Sich dabei sauber zu halten, war fast unmöglich. Immer ging etwas daneben oder spritzte heraus.

Kannst du dir vorstellen, wie es dort aussah? Wie es stank?

Als die Grube voll war, wurde sie von einem Elternteil mit der Schubkarre ausgeleert – dann konnte sie wieder genutzt werden. An dem Tag meines Besuchs war die Grube allerdings übervoll. Sie lief über – sogar für die hartgesottenen Kinder aus Kibera war das zu viel. Einige von ihnen kletterten heimlich über eine kleine Mauer, die das Schulgelände umschloss.

Ich folgte ihnen und sah, wie sie ein paar Meter abwärts zu einem kleinen Bach liefen. Dort setzten sich die Mädchen hinter die Büsche, die Jungen urinierten direkt ins Wasser. Nur zwanzig Meter entfernt füllte ein erwachsener Kibera-Bewohner gerade vier große gelbe Kanister am Bach.

Ich fragte den Professor: »Was macht er mit dem Wasser?«

»Das wird zum Waschen verwendet, zur Körperpflege – und manchmal muss es sogar getrunken werden.«

Ich war entsetzt. »Aber dort pinkeln doch gerade die Kinder hinein. Und wahrscheinlich fließt auch das gesamte Abwasser aus Kibera hier lang.«

»Ja«, antwortete der Professor, »aber im Zweifelsfall gilt: Bevor man verdurstet, ist verseuchtes Wasser besser als gar keins.«

Am Abend saß ich in meinem Fünf-Sterne-Hotel. Im Restaurant wurde mir die Weinkarte gereicht. 30, 40, 50 US-Dollar – für mich normale Preise, sogar eher günstig. Aber ich brachte es nicht über mich, eine Flasche zu bestellen. Der Schock des Tages saß tief. Ich rief Kerstin an und erzählte ihr alles, so wie ich es jetzt dir erzähle. Ich musste weinen, als ich ihr sagte, dass ich es kaum ausgehalten habe – und dass ich nicht imstande sei, einen Wein zu bestellen, von dessen Preis eine achtköpfige Familie im Slum einen Monat hätte leben können.

Kerstin widersprach: »Du bestellst dir eine Flasche Wein. Eine, die dir schmeckt. Niemandem in Kibera, keinem einzigen Kind, ist in diesem Moment geholfen, wenn du verzichtest. Und wenn du zurückkommst, überlegen wir gemeinsam, wie wir wirklich helfen können.«

Und so machten wir es. Wir beschlossen, eine Stiftung zu gründen – die Jürgen-Höller-Stiftung. Sie wurde 2013 ins Leben gerufen und von der Regierung Unterfranken als gemeinnützige Stiftung anerkannt und eingetragen. Seitdem finanziert die Stiftung den Bau von Schulen in Entwicklungsländern – vor allem in Afrika, und dort hauptsächlich in Kenia. 2026 wird die 50. Schule finanziert sein, insgesamt für ca. 30.000 Kinder.

Ursprünglich hatte ich die Idee, selbst Schulen zu bauen und zu betreiben. Doch ich musste rasch einsehen, dass das nicht möglich war. So hart es klingt: In vielen dieser Länder ist Korruption ein großes Problem. Ohne eigene Präsenz vor Ort würden meine Gelder einfach versickern. Deshalb entschieden wir uns, mit der Welthungerhilfe zusammenzuarbeiten – einer Organisation, die 1962 gegründet wurde und bis heute fast fünf Milliarden Euro in Hilfsprojekte investiert hat. Sie wurde mehrfach als transparenteste Hilfsorganisation Deutschlands ausgezeichnet.

Die Welthungerhilfe schlägt uns Schulprojekte vor. Wir diskutieren darüber im Stiftungsvorstand, und wenn wir uns einig sind, übernehmen wir die Finanzierung. Der laufende Betrieb jedoch muss von der Regierung im Land, den Gemeinden und den Eltern getragen werden.

Das bedeutet, dass sich die Eltern unter Umständen engagieren, mitarbeiten oder einen kleinen Beitrag pro Kind leisten müssen. Das klingt vielleicht im ersten Moment hart oder sogar unmenschlich. Aber es ist wichtig – für ihre Würde, ihren Stolz, und damit sie das Gefühl behalten, dass es *ihre* Schule ist. Denn wie auch bei uns gilt: Was nichts kostet, ist oft auch nichts wert. Wenn es keinerlei eigene Beteiligung gibt, besteht die Gefahr, dass die Kinder mal zur Schule geschickt werden – und mal nicht. Wer jedoch etwas aufbringen muss, sorgt ganz automatisch dafür, dass die Kinder auch tatsächlich jeden Tag hingehen.

Bitte verzeih mir, wenn ich dich an dieser Stelle ganz persönlich bitte, die Stiftung zu unterstützen. Jeder einzelne Cent kommt zu 100 Prozent bei den Projekten an. Die anfallenden Kosten für die Verwaltung und Organisation der Stiftung übernehmen Kerstin und ich privat – zusätzlich zu den Beträgen, die wir ohnehin regelmäßig selbst in die Stiftung einbringen.

Meine große Vision? Bis zu meinem 100. Geburtstag möchte ich 1.000 Schulen gebaut haben. Als mich 2014 ein Journalist interviewte, nachdem ich die erste Schule finanziert hatte, fragte er mich nach meinen Zielen. Ich sagte ihm: »1.000 Schulen bis zu meinem 100. Geburtstag.« Er schaute mich an: »Wow. Und wie viele Schulen haben Sie bisher gebaut?«

»Eine«, antwortete ich.

Er brach in schallendes Gelächter aus.

»Warum lachen Sie?«, fragte ich überrascht.

»Na ja – Sie erzählen von 1.000 Schulen, und haben gerade mal eine gebaut.«

»Stimmt«, erwiderte ich, »aber damit habe ich immerhin genau eine Schule mehr gebaut als Sie.«

Und jetzt sind es schon 50. Unser Ziel: Jedes Jahr eine Schule mehr als im Jahr zuvor. Halten wir dieses Tempo 40 Jahre durch, erreichen wir unser Ziel von 1.000 Schulen.

Und selbst wenn es »nur« 500 oder gar »nur« 100 werden sollten? Dann wären das immer noch 100 Schulen mit im Schnitt je 600 Kindern – also 60.000 Kinder, die acht Jahre lang die Chance erhalten, Lesen, Schreiben und Rechnen zu lernen – und damit auf ein besseres Leben.

Meine Bitte lautet also: Unterstütze die Jürgen-Höller-Stiftung. Jeder Beitrag hilft.

Scanne den folgenden QR-Code und du gelangst zu der Seite der Jürgen-Höller-Stiftung:

Und wie sagte Arnold Schwarzenegger einmal zu mir: »Living is giving!«

LEARNINGS KAPITEL 9:

1. Du kannst alles verändern, alles verbessern und neu aufbauen.
2. Es ist nie wirklich zu Ende.
3. Das Universum – oder Gott? – sorgt für dich, wenn du daran glaubst.
4. Living is giving.

AUTOSUGGESTIONEN:

1. Ich folge immer meinem Herzen.
2. Ich glaube an mich und an meine Träume.
3. Ich bin selbstbewusst.
4. Meine Träume werden Wirklichkeit.
5. Nichts verändert sich, außer ich verändere mich.
6. Wissen ist mein größter Reichtum.
7. Ich lebe meine Berufung.
8. Ich bin ein Schöpfer.
9. Ich arbeite für meine Aufgabe, für meinen höheren Sinn im Leben.
10. Ich schaffe es.
11. Ich kann alles verändern, verbessern und aufbauen, egal, was es ist.

KAPITEL 10: DIE MIDLIFE-CRISIS

Mein 50. Geburtstag am 19.10.2013 war für mich nur schwer zu verkraften. Nicht etwa, weil ich mich gebrechlich fühlte – ganz im Gegenteil. Ich war voller Energie, stand wieder ganz oben in Europa, war finanziell unabhängig mit Kerstin an meiner Seite, und mein Markenname gewann erneut an Strahlkraft. Analysten sagten in Interviews zu mir: »Es ist ja schon fast ein Geniestreich von Ihnen, in kürzester Zeit an die Spitze zu kommen, dann tiefer zu fallen als je jemand in Ihrer Branche – und anschließend in Rekordgeschwindigkeit wieder aufzustehen und erneut die Nummer 1 in Europa zu werden. Wer will Ihren Ansatz noch kritisieren? Sie beweisen doch eindeutig, dass Ihre Systeme, Strategien und Methoden funktionieren.«

Was mir jedoch zu schaffen machte, war die Erkenntnis: Die Hälfte der Körner in meiner persönlichen Sanduhr waren bereits durchgerieselt. Von nun an würden es oben immer weniger werden.

Ich zog Bilanz. War ich beruflich zufrieden? Nun ja. Meine Vision war es, weltweit bezahlbare Weiterbildung für jeden Menschen zugänglich zu machen. Von der Umsetzung war ich zwar noch weit entfernt – und eine konkrete Lösung hatte ich ebenfalls nicht –, aber abgesehen davon lief alles prima. Nur: Ich hatte immer nur gearbeitet. Genossen hatte ich mein Leben eigentlich nie.

Ich wollte endlich auch einmal an mich selbst denken. Also machte ich mit Mitgliedern des Eventus Clubs – damals hieß er noch Visions Club – eine Unternehmerreise nach Las Vegas. Dort organisierten wir eine Harley-Tour durch die Red Rocks und über den Hoover-Damm. Als Teenager war ich zwei Jahre lang Mokick gefahren. Danach hatte ich trotz Motorradführerscheins nie wieder auf einem Motorrad gesessen. Und nun saß ich nach Jahrzehnten auf dem Sattel einer 360 Kilo schweren Harley und hatte Mühe, sie überhaupt auf dem Hof des Verleihs aufrechtzuhalten. Zum Glück mussten nach mir noch zwei andere Mitreisende ihre Maschinen ausleihen. Ich nutzte die Zeit, startete meine Harley und tuckerte im Schneckentempo ein paar Runden um das Gebäude. »Verdammt noch mal, ist so eine Harley schwer zu lenken.« Als wir dann durch Las Vegas fuhren, war ich extrem angespannt. Doch später, als wir entspannt dahinrollen konnten, war ich plötzlich beseelt. Ich fühlte mich wie ein 17- oder 18-Jähriger – frei, lebendig, neugierig, unabhängig. Ein Gefühl, wie ich es schon seit Jahrzehnten nicht mehr hatte.

Zurück aus Las Vegas erzählte ich Kerstin, dass ich mir eine Harley kaufen wollte.

»Ach, das ist doch eine Schnapsidee«, meinte sie. »Du hast doch gar keine Zeit zum Harleyfahren.«

»Doch, die nehme ich mir«, widersprach ich.

»Aber wie oft wirst du wirklich dazu kommen? Dann leih dir lieber eine. Sonst steht das Motorrad doch nur in der Garage.«

Ich gab nach. Natürlich lieh ich mir kein einziges Mal eine Harley.

Einige Zeit später fuhr ich mit Onkel Agi – meinem Schwager und Freund – zu einem Seminar, das wir im Stanglwirt bei Kitzbühel veranstalteten. Eigentlich waren es zwei Seminare, mit zwei freien Tagen dazwischen zur Erholung. Agi wollte nach Kitzbühel hinein. Ich hatte keine Lust. Es waren 28 Grad, und ich wollte am Pool liegen und ein wenig Bräune tanken. Also fuhr Agi allein. Drei Stunden später kam er völlig aufgedreht zurück – wie ein Duracell-Männchen. In Kitzbühel fand genau an diesem Wochenende das traditionelle Harley-Treffen statt, mit Ständen und Hunderten von Harley-Fahrern. Agi hatte gleich bei einem Händler Prospekte mitgenommen und sprudelte los: Jetzt sollten wir uns endlich eine Harley kaufen. Zur Einordnung: Agi war zehn Jahre älter als ich, also fast 60.

Ich blätterte den Prospekt auf. Auf der ersten Seite rechts stand: »Du willst noch einmal jung sein? Dann kauf dir eine Harley.« Auf der nächsten: »Was braucht ein echter Mann? Ein kühles Bier, eine Motorradbraut und eine Harley.« Ja, genau so, wortwörtlich. Die nächste Seite: »Du hast dein Leben lang gearbeitet – du hast es dir verdient. Gönn sie dir jetzt. Eine Harley.« Was für eine platte Werbung. Aber sie wirkte! Nach drei Seiten stand für mich fest: Wir kaufen eine Harley.

Das taten wir dann auch – mit einem kleinen Haken: Agi hatte gar keinen Motorradführerschein. Er bekam die Maschine geliefert, musste aber erst die Prüfung machen. Beim ersten Anlauf fiel er durch. Ich machte ihm Mut, baute ihn auf – und beim zweiten Mal bestand er.

Ich erinnere mich noch genau an den Moment, als ich meine Harley in Würzburg beim Händler abholte und vom Firmengelände rollte. Heilige Scheiße, hatte ich Angst – und wie unbeholfen ich war! An diesem Tag fuhr ich gleich die ersten 60 Kilometer. Es war herrlich. Zwar gab es drei brenzlige Situationen, in denen ich fast von der Maschine geflogen wäre, aber irgendwie meisterte ich auch das. Ich fuhr weiter nach Schweinfurt, wo ich Kerstin zum Eisessen treffen wollte. Als ich mit der Harley auf den Parkplatz nahe der Eisdiele rollte, zog ich alle Blicke auf mich. Der Auspuff war bearbeitet – der Sound entsprechend laut. Ich wollte die Maschine abstellen – und sie fiel um. Alle guckten. Einige lachten. Und ich schaffte es tatsächlich, die 360 Kilo wieder aufzurichten. Ich wollte mir doch keine Blöße geben. Von da an waren die Harley und ich beste Freunde.

Außerdem sicherten wir uns VIP-Tickets in einer Lounge beim FC Bayern. Anfangs waren es zwei Karten für jedes zweite Heimspiel, später für jedes. Schließlich buchten wir noch drei Businesstickets dazu – so konnten wir auch unsere Kinder mitnehmen oder Freunde und Mitarbeiter einladen. Wir begannen, mehr und mehr Urlaub zu machen. Der erste war im Sommer 2005. Gute Freunde von uns, die ein Baugeschäft führten, hatten uns immer wieder von Mauritius vorgeschwärmt.

Zu diesem Zeitpunkt hatte ich allerdings immer noch meine Schulden am Hals. Zwar kamen inzwischen erste Einnahmen herein, aber mein Ziel war es, möglichst viele Schulden schnell abzubauen, um dann mit den Gläubigern einen Deal machen zu können. Was ich jedoch nicht wusste: Mauritius ist im Sommer eher günstig. Es gab ein tolles Angebot in einem Fünf-Sterne-Hotel – vier Flüge für uns und die Kinder, zwei getrennte Zimmer à 55 Quadratmeter inklusive Halbpension für zwei Wochen, alles zusammen für 6.500 Euro. In unserer finanziellen Lage war das zwar keinesfalls ein Schnäppchen, aber ein Urlaub im Robinson Club wäre deutlich teurer gewesen. Also flogen wir nach Mauritius.

Als wir mit unseren Freunden und deren zwei Kindern ankamen, fühlte es sich an wie das Paradies: der Strand, die Sonne, das kristallklare Meer, die unglaubliche Freundlichkeit der Mauritier, das köstliche Essen – es war einfach ein Traum. Dank Halbpension waren Frühstück und Abendessen abgedeckt. Doch mittags meldete sich der Hunger, vor allem bei den Kindern. Kerstin und ich wollten eigentlich kein Mittagessen und stopften uns morgens beim Frühstück ordentlich voll. Trotzdem knurrte auch bei uns irgendwann der Magen. Die Kinder bestellten Pizza, und wir überredeten sie, noch zwei Portionen Pommes dazuzunehmen – mit einem kleinen Hintergedanken: Sie würden ihre Pizza vermutlich nicht ganz schaffen. Und tatsächlich blieben meist ein oder zwei Stücke Pizza und ein paar Pommes übrig – unser Mittagessen. Wir mussten schließlich haushalten. Der Urlaub war das finanzielle Maximum, das wir uns damals leisten konnten.

Im Laufe der Jahre wurde Mauritius immer mehr zu unserer Sommerheimat. Mit angenehmen 23 bis 26 Grad tagsüber und etwa 18 bis 20 Grad nachts war das Klima ideal für die Kinder. Sie konnten draußen toben, ohne Sonnenbrand oder Hitzschlag zu riskieren. Wir spielten am Strand, bauten gigantische Sandburgen, fuhren Kajak – das war im Hotelpreis inbegriffen. 2006 begannen wir mit dem Wasserskifahren. Alexander war damals zehn, Maximilian sechs. Die beiden Teufelshunde hatten den Dreh innerhalb eines Tages raus – zack, aus dem Wasser, und schon fuhren sie.

Ich hingegen brauchte allein am ersten Tag 17 Versuche, ohne auch nur einmal auf den Skiern zu stehen. Danach war ich völlig fertig, meine Arme konnte ich kaum noch bewegen. Aber jetzt erst recht! Am nächsten Tag versuchte ich es wieder – 19 Mal, ohne Erfolg. Am dritten Tag gelang es mir dann irgendwie beim fünften oder sechsten Versuch: Ich stand auf den Skiern und wurde hinter dem Boot hergezogen. »Was für ein Gefühl! Was bin ich für ein toller Hecht!« Doch dann drehte das Boot. Niemand hatte mir etwas von Kurven erzählt. Panik. Und schon landete ich wieder im Wasser.

Ab diesem Tag klappte es aber meist nach ein oder zwei Anläufen. Auch die Kurven bekamen ich mit der Zeit hin. Die Kinder wechselten bald auf das Wakeboard – das probierte ich auch, bekam davon aber Rückenschmerzen. Dann stiegen die Kinder um auf den Monoski, also einen einzelnen schmalen Ski. Und wie schnell diese kleinen Drecksäcke – ich nenne sie liebevoll so, weil ich neidisch zusah – das beherrschten! Sie kreuzten hinter dem Boot links und rechts aus dem Bug heraus. Dadurch verdoppelten sie ihre Geschwindigkeit. In der Kurve vervierfachte sich das Tempo. Natürlich wollte ich das auch. Ich versuchte es wieder und wieder – 17, 18, 20 Mal. Aber ich kam nicht raus. Vielleicht waren meine 83 Kilo zu viel. Oder meine Technik zu schlecht. Ich tippte auf Letzteres. Ich hatte noch nie sportlich irgendetwas schnell gelernt oder gekonnt.

Aber ich habe eine Eigenschaft, die mich auszeichnet: Ich gebe nicht auf. Niemals. Unter gar keinen Umständen. Nie!

Am vorletzten Urlaubstag traf ich eine Vereinbarung mit mir selbst: Wenn ich am letzten Tag nicht mindestens einmal auf dem Monoski stehen und eine Runde drehen konnte, würde ich es im nächsten Jahr bleiben lassen und einfach Doppelwasserski fahren.

Ein mauritischer Mitarbeiter vom Wasserski-Team bekam meine Frustration mit. Wahrscheinlich tat ich ihm leid. Jedenfalls bot er uns an, am letzten Tag – nach Feierabend gegen 16:30 Uhr – mit uns samt Boot und Skiern zur Bucht des Le Saint Géran zu fahren. Das Hotel gehört mittlerweile Sheikh Maktoum von Dubai und ist bis heute eines der besten auf Mauritius. Eines unserer Lieblingshotels auf dieser Welt. Die Bucht dort ist ruhig wie ein See – im Gegensatz zu unserem Hotelstrand, wo die Wellen das Aufstehen deutlich erschwerten.

Niemand sonst bekam diese Gelegenheit. Aber wir waren immer besonders freundlich zu allen mauritischen Mitarbeitenden gewesen. Wir unterhielten uns mit ihnen, vor allem Kerstin war wie immer sehr engagiert. Sie interessiert sich für Menschen, schließt schnell Kontakt – und die Mauritier liebten sie dafür. Wir sollten niemandem von dem Ausflug erzählen und mussten ein paar Hundert Meter vom Hotel entfernt ins Boot steigen. Dann fuhren wir zum Saint Géran.

Der erste Versuch scheiterte, aber beim dritten kam ich aus dem Wasser – und ich stand. Ich stand wirklich auf dem Monoski! Bei der zweiten Runde wagte ich es sogar, auszukreuzen. Was für ein unfassbarer Spaß! Und wie immer erarbeitete ich mir alles hart. Ich hatte nie das Talent meiner Söhne, aber ich hörte nie auf. Heute, würde ich sagen: Ich bin wahrscheinlich einer der besten 60-jährigen Monowasserskifahrer, die es gibt.

Jedenfalls machten wir immer mehr Urlaube. Kerstin konnte nach und nach auch wieder nach Herzenslust Klamotten, Schuhe und Taschen kaufen. Wir verbrachten regelmäßig Wochenenden in München oder anderen Städten Europas, genossen das Essen in Sterne-Restaurants – eigentlich war alles wunderbar. Eigentlich. Denn in mir nagte das Gefühl, etwas verpasst zu haben.

Kerstin und ich begannen, häufiger zu streiten. Oft wegen Kleinigkeiten, die eigentlich nicht der Rede wert waren. Doch ich spürte, dass ich mit Kerstin unzufriedener wurde. Gleichzeitig hasste ich mich dafür – schließlich war sie die beste Frau der Welt. In der entscheidenden Phase meines Lebens, als ich ganz am Boden war, war sie geblieben. Sie hatte die Familie zusammengehalten, hatte die neue Firma gegründet, war an meiner Seite gewesen. Sie hatte wie eine Löwin für mich gekämpft, alles mitgetragen. Und trotzdem störte es mich, dass Kerstin nicht mehr so war wie zu Beginn unserer Beziehung.

Sie hatte sich körperlich verändert. Ich hatte sie nie als feingliedriges Model kennengelernt, aber sie hatte eine tolle Figur gehabt – trainiert, schlank, mit den richtigen Kurven an den richtigen Stellen. Mittlerweile war es einfach zu viel an den richtigen Stellen. Wenn ich versuchte, das vorsichtig anzusprechen, führte es zum Streit. Doch sie änderte nichts. Sie wollte keinen regelmäßigen Sport machen.

Auch emotional gab sie mir nicht mehr das, was ich früher bei ihr gespürt hatte: das Gefühl, ihr Held zu sein. Ihr weißer Ritter, der sie rettete und beschützte, zu dem sie aufsah. Später erfuhr ich, dass auch sie mit sich selbst unzufrieden war – was die Situation zwischen uns natürlich nicht erleichterte. Und sie spürte, dass ich unzufrieden war. Ich war es mit mir selbst. Und mit ihr. Wir entfernten uns voneinander – schleichend, aber stetig.

Bis ich eines Tages zum ersten Mal überlegte, ob es nicht besser wäre, wenn wir uns trennten. Ich schob den Gedanken sofort beiseite. Meine Loyalität ihr gegenüber war zu groß. Doch mit jedem Streit, mit jeder Enttäuschung wuchs dieser Gedanke. Schließlich fasste ich den Entschluss, mich zu trennen.

Aber wie trennt man sich? Wann ist der »richtige« Zeitpunkt? Ich hatte keine Ahnung. Ich wusste nur: Nicht vor dem Familienurlaub auf Mauritius. Ich wollte ihr diesen Urlaub auf keinen Fall verderben. Also flogen wir gemeinsam los – obwohl ich bereits wusste, was ich danach tun würde. Und ich fühlte mich schrecklich dabei. Gemein. Hinterhältig. Aber ich konnte nicht anders.

Sie war nicht mehr mein Schmetterling – bunt, fröhlich, frei. Sie war eine Frau geworden, die nicht mehr aus ihrer Komfortzone wollte. Sie wollte keine Harley mit mir fahren. Sie wollte nicht Tauchen lernen. Keine neuen Urlaube. Keine Abenteuer. Sie wollte, dass alles blieb, wie es war. Ich aber fühlte mich wie ein Teenager. Ich wollte raus. Ich wollte ein neues Kapitel aufschlagen. Mich wieder jung, wild und lebendig fühlen. Ich hatte das Gefühl, sie engte mich ein. Es fühlte sich an wie ein Gefängnis. Natürlich war es das nicht – aber ich redete es mir so ein. Auch, um die Trennung überhaupt durchziehen zu können.

Nach dem Urlaub, es war Ende August, ein Sonntagmorgen. Wir frühstückten, die Kinder waren unterwegs. Da sagte ich es ihr: dass ich noch am selben Tag ausziehen würde.

Sie brach in Tränen aus. Schaute mich an, stammelte immer wieder: »Tu mir das nicht an. Bitte, Jürgen, tu mir das nicht an.« Der Tag wurde zur Hölle. Ich konnte sie nicht einfach im Stich lassen, also blieb ich noch. Immer wieder kam sie zu mir, tränenüberströmt. Mal voller Vorwürfe, dann flehend, dann bat sie mich einfach um eine Chance.

An diesem Sonntag geschah etwas in ihr. Wie im Zeitraffer wurde ihr bewusst, dass es nicht nur an mir lag – sondern auch an ihr. Und dass sich etwas ändern musste, wenn es überhaupt noch eine Chance geben sollte. Doch ich wollte keine Chance mehr. Ich wollte raus. Sie informierte die Kinder. Sie kamen nach Hause, machten mir Vorwürfe, waren enttäuscht, verbittert.

Schließlich ging ich. Für diese Nacht bezog ich ein Hotel in Schweinfurt. Kerstin und die Kinder blieben im Haus.

Allein im Hotelzimmer kam ich langsam zu mir. Eine innere Stimme meldete sich: Vielleicht machst du gerade den größten Fehler deines Lebens. Und bei all den Fehlern, die ich zuvor schon gemacht hatte, sollte das etwas heißen.

Ich dachte über alles nach. Über unser gemeinsames Leben. Über all die Höhen und Tiefen. Ich sah unsere Zeit wie einen Film vor meinem inneren Auge: unser erstes Treffen im Fitnessclub (und wie ich sie nicht gemocht hatte), ihr Besuch im Krankenhaus, unser erstes Date, unser erstes Mal, der Einzug ins Haus, der erste Hund, unsere Hochzeit, die Geburt der Kinder, ihre Stärke in der Krise. Alles kam zurück.

Und die Stimme in mir sagte: »Mach das nicht.«

Ich rief sie an. Sie saß mit den Kindern im Garten. Natürlich hatten sie über mich gesprochen – aber nicht so, wie ich es befürchtet hatte. Keine wütenden Tiraden. Keine Hasstiraden. Sie war gefasst. Sie sprach ruhig mit mir. Fragte, was ich gerade mache, was ich dachte, was ich fühle. Und irgendwann fragte ich sie, ob sie wirklich glaube, dass wir noch eine Chance haben. Ob wir es schaffen können, wieder zueinanderzufinden.

Sie weinte und sagte mit fester Stimme: »Auf jeden Fall. Ganz bestimmt.«

Ich sprach nun Dinge aus, die ich mich lange nicht getraut hatte zu sagen – was mich störte, was ich mir anders wünschte, was ich nicht mehr hinnehmen wollte. Sie hörte mir aufmerksam zu. Ich spürte, wie sie schluckte. Es arbeitete in ihr, und schließlich sagte sie: »Ja, du kannst dich darauf verlassen, dass ich daran arbeiten werde.« Sie versprach mir, dass alles wieder gut werden würde. Ich würde die Kerstin zurückbekommen, in die ich mich verliebt hatte – in jedem Punkt.

Ich sagte, ich würde darüber nachdenken.

In dieser Nacht schlief ich kaum. Am nächsten Morgen packte ich meine Sachen und fuhr zurück nach Hause. Wir fielen uns in die Arme und heulten wie zwei Schlosshunde. Trotzdem musste ich an diesem Tag mit Agi in die Schweiz, zu einem Seminar. Unsere beiden Harleys hatten wir in einen Sprinter geladen, um in den Schweizer Bergen bei Interlaken Motorrad zu fahren. Ich hatte zwei Seminare am Stück – mit drei Tagen Pause dazwischen.

Kerstin sagte, dass sie am letzten Tag mit unserem jüngeren Sohn Maximilian nachkommen würde. Und tatsächlich: Sie kam – und brachte eine Lederhose, Lederstiefel, eine Lederjacke, einen Motorradhelm und Handschuhe mit. Ich schaute sie erstaunt an.

»Was guckst du so? Ich fahre morgen mit zum Comer See«, sagte sie.

Und so fuhren wir in den drei freien Tagen mit vier oder fünf Motorrädern aus unserem Team über den Gotthardpass bis zum Comer See. Kerstin saß hinter mir auf dem Sattel, schmiegte sich eng an mich. Ich spürte ihre Hand – auch an einer Stelle, wo man sie in voller Fahrt eigentlich nicht erwarten würde … Sie saß zum allerersten Mal auf einem Motorrad – und dann gleich acht oder neun Stunden am Stück. Als wir in Como ankamen, tat ihr nicht nur das Gesäß weh, sondern der ganze Körper. Aber sie war bei mir. Sie war mein Harley-Babe.

Und mit dieser Tour wurde unsere Liebe neu entfacht. Wir fanden wieder zueinander – intensiver denn je. Kerstin veränderte sich tatsächlich. Optisch verwandelte sie sich so stark, dass ich es kaum glauben konnte. Sie setzte all das um, was sie zuvor in meinen Lifing-Seminaren gehört hatte. Nach vielen Jahren nahm sie wieder als ganz normale Teilnehmerin an meinen Seminaren teil – und begann, die Techniken umzusetzen: Autosuggestion, Visualisierung, mentale Stärke.

So kam es, dass diese 24-Stunden-Trennung der Anfang einer neuen, besseren Beziehung war – wie viele Krisen, die im Rückblick zu Entwicklungsschritten wurden. Nur wenn man mittendrin steckt, erkennt man das leider selten.

Am 2. Juli 2026 sind wir 32 Jahre verheiratet und seit 36 Jahren zusammen: in guten wie in schlechten Zeiten. Es war nicht alles gut. Wir haben Fehler gemacht. Wir haben den anderen verletzt. Aber wir sind immer noch ein Paar.

Danke, Kerstin, dass es dich gibt.

Danke, dass du in mein Leben getreten bist.

Danke, dass du immer an mich geglaubt hast.

Danke, dass du mir nie Vorwürfe gemacht hast – egal, welche Fehler ich begangen habe.

Danke, dass du nie aufgegeben hast.

Danke, dass du immer stark warst.

Danke, dass du die beste Freundin bist, die ich mir wünschen kann.

Danke für deine Leidenschaft.

Danke, dass du immer wieder Geld für uns sparst – etwa, indem du eine Designertasche im Ausverkauf für den halben Preis ergatterst. So wie damals die Prada-Felltasche, die statt 2.000 Euro nur 1.000 gekostet hat. Und dann hast du uns noch mehr gespart, weil du gleich zwei gekauft hast – so haben wir 2.000 Euro »gespart«. Danke für deinen Humor.

Aber jetzt mal ganz im Ernst:

Du bist die beste Frau, die mir je passieren konnte – weil du selbstbewusst bist, weißt, was du willst, und deinen ganz eigenen Kopf hast. (Das sollte man nicht vermuten, wenn man dich zum ersten Mal triffst – so blond, fröhlich und positiv, wie du auftrittst.) Und ja, du hast auch ein aufbrausendes Temperament … Da bekomme ich verbal schon mal eine mit. (Manchmal auch völlig zu Recht!)

Du warst immer für mich da. Du hast immer zu mir gestanden. Du bist mit mir tatsächlich durch dick und dünn gegangen – so wie wir es uns bei unserem Ehegelübde versprochen haben. In guten wie in schlechten Zeiten. Du lebst dieses Versprechen.

Du gibst nicht auf, wenn ein Sturm aufzieht. Du hast immer an mich geglaubt. Selbst 2004, als wir ganz unten waren und ich dich fragte, ob du überhaupt noch Vertrauen in mich hast, sagtest du: »Ja, ich habe immer an dich geglaubt. Und ich werde immer an dich glauben. Du wirst uns da rausholen. Ich weiß es.«

Und selbst als ich in einer schwierigen Börsenphase bei der Verwaltung unseres Vermögens einen Millionenbetrag verlor, sagtest du nur:

»Das macht nichts. Ich vertraue dir. Du machst das schon richtig. Das kommt alles wieder. Lass uns ein Glas Champagner darauf trinken …«

Ich bin stolz auf dich.

Stolz, wie fantastisch du mit fast 64 Jahren aussiehst, wenn dieses Buch erscheint.

Dir würde es nie einfallen, morgens ungeschminkt, mit fettigen Haaren, im zerknitterten Jogginganzug oder Bademantel am Frühstückstisch zu sitzen.

Du bist immer top angezogen, top gestylt.

Ich bin stolz auf deinen Verstand – und noch mehr auf dein Bauchgefühl.

Deine Intuition, dein Zugang zur spirituellen Welt, deine Fähigkeit, Menschen treffsicher einzuschätzen.

Ich bin stolz darauf, dass du 2023 dein erstes Buch veröffentlicht hast: *Ich muss? 'Nen Scheiß muss ich.* Zwei Jahre lang hattest du Angst davor. Immer wieder plagten dich Zweifel. Diesmal war ich es, der dich bestärkte – und dir auch mal liebevoll in den Hintern trat. Und dann war es da: Das Buch kam auf den Markt – und verdrängte tatsächlich am ersten Verkaufswochenende bei Amazon in der Kategorie »Motivation« Arnold Schwarzeneggers *Be Useful* auf Platz zwei. Dein Buch hielt sich über Wochen und Monate hinweg in verschiedenen Kategorien auf den Bestsellerlisten – sogar unter »Gesellschaft« und »Politik«. (Mir ist bis heute schleierhaft, wie du dort gelandet bist.)

Und ich bin stolz darauf, wie wunderbar du singst. Du lebst deinen Traum – indem du meine Seminare verzauberst und ihnen auf eine besondere Weise Tiefe verleihst. Du singst Whitney Houston – und wenn du ansetzt, denken viele im Publikum zunächst: »Was soll das denn jetzt? Jetzt singt sie auch noch? Jetzt bringt er seine Tussi auf die Bühne zum Singen? Das wird sicher ein Desaster. Ich glaub, ich geh mal aufs Klo …«

Doch dann hören sie dir zu. Gebannt. Sie können sich nicht entziehen. Viele sind tief berührt – und am Ende stehen sie auf und feiern dich mit Standing Ovations.

Ich erinnere mich besonders an diesen einen Moment: 2018, bei unseren Power Days. Arnold Schwarzenegger war gerade fertig mit seinem Auftritt und wollte von der Bühne gehen. Du begannst, das Schlusslied zu singen. Und was machte Arnold? Er kehrte um. Hörte dir zu. Und dann – ganz spontan – ging er wieder auf die Bühne, klatschte, tanzte und feierte gemeinsam mit den 10.000 Teilnehmern: *Simply the Best.*

LEARNINGS KAPITEL 10:

1. Es gibt immer eine zweite Chance.
2. Du kannst so gut wie alles lernen. Wenn du laufen, sprechen, schreiben und rechnen gelernt hast, kannst du auch lernen, erfolgreich und glücklich zu leben.
3. Echte Partner halten zusammen – in guten wie in schlechten Zeiten.

AUTOSUGGESTIONEN:

1. Ich folge immer meinem Herzen.
2. Ich glaube an mich und an meine Träume.
3. Ich bin selbstbewusst.
4. Meine Träume werden Wirklichkeit.
5. Nichts ändert sich, außer ich ändere mich.
6. Wissen ist mein größter Reichtum.
7. Ich lebe meine Berufung.
8. Ich bin ein Schöpfer.
9. Ich arbeite für meine Aufgabe, für meinen höheren Sinn im Leben.
10. Ich schaffe es.
11. Ich kann alles verändern, verbessern und aufbauen, egal, was es ist.
12. Ich kann alles lernen.

KAPITEL 11: TRIUMPH UND TRAGÖDIE

2016 erhielt die Jürgen Höller Academy zum ersten Mal die Auszeichnung »Deutscher Wachstumschampion«. In Zusammenarbeit mit dem Statistik-Portal Statista ermittelt die Zeitschrift *Focus* jährlich die 500 am schnellsten wachsenden Unternehmen der letzten vier Jahre, zeichnet sie aus und veröffentlicht die Ergebnisse in einem *Focus*-Sonderheft. Wir landeten auf Platz 149 – einfach unglaublich. Zwölf Jahre zuvor war ich mit 6,6 Millionen Euro Schulden noch völlig am Boden. Und nun gehörte mein Unternehmen zu den 150 wachstumsstärksten in ganz Deutschland. Wir konnten es kaum fassen – und zugleich gab uns diese Auszeichnung einen enormen Motivationsschub.

Dieses Kunststück gelang uns auch in den Jahren 2017, 2018 und 2019. Nur sehr wenige Firmen in Deutschland haben es geschafft, viermal hintereinander zum »Deutschen Wachstumschampion« gekürt zu werden. Da für jede Auszeichnung ein Vierjahreszeitraum zugrunde gelegt wird, waren wir über acht Jahre hinweg ununterbrochen unter den 500 am schnellsten wachsenden Unternehmen des Landes.

2017 folgte dann eine noch größere Ehrung: Die *Financial Times*, eine der angesehensten Finanzzeitschriften der Welt, veröffentlichte ihre Liste *FT 1000: Europe's Fastest Growing Companies*. Die Jürgen Höller Academy war erneut vertreten – auf Platz 495. Ist das zu fassen? Unter Abermillionen von Selbstständigen und Unternehmen war ich mit meiner Firma das 495. am schnellsten wachsende Unternehmen Europas – wieder bezogen auf einen Vierjahreszeitraum. Ich hatte es also geschafft: In meiner Weiterbildungsbranche war ich wieder die Nummer 1 in Europa – und sogar branchenübergreifend unter den Top 500.

Kein Wunder also, dass fast alle namhaften Vertreter der Weiterbildungsbranche in Deutschland auf die eine oder andere Weise von mir gelernt haben – ob als Festangestellte oder freie Mitarbeiter, ob sie die Train-the-Trainer-Ausbildung durchliefen oder andere Seminare besuchten – unter anderem auch Dirk. Mit Dirk arbeitete ich einige Jahre eng zusammen. Gemeinsam veranstalteten wir unter anderem die »Vertriebsoffensive«, und er trat regelmäßig als Gastexperte bei meinen großen Motivationstagen auf.

In meiner siebentägigen TTA-Ausbildung gebe ich mein gesamtes Wissen weiter – darüber, wie man als Trainer, Speaker, Berater oder Coach ein erfolgreiches Weiterbildungsunternehmen aufbaut. Es geht dabei nicht um Inhalte oder Rhetorik, nicht um die Art der Präsentation. Es geht um das Geschäftsmodell – das Modell der Jürgen Höller Academy. Ein Modell, das seit 1995 funktioniert – sogar in der Zeit, als mein Name völlig ruiniert war. In der Ausbildung geht es um Themen wie Positionierung, Marketing, Werbung, Verkauf, Selbstdarstellung, aber auch darum, wie man Webinare durchführt, Seminare organisiert, Public Relations betreibt und vieles mehr.

Auch Matthias Aumann nahm vor einigen Jahren teil – damals hatte er noch einen kleineren Gartenbau-Betrieb. Nach der Ausbildung gründete er sein Consulting-Unternehmen für Handwerker – und wuchs innerhalb von fünf bis sechs Jahren auf einen Umsatz von ca. 36 Millionen Euro. Ein weiteres Beispiel ist Tobias Beck, ein Kollege, den ich sehr schätze. Im Januar 2024 stieg er mit seinem neuen Buch *Rehbellion* direkt auf Platz 1 der Bestsellerliste ein. Er selbst sagt, dass er bei einem meiner Seminare den entscheidenden Impuls bekam. Es inspirierte ihn dazu, selbst erfolgreicher Speaker und Trainer zu werden – und viele Menschen zu begeistern. Genau das hat er geschafft. Ich freue mich und bin stolz darauf, ihn – wie viele andere auch – inspiriert und begleitet zu haben.

Viele meiner Kollegen sind dagegen, Weiterbildungen für andere Mitbewerber anzubieten. Sie wollen ihr Wissen nicht teilen. Ja, manche reagieren sogar mit Unverständnis darauf, dass ich mein gesamtes Know-how in diese siebentägige Train-the-Trainer-Ausbildung einfließen lasse – Wissen, für dessen Aufbau ich Jahrzehnte gebraucht und in das ich Millionen investiert habe.

Aber ich habe schon immer mein Wissen weitergegeben, wann immer ich konnte. Wenn ich ein Buch schrieb, dann steckte ich alles Wissen hinein, das ich zu diesem Zeitpunkt hatte. Ich hielt nichts zurück. Andere Kollegen erklärten mir, dass sie in einem Buch nur einen Teil ihres Wissens preisgeben würden – in der Hoffnung, dass die Leser dann ihre Seminare besuchen. Ich dachte – und denke – anders.

Es gibt zwei Gründe, warum ich meine Mitbewerber nicht nur dulde, sondern sogar aktiv fördere und unterstütze, damit sie durchstarten können:

Erstens: Ich glaube an das Gesetz von Geben und Nehmen. Wenn ich mein Wissen zurückhalte, dann nur aus Angst, dass kein neues hinzukommt. Aber ich glaube daran, dass das Universum mir neues Wissen schickt, wenn ich bereit bin, das alte weiterzugeben. Und genau das passiert nun seit über 40 Jahren – immer wieder.

Zweitens: Als wir damals die Auszeichnungen als eines der am schnellsten wachsenden Unternehmen in Deutschland und Europa erhielten, machte sich bei uns eine gewisse Bequemlichkeit breit. Wir waren so weit voraus, wieder die Nummer 1 in Europa. Also ließ ich bewusst Mitbewerber heranwachsen – selbst auf die Gefahr hin, dass sie uns eines Tages überholen würden. Denn genau das motiviert mich zutiefst.

Ich sehe mein Unternehmen und meine Arbeit als ein Spiel. Und in diesem Spiel will ich gewinnen. Schon als Kind sagten meine Eltern, ich sei kein guter Spieler, weil ich nicht verlieren könne. Heute sagen meine Frau Kerstin und meine Söhne Maximilian und Alexander das Gleiche. Und sie haben recht: Ich kann nicht verlieren. Aber genau deshalb bin ich da, wo ich heute bin. Wenn mich jemand überholt, gebe ich Vollgas, um wieder vorbeizuziehen. Wenn ich hinfalle, stehe ich sofort wieder auf und laufe weiter – immer nach vorn, immer Richtung Spitze.

Ich glaube nicht, dass »gut verlieren können« eine besonders hilfreiche Eigenschaft im Geschäftsleben ist. Vielleicht macht es einen sympathischer, wenn man privat Monopoly oder Kniffel spielt. In diesen Spielen bin ich tatsächlich kein angenehmer Gegner – ich ärgere mich, wenn ich verliere, und ich juble laut, wenn ich gewinne. Im Geschäftsleben aber ist diese Haltung – zumindest meiner Erfahrung nach – ein Schlüssel zum Erfolg. Denn wer gut verlieren kann, verliert am Ende vielleicht einfach nur gut. Ich will gewinnen. Punkt!

2016 – in jenem Jahr, als ich zum ersten Mal als deutscher Wachstumschampion ausgezeichnet wurde – hatte ich auch zum ersten Mal wieder 10.000 Menschen live in einem Seminar vor mir sitzen. Einer unserer Gastredner war Box-Weltmeister Henry Maske. Vertreter der *Bild-Zeitung*, Fernsehteams und andere Medien waren wieder bei unseren Veranstaltungen dabei. Sie fragten mich, ob ich mit Henry eine besondere Aktion plane.

Ich antwortete: »Ich habe ein Moniereisen dabei – 1,80 Meter lang, 12 Millimeter dick, ungefähr wie ein Zeige- oder Mittelfinger. Henry und ich werden jeweils ein Ende des Eisens an der weichen Kuhle unseres Halses ansetzen. Dann stellen wir uns im Abstand von 1,80 Metern gegenüber und gehen mit voller Kraft aufeinander zu – so lange, bis wir uns in den Armen liegen und das rostige Moniereisen zu einem U gebogen ist.«

Henry war zwar etwas mulmig zumute, doch schließlich machte er mit.

Und so kam es zu dem berühmten Foto, das uns beim Stangenbiegen zeigt.

2017 waren dann der »Titan« Oliver Kahn und der Bodybuilding-Weltmeister und Gladiator Ralf Möller unsere Gäste. Oliver entpuppte sich als supernett und angenehm unkompliziert – ganz anders, als man es mir vorher erzählt hatte. Und Ralf Möller war sowieso einer der nettesten

Menschen, die ich je kennenlernen durfte. Wir verstanden uns auf Anhieb hervorragend – eine Verbindung, die sich ein Jahr später noch als besonders wertvoll erweisen sollte. Denn für 2018 hatte ich die Vollendung eines lang gehegten Traums geplant: Ich wollte mein großes Vorbild Arnold Schwarzenegger persönlich kennenlernen – und ihn als Gaststar für unsere Power Days in der Münchner Olympiahalle gewinnen.

Jahrelang hatte ich es immer wieder versucht – ohne Erfolg. Es gab viele Anläufe, viele hoffnungsvolle Momente, aber letztlich wurde nie etwas daraus. Ich ließ mir einiges einfallen. Einmal erfuhr ich, dass er im Stanglwirt in Kitzbühel erwartet wurde – zufällig genau dann, als ich dort ein Seminar hielt. Doch wie sollte ich seine Aufmerksamkeit gewinnen? Ich schickte einen Fahrer nach München in einen Zigarrenladen und ließ eine Kiste edler kubanischer Zigarren besorgen – genau die Marke, die er gern rauchte. Dazu verfasste ich einen handgeschriebenen Brief und ließ alles mit meinen Kontaktdaten vom Zimmerservice auf sein Zimmer bringen. Ich vermute, er hat die Zigarren genossen – aber eine Reaktion bekam ich nie.

Im August 2018 machten Kerstin, mein Sohn Maximilian und ich Urlaub in den USA. Ich hatte mich mit Ralf Möller verabredet – in der Hoffnung, dass ich über ihn vielleicht doch noch Arnold treffen könnte. Doch Ralf nutzt seine Beziehung zu Arnold nicht aus, denn wenn er das täte, wäre ihre Freundschaft schnell vorbei. Wir trafen uns trotzdem – und dabei lernte ich Patrick Knapp-Schwarzenegger kennen, Arnolds Neffen und Anwalt. Auch mit ihm verstand ich mich auf Anhieb bestens. Ich erzählte ihm von meinem Wunsch, Arnold einen »Lifetime Award for Success« zu überreichen – eine Auszeichnung, die ich eigens für herausragende Persönlichkeiten ins Leben gerufen hatte. Selbstverständlich war ein angemessenes Honorar vorgesehen.

Patrick versprach, mit Arnold zu sprechen. Ich blieb regelmäßig in Kontakt mit ihm, doch es wollte einfach nicht klappen. In diesem Jahr hatte Arnold eine schwere Herzoperation – er wäre beinahe gestorben. Nach dem Eingriff wurde er wach und musste sofort erneut operiert werden. Zudem stand er für *Terminator: Dark Fate* vor der Kamera. Es war wie verhext. Seit Jahrzehnten lief ich diesem Traum hinterher. Aber ich kann nicht verlieren. Und ich kann nicht aufgeben.

Schon Mitte der 90ziger Jahre war ich mit einer Gruppe von Fitnessclub-Besitzern, die ich danach beriet, auf einem Kongress der IHRSA in San Diego. Mein erster Fitnessstudio-Inhaber – Harry Gelbfarb, bei dem ich mit 16 Jahren mit dem Bodybuilding begann – war inzwischen nach Kalifornien ausgewandert und hatte in San Clemente, einer traumhaften Kleinstadt am Pazifik zwischen San Diego und Los Angeles, ein Studio eröffnet. Auch er kannte Arnold gut. Wir hatten damals ein gemeinsames Training im World's Gym vereinbart. Alles war vorbereitet, und ich freute mich riesig – doch genau an diesem Tag musste Arnold einen Nachdreh für einen Film absolvieren. Also blieb es bei Ralf Möller. Ihn kannte ich schon seit meinem 22. Lebensjahr – ich hatte ihn damals, als er noch Bodybuilding-Weltmeister war, als Gastposer in mein Studio eingeladen.

Zurück ins Jahr 2018: Anfang Oktober, zwei Monate vor den Power Days in München, hatte ich immer noch keinen Gaststar. Etwas in mir gab die Hoffnung nicht auf, dass es mit Arnold doch noch klappen könnte. Patrick und Ralf hatten mir erzählt, dass Arnold zur Wiesn nach München kommen würde. An einem Samstagabend bekam ich dann einen Anruf. Im Hintergrund hörte ich Blasmusik und fröhliche Stimmen. Es war Patrick: »Rate mal, wer gerade neben mir sitzt?«

Ich sagte: »Ralf Möller.«

»Richtig. Und wer noch?«

Ich fragte zögernd: »Etwa Arnold?«

»Genau. Und rate mal, was er gerade gesagt hat.«

Ich antwortete vorsichtig: »Ich habe eine leise Hoffnung – bitte zerstöre sie nicht.«

»Nein – er hat zugesagt.«

Innerhalb weniger Wochen mussten wir nun eine komplette Kampagne auf die Beine stellen, um Arnold entsprechend zu vermarkten. Natürlich erhielt er ein sehr hohes Honorar für seinen Auftritt. Als es schließlich so weit war – am Sonntagabend, dem Abschluss der zweitägigen Power Days in der Münchner Olympiahalle – warteten 10.000 Teilnehmer gespannt auf seinen Auftritt.

Ich war perfekt vorbereitet. Zuerst betrat ich die Bühne und kündigte ihn an. Dann zeigten wir einen zusammengeschnittenen Film über sein Leben, und anschließend ließen wir die Musik aus *Terminator* einspielen. Ich peitschte das Publikum an – nach zwei Tagen voller Energie hörten sie natürlich genau auf mich.

Ich fragte sie: »Wollt ihr Arnold jetzt wirklich auf dieser Bühne sehen?«

Sie riefen: »Ja!« – aber es war mir zu leise.

»Ja oder *JA*?«

Sie riefen lauter: »JA!«

Ich fragte noch einmal: »Ja oder *JA*?«

Und 10.000 Menschen brüllten so laut sie konnten: »JAAAA!!!«

Aber es war mir immer noch nicht laut genug. »So kommt er nicht auf die Bühne! Wollt ihr Arnold haben? Den Terminator? Den Governator!? Dann sagt jetzt so laut ihr könnt: ›JA!!!‹«

Die Olympiahalle bebte. Alle hatten Gänsehaut. Von den oberen Rängen und aus dem hinteren Bereich strömten die Menschen nach vorn. Die Sicherheitsleute hatten größte Mühe, die Menge im Zaum zu halten. Dann betrat Arnold die Bühne. In diesem Moment setzte *Ritt der Walküren* ein – eine kraftvolle, dramatische Musik, die Arnold sicher ebenso beeindruckend fand wie ich. Die Lichtshow befeuerte dabei die gesamte Olympiahalle.

Wir begrüßten uns, umarmten uns, und ich übergab ihm die Bühne für seinen Vortrag. Dutzende Medienvertreter drängten sich an den Bühnenrand. Die Spannung war greifbar, die Energie elektrisierend. Arnold sprach auf Englisch. Ein kurzes Raunen ging durch den Saal – doch es war kein Problem. Er sprach so klar und einfach, dass ihn jeder verstand. Und er wuchs an diesem Tag über sich hinaus – angesteckt von der gewaltigen, positiven Energie in der Halle, wie vermutlich auch er sie noch nie erlebt hatte.

Anschließend führte ich ein halbstündiges Interview mit ihm.

Wenn du dir das Ganze einmal ansehen willst: Hier der YouTube-Link zum Zusammenschnitt:

Ich hatte wieder einen meiner Träume verwirklicht – und konnte in meinem Wünschebuch ein weiteres Ziel abhaken.

Ein Jahr später, Ende 2019, war dann Dieter Bohlen unser Gast. Am Samstagabend hatte er noch einen Auftritt in Berlin, und als er sonntags bei uns eintraf, war er entsprechend ein bisschen müde, und offenbar hungrig. Er hatte Hunger – und das ist bei ihm offenbar wie bei mir: Wenn wir hungrig sind, ist mit uns nicht gut Kirschen essen. Dann sind wir wie Wölfe – wir brauchen etwas zu beißen.

Kerstin schnappte sich Dieter und brachte ihn erst mal in die BMW-Welt, wo er etwas essen konnte. Als er zurückkam, war mein Seminarteil bereits vorbei. Ich begrüßte ihn in der Garderobe – und siehe da, gut gesättigt war er plötzlich bestens gelaunt. Wir unterhielten uns eine Weile, dann holte ich ihn auf die Bühne, und es wurde ein voller Erfolg.

Im Vorfeld hatte es gemischte Reaktionen von unseren Kunden gegeben. Viele fanden, dass Dieter Bohlen ein spannender Gast sei, von dem man viel lernen könne. Andere hielten ihn für ungeeignet – wegen seines oft harten Tons bei DSDS. Ich erklärte ihnen: Es geht nicht darum, ob man Dieter Bohlen persönlich sympathisch findet. Schon gar nicht darum, ob man seine Musik mag. Entscheidend ist: Man kann von jemandem, der seit Jahrzehnten eine Ausnahmekarriere hingelegt hat – als Sänger, Songwriter, Produzent, Fernsehstar und wieder als Live-Performer – eine Menge lernen.

Und dann kam … Corona. Zwei Jahre Pause.

Im Dezember 2022 fanden endlich wieder die Power Days statt – mit Philipp Plein als Gast. Ich persönlich mag Philipp Plein. Ich trage seine Mode – nicht alles, aber einige Stücke, insbesondere seine außergewöhnlichen Sakkos, Hosen und Sneakers. Und seine Lebensgeschichte finde ich faszinierend.

Er begann als Möbeldesigner. Sein erster Erfolg: ein Hundebett für 1.500 Euro. Wie er auf der Bühne sagte: »*I love expensive …*« Damit tourte er über die Möbelmessen. Um Aufmerksamkeit zu erregen, hängte er an einen Garderobenständer eine Armeejacke, die er aus alten Beständen gekauft hatte – verziert mit unzähligen Strasssteinen und einem Totenkopf, dem typischen Philipp-Plein-Emblem. Und genau diese Jacke wurde zum Blickfang – mehr noch als das Hundebett. Er verkaufte schließlich über tausend Stück – für viel Geld. Das war der Startschuss für seine Marke.

Als wir ihm den Lifetime Award for Success anboten, sagte er begeistert zu. Es war sein erster großer Award. Und obwohl er zwei Tage vorher noch krank gewesen war und seine Stimme fast ganz weg war, wurde er rechtzeitig wieder fit. Er kam auf die Bühne, und ich führte ein Interview mit ihm.

2023 setzte sich dann Kerstin durch. Sie wollte endlich eine Frau als Preisträgerin. Aber wen sollten wir nehmen? Schließlich fiel unsere Wahl auf Nena. Sie war zu diesem Zeitpunkt 62 Jahre alt und feierte ihr 40-jähriges Bühnenjubiläum. Eine Frau mit Haltung, mit Meinung, mit vier Jahrzehnten Erfolg. Noch zwei Jahre zuvor war sie Jurymitglied bei *The Voice* gewesen. Wir überreichten ihr den Lifetime Award for Success – und am Ende der zweitägigen Power Days lieferte sie sogar noch einen Musikact mit ihrer kompletten Band.

Zurück im Jahr 2000, in das wir mehr als erfolgreich starteten. Von Januar bis März lagen wir bei einem Umsatzplus von rund 32 Prozent. Wäre alles normal weitergelaufen, hätten wir auch in diesem Jahr unseren Umsatz wohl um ein weiteres Drittel steigern können – und damit erneut Chancen auf den Titel als deutscher und europäischer Wachstumschampion gehabt.

Mittlerweile hatte Kerstin mich auf den Geschmack von Kreuzfahrten gebracht. Ursprünglich wollte ich nie auf ein Kreuzfahrtschiff. Für mich war das etwas für ältere Menschen – Rentner, die ihre Geschäfte verkauft hatten und nun gemütlich die Welt bereisten. Doch ihr zuliebe stimmte ich 2019 einer vierwöchigen Indonesien-Reise auf der *MS Europa 2* zu.

Und auch wenn die meisten Reisenden tatsächlich älter waren als wir – wenn nicht im Alter, dann im Kopf oder körperlich – war es einfach fantastisch. Jeden Tag ein anderer Ort, eine andere Insel, die man allein wohl nie besucht hätte. Wir sahen Komodowarane, waren am legendären Pink Beach mit rosafarbenem Sand und erlebten eine unvergessliche Party am und im Meer mit besten Speisen und Champagner satt für alle. Der krönende Abschluss war unser Aufenthalt in Bangkok: grandiose Restaurants, exzellenter Service, tolle Shoppingmöglichkeiten, erstklassige Weine – und das zu erstaunlich günstigen Preisen. Also buchten wir für 2020 direkt die nächste Reise – diesmal drei Wochen Südamerika.

Wir starteten in München – nach einem Spiel des FC Bayern – und flogen von dort nach Frankfurt. Wenn wir fliegen, genießen wir immer VIP-Status. Das heißt: Wir kommen an einem separaten VIP-Gebäude an, werden empfangen, unser Gepäck wird ausgeladen und automatisch eingecheckt. Im exklusiven Restaurantbereich essen wir in Ruhe, bis unser persönlicher Betreuer kommt. Dann geht es in einem Bentley, Maserati, einer S-Klasse oder einem 7er BMW direkt über das Rollfeld zum Flugzeug – wo wir als Erste einsteigen und es uns gemütlich machen, bevor es dann für alle losgeht.

In München aß ich diesmal ein paar kalte Garnelen – vielleicht war eine nicht mehr ganz frisch? In Frankfurt angekommen, fühlte sich mein Bauch bereits aufgebläht an. Mein Unwohlsein wuchs. Schließlich wurden wir ins First-Class-Terminal der Lufthansa gebracht – dort ist das Essen wirklich grandios. Ich bestellte etwas, nahm ein paar Bissen – und dann wurde mir richtig schlecht.

Ich hatte eine ausgewachsene Lebensmittelvergiftung. Während sich Kerstin im Flieger mit Dom Pérignon und Gourmetküche verwöhnen ließ, verbrachte ich den Flug über der Kloschüssel.

Nicht einmal Wasser konnte ich bei mir behalten. Na ja – wenigstens konnte ich auf einem flachen Bett schlafen. Und immerhin reisten wir First Class …

Wir kamen in Buenos Aires an und flogen weiter nach Santiago de Chile. Dort verbrachten wir zwei Tage, bevor wir weiter nach Valparaíso fuhren – die Hafenstadt, wo unser Schiff, die *MS Europa*, auf uns wartete. Valparaíso ist eine traumhafte Stadt am Meer, durchzogen von unzähligen Treppen und kleinen Wegen, mit einem morbiden Charme. Der Putz bröckelt von vielen Wänden, wilde Hunde streifen umher – aber nachts werden sie von den Bewohnern gefüttert. Und das Besondere: Die Stadt ist wie ein riesiges Freiluftmuseum. Lokale Künstler hatten Fassaden und Mauern bemalt, ganze Straßenzüge kunstvoll gestaltet. Ich war begeistert.

Dann ging es aufs Schiff. Wir umrundeten die Südspitze Südamerikas – zunächst durch die Fjorde und Gletscher Chiles, was bereits eindrucksvoll war. Dann folgte eine anderthalbtägige Seepassage mit acht Meter hohen Wellen. Zum ersten Mal in meinem Leben wurde ich seekrank – und zwar richtig.

Zum Glück trafen wir an Bord ein Paar, mit dem wir ins Gespräch kamen. Er war Baulöwe aus Berlin mit 2.000 Wohnungen im Bestand, sie Heilpraktikerin. Als sie von meiner Seekrankheit hörte, bot sie mir Akupunkturpflaster fürs Handgelenk an. Viele stehen solchen Methoden skeptisch gegenüber – ich nicht. Ich dachte mir: Was habe ich zu verlieren?

Gesagt, getan. Zwei Stunden später war die Seekrankheit wie weggeblasen. Wir saßen fröhlich im fast leeren Restaurant, genossen feinste Speisen und schlürften exzellente Weine und Champagner. Keine Spur mehr von Übelkeit – dank zwei kleiner Pflaster.

Später flogen wir mit einer Privatmaschine von einem kleinen Hafen – dessen Namen ich vergessen habe – nach Patagonien. Eine atemberaubende Region zwischen Chile und Argentinien: Hochebenen, Berggipfel, weite Täler, glasklare Seen – einfach fantastisch.

Und dann kam der Höhepunkt: Wir umrundeten Kap Hoorn.

Kap Hoorn ist der südlichste Punkt Südamerikas. Um diesen Ort ranken sich viele Legenden. Schätzungen zufolge sind vor Kap Hoorn über 800 Schiffe gesunken, und mehr als 10.000 Menschen fanden in der rauen See den Tod. Kein Wunder, dass dieser Ort als größter Schiffsfriedhof der Welt gilt.

Doch wir hatten Glück: An dem Tag, an dem wir diese Gewässer durchquerten, herrschte absolute Windstille. Blauer Himmel, Sonnenschein. Und da wir eine der beiden Owner Suiten an Bord hatten, durften wir selbst entscheiden, wann wir anlanden wollten. Natürlich – du kennst mich – wollte ich gleich früh um 7:00 Uhr los.

Die Zodiacs fuhren uns über spiegelglattes Wasser bis zum Felsstrand. Und dort wurde mir klar, warum derartige Ausflüge nur an wenigen Tagen im Jahr überhaupt möglich sind: Sobald sich auch nur leichte Wellen bilden, ist ein sicheres Anlanden mit den Zodiacs unmöglich.

Wir liefen am Kap Hoorn entlang und erreichten schließlich die kleine Station. Tatsächlich ist Kap Hoorn besiedelt – dauerhaft. Es gibt dort immer einen Mitarbeiter der chilenischen Marine, der in der Regel mit seiner Familie ein ganzes Jahr lang dort lebt, bevor er abgelöst wird. Es gibt einen Leuchtturm, eine kleine Kapelle und sogar ein Postamt. In den langen Wintermonaten sind sie vollkommen auf sich gestellt, denn Anlandungen sind dann unmöglich. Kein Wunder also, dass sie sich über jeden Besuch freuen.

Zurück an Bord saß ich im T-Shirt auf der Restaurantterrasse, genoss ein königliches Mahl – mit Blick auf das ruhige, freundliche Kap Hoorn. Unvergesslich.

Auch Buenos Aires faszinierte mich. Kerstin und ich erkundeten die Stadt an zwei Tagen zu Fuß – über 42 Kilometer legten wir zurück. Wie immer scheuten wir uns nicht, auch in Viertel zu gehen, die als »gefährlich« galten. Uns ist dabei nie etwas passiert.

Montevideo in Uruguay war ebenfalls einen Tagesausflug wert. Auch dort marschierten wir fast 20 Kilometer durch die Stadt. Und dann kamen wir zum letzten Highlight dieser Reise: Rio de Janeiro.

Es ist ein unbeschreibliches Erlebnis, mit dem Schiff drei Stunden lang auf Rio zuzusteuern – und dabei nach und nach die berühmten Sehenswürdigkeiten näherkommen zu sehen. Zuerst taucht der Zuckerhut am Horizont auf, dann der zweite Berg mit der weltbekannten »Christus der Erlöser«-Statue. Schließlich erkennt man bei der Hafeneinfahrt sogar die legendäre Seilbahn, die hinaufführt.

Untergebracht waren wir im besten Hotel der Stadt – dem Belmond Hotel an der Copacabana. Am vorletzten Abend saßen Kerstin und ich auf der Terrasse des Restaurants Cipriani. Das Essen war exzellent. Als wir fertig waren, sagte ich zu ihr: »Schatz, irgendetwas muss ich wieder in meinem Leben ändern. Die letzten Jahre liefen fantastisch – aber irgendwie auch zu vorhersehbar, zu gleichförmig.«

Mir fehlte die Herausforderung. Die innere Befriedigung.

Sie fragte: »Was willst du denn ändern?«

Ich grinste: »Keine Angst – nicht meine Ehefrau …«

Am nächsten Tag ging ich an der Copacabana surfen. Herrliche Wellen rollten heran. Ich wartete, dann kraulte ich los und ließ mich von den Wellen bis zum Strand tragen. Doch plötzlich erwischte mich eine besonders hohe Welle. Sie baute sich auf, rollte aber nicht aus – sondern schlug mit voller Wucht von oben auf mich ein. Ich wurde aus etwa zweieinhalb Metern Höhe auf den Sandboden geschleudert. Ich landete auf Kopf, Stirn und Schulter – und war kurz bewusstlos. Wahrscheinlich nur ein paar Sekunden, aber genug, um völlig desorientiert zu sein, als ich wieder aufstand.

Ich spürte heftige Schmerzen im Nacken, die Schulter brannte – sonst nahm ich kaum etwas wahr. Benommen stapfte ich aus dem Wasser, zurück zum Strand, wo Kerstin auf den Liegestühlen wartete. Ich wunderte mich, warum mich alle so komisch ansahen.

Als ich bei Kerstin ankam, stieß sie einen entsetzten Schrei aus. Meine Stirn war völlig aufgeschürft und aufgeplatzt – ebenso die rechte Schulter. Und da ich vom Wasser noch nass war, hatte sich das Blut über meinen ganzen Oberkörper verteilt. Ich sah aus, als käme ich direkt aus einem Massaker.

Im Hotel wurde ich dann professionell von einem Arzt versorgt. Abends pochte eine riesige, eigroße Beule auf meiner Stirn. Wie hätte ich ahnen können, dass dieses Erlebnis – bei dem ich durchaus hätte sterben können (stell dir vor, ich wäre ein wenig länger bewusstlos geblieben – ich wäre einfach ertrunken) – der Vorbote für eine bedeutende Veränderung sein würde?

Wir flogen zurück – und gerieten mitten hinein in die Corona-Hysterie. Zwar hatten wir auch an Bord Internetzugang und wussten, dass es dieses ominöse »Corona« inzwischen in Europa und auch in Deutschland gab, aber wir hatten uns nichts dabei gedacht. Es war halt irgendein Virus. Schweinegrippe, Rinderwahnsinn und was es nicht alles schon gegeben hatte – meistens entpuppte sich das Ganze doch als Medienhype. Warum sollte es diesmal anders sein?

Doch es war anders.

Nur wenige Tage, nachdem wir zurückgekehrt waren, wurde der erste Corona-Lockdown ausgerufen – am 22. März 2020, ein Montag. Noch am Freitag zuvor hatte ich mit Kerstin die Firma Greator in Köln besucht. Corona war Gesprächsthema, aber noch nicht die Bedrohung, die es bald werden sollte. Unser Gesprächspartner war bester Laune. Sie hatten ihre nächste Live-Veranstaltung erst für mehr als ein Jahr später angesetzt – und mit ihrer neuen Firma Greator, dem Nachfolger von *Gedankentanken,* setzten sie voll auf Digitalisierung. Sie wollen bald eine neue Weiterbildungs-App auf den Markt bringen, was ihnen voll in die Karten gespielt hätte, wenn die Leute zuhause geblieben wären.

Nun ja – ganz so gut lief es dann doch nicht. Zwei Jahre später war Greator fast pleite. Nur durch frisches Kapital von Investoren konnte die Insolvenz noch abgewendet werden.

Als wir am Kölner Bahnhof auf unseren Zug nach Schweinfurt warteten, tätigte ich ein, zwei Anrufe. Ich bin bestens vernetzt – auch in den Katastrophenschutz, für den ich selbst zehn Jahre tätig war. Und so erfuhr ich bereits am Freitagmittag, dass ab Montag der Lockdown kommen würde. Sofort informierte ich meine Mitarbeiter: Für Freitag Spätnachmittag, direkt nach meiner Rückkehr, ordnete ich eine Notsitzung an. Sie wunderten sich über meine Dringlichkeit. Ich informierte auch einige Freunde und Geschäftspartner – aber irgendwie nahm mich niemand wirklich ernst. Kurz darauf wurde der Lockdown offiziell verkündet.

Am Freitagnachmittag saß ich mit meinem Führungsteam zusammen. Auf der Rückfahrt hatte ich die Lage analysiert – und mir war klar: Das wird eine absolute Katastrophe. Besonders für uns und unsere Branche. Der Virus – oder zumindest das, was die Medien und Politiker daraus machten – tobte angeblich über den gesamten Globus. Die Schreckensbilder aus Bologna gingen um die Welt: Menschen, die angeblich reihenweise »wie die Fliegen« starben. (Später stellte sich heraus: Die Bilder waren nicht gefälscht, stammten aber teilweise aus ganz anderen Zusammenhängen.)

Natürlich habe ich mich intensiv mit dem Corona-Virus beschäftigt. Schon früh war klar: Ja, es war ein gefährlicher Virus – vergleichbar mit einer schweren Grippe. Und wie bei einer Grippe können ältere, vorerkrankte oder immungeschwächte Menschen daran sterben. Aber mehr war es auch nicht. Trotzdem wurde Panik geschürt. Und in den folgenden Wochen und Monaten übertrafen sich die Politiker mit Maßnahmen, die einen – wären sie nicht so tragisch für ganze Branchen und Existenzen gewesen – fast hätten lachen lassen.

Ich sagte meinen Mitarbeitern, dass wir uns auf eine lange Zeit ohne Seminare einstellen müssten. Eine Lösung hatte ich zu dem Zeitpunkt noch nicht. Aber ich wusste: Ich würde diese Krise durchstehen – wie schon zwei andere zuvor. Ich hatte die Kraft, das Wissen, die Erfahrung – und inzwischen auch die finanzielle Freiheit. Ich erklärte, dass ich notfalls privat so viel Geld in die Firma investieren würde wie nötig, damit sie überlebt.

Aber: Unsere Aufgabe war es nun, das Unternehmen in dieser Phase – ich rechnete mit mindestens eineinhalb bis zweieinhalb Jahren – so aufzustellen, dass wir bestehen konnten. Umsätze sichern. Und nach der Krise wieder durchstarten. Einige meiner Mitarbeiter verstanden mich nicht. »Zwei Jahre? Das ist doch Unsinn! Wir machen jetzt acht Wochen Lockdown, dann ist alles vorbei.« Pustekuchen. Es sollte noch lange, lange dauern.

In den nächsten vier Wochen arbeiteten wir rund um die Uhr. Zum Glück galt der Lockdown nicht für uns – wir mussten nicht schließen. Während Restaurants, Fitnessstudios und viele andere dichtmachen mussten, durften wir unsere Büros offenlassen. So konnten wir im Team an neuen Lösungen arbeiten – Tag für Tag.

Innerhalb von vier Wochen entwickelten wir eine komplette Digitalisierungsstrategie. Wir würden unsere bestehenden Seminare vollständig digital anbieten. Doch funktionierte das überhaupt? Würden Menschen zwei, drei, vier oder sogar fünf Tage – so lange dauern unsere Liveseminare – wirklich am Bildschirm teilnehmen?

Wie mussten wir die Seminare gestalten, damit die Teilnehmer nicht abschalteten oder einschliefen? Wie fesselt man Menschen vor dem Bildschirm? Was unterscheidet ein digitales Live-Seminar von einem Vor-Ort-Erlebnis? Welche neuen, rein digitalen Produkte könnten wir anbieten? Welche Technik war notwendig?

Es gab tausend Fragen – und wir machten uns an die Arbeit.

Und ich arbeitete. Monatelang. Sieben Tage die Woche, oft wieder zwölf bis vierzehn Stunden am Tag. Und ich fand es herrlich. Endlich hatte ich wieder eine echte Herausforderung: die Firma retten – und anschließend zu neuen Höhen führen.

Hurra! Krisen, wo seid ihr? Kommt zu mir, an mir könnt ihr euch abarbeiten. Ich bin stark genug. Ich breche jede Krise. Das Leben kann mich hart treffen – aber ich stehe wieder auf und gehe weiter. Denn wenn ich akzeptiere, am Boden zu liegen, dann bleibe ich auch dort. Es geht nicht darum, wie hart man fällt. Es zählt nur, ob man wieder aufsteht, weitergeht, weiterkämpft – wie ein Boxer im Ring. Es geht darum, wie viel wir einstecken können und trotzdem weitermachen. So oder ähnlich formulierte es Sylvester Stallone als Rocky Balboa. Ich sah mir die *Rocky*-Filme erneut an – zur Motivation.

Auch wenn ich heute schreibe, dass es »herrlich« war – leicht war es natürlich nicht. Wir probierten tausend Dinge aus. Und wie immer, wenn man Neuland betritt, gilt das Gesetz der großen Zahl: Von zehn neuen Projekten oder Entscheidungen gehen vier schief – aber sechs funktionieren. Die meisten Menschen konzentrieren sich auf die vier Misserfolge. Ich nicht. Ich weiß aus Erfahrung: Jede Fehlentscheidung, jedes Projekt, das nicht klappt, bringt uns weiter – weil es unsere Weisheit vergrößert. Und Weisheit ist nichts anderes als gelebtes, angewandtes Wissen.

Vielleicht einer unserer größten Erfolge in dieser Zeit war das Zwei-Tages-Online-Live-Event *Break Your Limits*. Dafür hatten wir eine Eventfirma gewonnen, die – wie so viele in der Branche – von der Corona-Krise schwer getroffen worden war. Veranstalter, Gastronomen, Kulturschaffende – sie alle gehörten zu den großen Verlierern. Die Gewinner hingegen waren die, die im Digitalbereich, in der Lebensmittelproduktion oder im Versandhandel unterwegs waren – also all jene, deren Angebote zu Hause verstärkt genutzt wurden.

Es war die erste Wirtschaftskrise der Geschichte, bei der zwei Drittel der Unternehmen zu den Gewinnern zählten – und ein Drittel zu den totalen Verlierern. Aber ganz gleich, wie hart eine Branche getroffen wurde: Es sind nie die äußeren Umstände, die über unser Schicksal entscheiden – es ist unsere Reaktion auf diese Umstände.

Ein Restaurant ging pleite – ein anderes entwickelte einen Abhol- und Lieferservice und machte Rekordumsätze. Nach der Wiedereröffnung hatte dieses Restaurant dann sogar zwei funktionierende Geschäftszweige. Viele Firmen erkannten plötzlich die Möglichkeiten der Digitalisierung – etwas, das sie zuvor nie als nötig empfunden hatten, weil es ja ohnehin gut lief.

Die Eventfirma, mit der wir arbeiteten, hatte ein rund 100 Quadratmeter großes digitales Studio aufgebaut. Stell dir das so vor: Eine etwa sechs Meter hohe, kreisförmige Wand, die den gesamten Raum einrahmt – vollgepackt mit Monitoren und Leinwänden. Über Zoom konnte ich bis zu 1.000 Seminarteilnehmer gleichzeitig sehen – live, in Echtzeit in 360°. Und zwei Tage lang zündeten wir ein Feuerwerk.

Ich hatte das Seminar völlig neu konzipiert. Es musste schneller, abwechslungsreicher, spannender sein als ein Live-Seminar vor Ort. Denn zu Hause genügt ein Knopfdruck – und der Teilnehmer ist raus.

Holen sich einen Kaffee, schalten den Fernseher ein … Ich dachte intensiv darüber nach, wie man Menschen am Bildschirm fesseln könnte. Und es gelang. *Break Your Limits* wurde ein rauschender Erfolg.

Wir veranstalteten zwei Events – mit jeweils 20.000 Teilnehmern. So etwas hatte es vorher noch nie gegeben. An dieser Stelle auch ein Dank an Zoom – die Technik machte es überhaupt erst möglich.

Dieser Erfolg brachte uns auf die Idee, im geplanten neuen Firmengebäude ein professionelles Aufnahme- und Sendestudio zu integrieren. Zwei Jahre lang hatte ich gemeinsam mit meinem Team das neue Gebäude der Jürgen Höller Academy in Schweinfurt geplant. Ich hatte die wichtigsten Mitarbeiter nach ihren Wünschen gefragt, wir hatten gesammelt, diskutiert – und mit dem Bauunternehmen Glöckle ein traumhaftes Konzept entwickelt.

Als dann Ende März der erste Lockdown kam, lag der unterschriftsreife Bauauftrag gerade auf meinem Schreibtisch. Laut Finanzierungsplan bei der Commerzbank sollte das Gebäude – inklusive Ausstattung – rund acht Millionen Euro kosten. Und das mitten im Lockdown.

Wie würde es nun weitergehen? Würden wir überhaupt überleben? Würden sich die Menschen nach dem Corona-Wahnsinn jemals wieder live treffen wollen? In den Medien überschlugen sich die Prognosen. Es werde nie wieder so sein wie früher, hieß es. Die Menschen hätten Gefallen daran gefunden, zu Hause zu bleiben – Homeoffice, Homecooking, Home-Fußball, Home-Seminare, Home-Weiterbildung … Ich glaubte nicht daran. Ich glaubte an eine Koexistenz beider Welten – online und offline. Und ich setzte darauf, dass wir gestärkt aus dieser Krise hervorgehen würden.

Doch erst einmal ließ ich den Bauauftrag vier Wochen lang liegen. Dann saß ich mit Kerstin zusammen, und wir sahen uns an.

»Schatzi, ich glaube, ich werde das unterschreiben. Was wäre das denn für eine Bestellung beim Universum, wenn ich den Bau jetzt aus Angst um ein oder zwei Jahre verschieben würde? Das hieße ja, dass wir davon ausgehen, dass es schlechter läuft. Dass wir es nicht schaffen. Nein – ich glaube fest daran. Und deshalb unterschreibe ich jetzt.«

Und ich unterschrieb.

Es war eine super Entscheidung! Am 17. Januar 2021 war unser neues Firmengebäude bezugsfertig – mit allem, was das Herz begehrt: einem großen Fitnessstudio von rund 140 Quadratmetern für die Mitarbeiter inklusive Umkleiden, Duschen, kostenlosem Solarium, professionellem Massagegerät und einem Bistro, das locker als öffentliches Café durchgehen könnte. Dazu ein Spieleraum mit Profi-Billard, Kicker, Flipper und Air-Hockey. Eine große Terrasse mit Garpa-Möbeln, einem 4.000-Euro-Weber-Gasgrill und einer Küche, in der wir unseren Mitarbeitern warmes Catering anbieten können – und noch vieles mehr.

Der Umzug gab uns allen einen riesigen Motivationsschub. Außerdem fällt es uns seither deutlich leichter, neue Mitarbeiter für den Standort Schweinfurt zu gewinnen. Wer möchte schon bei einem langweiligen, verstaubten Unternehmen arbeiten, wenn er bei einem so modernen, hippen Arbeitgeber wie der Jürgen Höller Academy einsteigen kann?

Und nicht nur das: Wir wurden sieben Jahre in Folge – von 2019 bis 2025 – von *Kununu* als einer der besten Arbeitgeber Deutschlands ausgezeichnet. Im Jahr 2024 landeten wir sogar auf Platz 98 unter allen 3,7 Millionen selbstständigen Firmen – und als bester Arbeitgeber der gesamten Region Würzburg-Schweinfurt.

Ein weiterer schöner Nebeneffekt: Seitdem stiegen die Baupreise massiv. Allein zwischen 2021 und Ende 2023 legte der Wert unseres Unternehmensgebäudes um rund 25 Prozent zu. Zusätzlich hatte ich einen Teil der Investitionssumme über die Commerzbank finanziert – zu sensationellen 0,69 Prozent Zinsen. Statt das Geld direkt auszugeben, investierte ich es lieber in Dividendenaktien – und kassiere dafür im Schnitt 4 Prozent Rendite. Kein schlechtes Geschäft.

Im September 2020 sah es kurz so aus, als würde Corona langsam hinter uns liegen. Zwar stiegen die Fallzahlen wieder an, aber der Sommer hatte irgendwie neue Hoffnung geweckt. Die Infektionszahlen aus der ersten Welle im März und April waren deutlich zurückgegangen.

Trotzdem erkannte ich, wie die Zahlen wieder deutlich stiegen – und mir war klar: Das geht bald wieder los.

Ein neuer Lockdown stand bevor. Auch, weil viele Politiker sich in ihrer Rolle als Krisenmanager sonnten. Die CDU/CSU erzielte Rekordwerte. Selbst unser bayerischer Ministerpräsident Markus Söder witterte das Kanzleramt. Also war klar: Es würde ein langer, harter Winter – frei nach dem Markusle …

An einem Samstag machten Kerstin, Onkel Agi und ich eine Motorradtour über die drei Schweizer Pässe: Furka, Grimsel und Susten. Es herrschte schon viel Verkehr – viele Schweizer machten im eigenen Land Urlaub. Am Morgen war es noch angenehm, wir fuhren zwei der drei Pässe und legten dann in Andermatt eine Mittagspause ein.

Danach ging es weiter auf den letzten Pass. Vor mir eine lange Schlange Autos, die sich im Schritttempo den Pass hinaufquälte. Genau das, was jeder Motorradfahrer hasst. Vielleicht war ich vom Mittagessen ein wenig träge – das Blut im Magen, nicht im Kopf. Vielleicht war ich auch einfach übermütig oder leichtsinnig. Ich schaute nach vorne – alles frei auf der linken Fahrbahn. Also reiße ich den Gasgriff auf und überhole. Doch plötzlich biegt ein VW-Bus vorne um die Kurve. Ich bremse und will mich rechts einfädeln – doch keine Chance, Fahrzeug an Fahrzeug. Dann sehe ich im Rückspiegel einen SUV rechts von mir, dahinter – Gott sei Dank – eine Lücke. Dort fahre ich rein – und bekomme im gleichen Moment einen riesigen Schlag. Ich hatte im Rückspiegel den Wohnwagen hinter dem SUV nicht gesehen.

Und dann – nichts mehr. Blackout.

Das Nächste, woran ich mich erinnere, war: Ich stand mitten auf der Fahrbahn. Kerstin auch. Das Motorrad lag auf der Gegenspur. Alle Autos hatten angehalten. Offenbar hatte uns zum Glück niemand überrollt. Kerstin schrie mich hysterisch an, was für ein Vollidiot ich sei. Ihre Lederhose war zerfetzt, Blut lief ihr übers Knie. Wir nahmen die Helme ab. Ich ging ein paar Schritte – es ging. Die Wirbelsäule war also in Ordnung. Schmerzen hatte ich keine. Ich zog die Handschuhe aus und sah, dass meine Finger an der rechten Hand stark bluteten. Außerdem hatte ich diverse Abschürfungen. Meine Jeans mit Kevlareinsatz hatte das Schlimmste abgefangen – ebenso meine treue Harley-Jacke.

Onkel Agi, der hinter mir gefahren war, war entsetzt. Jetzt mussten wir alle erst einmal runterkommen. Einige Autofahrer hatten unser Motorrad an den Straßenrand in eine Einbuchtung gestellt. Der Verkehr rollte wieder an. Wir standen mutterseelenallein dort. Ich dachte noch: So schlimm ist das Motorrad gar nicht beschädigt. Verbeult, zerkratzt, ein paar Teile zerdeppert – aber scheinbar noch fahrbar.

Langsam schwollen meine Finger an, der Schmerz breitete sich im ganzen Körper aus. Kerstin weinte, klagte und beschimpfte mich weiterhin als Vollidioten. Nach einer gefühlten Ewigkeit – es waren vielleicht 30 Minuten – fragte Agi: »Was machen wir jetzt?« Ich erwiderte: »Meinst du, wir schaffen es noch zurück nach Interlaken?« Etwa eineinhalb bis zwei Stunden Fahrt.

Er meinte: »Wenn du körperlich dazu in der Lage bist, ja. Das Motorrad fährt jedenfalls noch.«

Also stiegen wir wieder auf. Die größte Herausforderung war zunächst, von der Einbuchtung auf der Gegenspur zurück auf die richtige Fahrbahn zu kommen. Ich war so geschockt, dass ich fast zehn Minuten brauchte, um überhaupt loszufahren. Dann tuckerte ich im Schneckentempo über den Pass – zwei Stunden lang, bergauf und bergab, bis wir endlich in Interlaken ankamen. Dort ging es direkt ins Krankenhaus.

Mittlerweile hatte ich Schmerzen am ganzen Körper – Kerstin ebenso. Meine Finger und die rechte Hand waren dreimal so dick wie normal. Zum Glück hatte ich noch rechtzeitig den Ehering abgezogen.

Im Krankenhaus wurden wir untersucht und komplett durchgeröntgt. Es dauerte wieder eine halbe Ewigkeit – ständig wurden neue Notfälle eingeliefert, meist Motorradfahrer. Verglichen mit dem, was ich dort sah, waren wir noch glimpflich davongekommen.

Kerstin hatte mehrere starke Risse an den Adduktoren, dazu zahlreiche Prelllungen, Hautabschürfungen – besonders am Knie. Sie jammerte, dass ich, der »Vollidiot« (diesen Titel sollte ich noch eine Weile behalten), daran schuld sei, dass sie nie wieder kurze Röcke tragen könne – wegen der hässlichen Narbe. (Heute trägt sie übrigens wieder kurze Röcke.)

Ich dachte die ganze Zeit nur an Kerstin. Aber es stellte sich heraus: Mich hatte es noch schlimmer erwischt. Offenbar war ich mit voller Wucht auf die Finger meiner rechten Hand gefallen. Auf dem Röntgenbild war zu sehen, dass bei Zeige- und Mittelfinger die Knochen in insgesamt vier Gelenke eingedrungen waren – mit entsprechenden Verletzungen.

Der Notarzt sagte mir: »Das muss unbedingt operiert werden.«

Aber ich hatte noch ein Seminar vor mir. Also warf ich mir Schmerzmittel ein, hielt das Seminar noch durch – und flog danach mit Kerstin im Privatjet zurück.

Am nächsten Tag hatte ich bereits einen Termin bei einer unserer Kundinnen. Vor Jahren war sie bei mir im Seminar gewesen und hatte mich um Rat gefragt. Sie war Hand-Chirurgin – wollte sich in Schweinfurt selbstständig machen, wusste aber nicht, ob es sich lohnen würde.

Ich hatte sie damals gefragt: »Bist du gut?«

Sie zögerte.

Ich fragte noch einmal: »Bist du gut – oder nicht?«

»Ja«, sagte sie.

»Bist du außergewöhnlich gut?«

»Ja.«

»Traust du dir zu, eine der besten Handchirurginnen Deutschlands zu werden?«

»Ja.«

Ich riet ihr damals, in Schweinfurt zu eröffnen – was sie tat. Und das mit großem Erfolg. Deshalb war sie nun sofort bereit, mich am nächsten Tag dranzunehmen. Nach einer weiteren Röntgenuntersuchung runzelte sie die Stirn: »Das ist eine ganz, ganz komplizierte Verletzung. Ich habe bereits mit meinem ehemaligen Chef in der Handklinik in Bad Neustadt gesprochen. Er wird dich morgen untersuchen. Es ist so komplex, dass ich möchte, dass er die Sache übernimmt.«

Also ließ ich mich am nächsten Tag nach Bad Neustadt bringen. Nach den Untersuchungen fragte mich der Arzt, wann der Unfall gewesen sei. Ich antwortete: »Vor ein paar Tagen.«

Er sah mich entgeistert an. »Warum um Himmels willen sind Sie nicht sofort gekommen?«

Meine Antwort: »Ich hatte noch ein Seminar.«

Ich musste sofort operiert werden. Der Arzt setzte den ersten verfügbaren Termin auf den nächsten Morgen fest. Es folgte eine viereinhalbstündige Operation. Als ich aufwachte, steckten durch Zeige- und Mittelfinger jeweils ein Draht – quer durch das erste und zweite Gelenk. Außen herum war ein Gestell befestigt, alles miteinander verbunden. Das ganze Konstrukt hatte vermutlich einen japanischen Namen – ich habe ihn vergessen. Dieses Gebilde sollte ich nun sechs Wochen tragen. Leck mich am Arsch! Wie sollte ich so sechs Wochen herumlaufen? Wie damit arbeiten, schreiben, Seminare halten? Und das Allerwichtigste: Wie sollte ich meinen Sport machen?

Nach dem Aufwachen blieb ich noch rund zweieinhalb Stunden in der Klinik – und entließ mich dann selbst. Das war am Donnerstag. Denn am Freitag hatte ich einen wichtigen Termin bei der Regierung von Unterfranken – es ging um einen Zuschuss für unser neues Gebäude. Ich erklärte dem Chefarzt, dass ich nicht länger bleiben könne. Er tippte sich an die Stirn, aber ich bestand darauf, zu gehen. Am nächsten Tag stand ich unter allen möglichen Schmerzmitteln, fuhr mit einem kleinen Team – darunter mein Steuerberater und mein Buchhalter – nach Würzburg zu den zuständigen Beamten.

Ich weiß bis heute nicht mehr, was ich dort erzählt habe. Ich konnte mich später an kein Wort erinnern. Aber im Nachhinein erwies sich mein Entschluss, das Gebäude zu bauen, erneut als goldrichtig. Zahlreiche Unternehmen, die ebenfalls bauen wollten, hatten ihren Baubeginn verschoben – auch solche, die bereits Förderzusagen erhalten hatten. Dadurch war das Budget, das die Regierung von Unterfranken von der Bayerischen Staatsregierung erhalten hatte, noch nicht ausgeschöpft. Und so bekam ich am Ende den Höchstsatz an Förderung: 20 Prozent.

Direkt danach ging es zurück nach Bad Neustadt zur Nachuntersuchung – und begann mit der Fingergymnastik. Sechs Wochen trug ich dieses metallene Gerüst. Ich machte täglich meine Übungen, war dreimal pro Woche bei der Handtherapeutin zur Physiotherapie. Ich musste nicht nur lernen, mit links zu schreiben (was nicht weiter schlimm war – meine Handschrift kann ohnehin kaum jemand lesen, ich selbst eingeschlossen) und die Zähne zu putzen. Nein, ich musste mir auch mit der linken Hand den Hintern abputzen. Und das war das Schwierigste von allem.

LEARNINGS KAPITEL 11:

1. Sei ein schlechter Verlierer!
2. Gib nie, nie, nie, nie – gib niemals auf!
3. Immer wenn du glaubst, du hättest deine Aufgabe erfüllt, wartet eine neue Aufgabe auf dich!
4. Bleibe offen für alles Neue!

AUTOSUGGESTIONEN:

1. Ich folge immer meinem Herzen.
2. Ich glaube an mich und an meine Träume.
3. Ich bin selbstbewusst.
4. Meine Träume werden Wirklichkeit.
5. Nichts ändert sich, außer ich ändere mich.
6. Wissen ist mein größter Reichtum.
7. Ich lebe meine Berufung.
8. Ich bin ein Schöpfer.
9. Ich arbeite für meine Aufgabe, für meinen höheren Sinn im Leben.
10. Ich schaffe es.
11. Ich kann alles verändern, verbessern und aufbauen, egal, was es ist.
12. Ich kann alles lernen.
13. Ich gebe nie, nie, nie, nie – ich gebe niemals auf!

KAPITEL 12: EIN NEUES KAPITEL

Anfang 2024 fiel mir auf, dass mein Papa Horst körperlich immer mehr abbaute. Er fiel immer mehr in sich zusammen und war nur noch Haut und Knochen. Es fiel ihm immer beschwerlicher, überhaupt aus dem Bett aufzustehen und meine Mutter konnte ihn kaum noch mit ihren 82 Jahren aus dem Bett hochhieven. Als ich sie mit viel Mühe wieder einmal zuhause abholte, damit wir ein Abendessen bei uns einnehmen konnten, erzählte meine Mutter mir, dass sie so nicht mehr könne und dass es dem Papa nicht gut gehe. Daraufhin pochte ich darauf, dass er sich gründlich untersuchen ließ. Sie gingen also in das Leopoldina Krankenhaus in Schweinfurt und von dort kam er nicht mehr heraus. Die Ärzte rieten, ihn in ein Pflegeheim zu geben. Durch verschiedene Beziehungen gelang es mir, kurzfristig einen Pflegeheimplatz zu besorgen. Kerstin hatte für mich Monate vorher als Geburtstagsgeschenk einen Wochenendtrip nach London gebucht, inklusive Besuch des ABBA-Konzerts in eigens dort dafür gebauter Veranstaltungshalle. Meinem Papa ging es soweit ganz gut. Es wurde nur die Entscheidung gefällt, auch mit meiner Mutti Heidi zusammen, dass es besser wäre, er würde in ein Pflegeheim gehen. Meine Mutter könnte ihn dann regelmäßig besuchen, denn sie war ja noch gut in Schuss und würde ihn jeden Tag, wenn sie es wollte, besuchen können. Er erklärte auch, dass er damit einverstanden sei. Drei Tage nach dem London Wochenendtrip sollte der Umzug ins Pflegeheim stattfinden. Doch am zweiten Tag in London, gerade eben, als wir mitten auf der Tower Bridge standen und kurz anhielten, klingelte das Telefon und ich erfuhr, dass mein Papa in der Nacht einen Schlaganfall gehabt hatte. Ich rief Mutti an und beratschlagte mich mit meinem Bruder Michael. Der behandelnde Arzt erklärte uns, dass er zwar operieren könne, aber Papa danach geistig nicht mehr in der Lage sei, am Leben teilzunehmen, falls er die Operation überhaupt überleben würde. Das war aber das Letzte, was mein Vater jemals gewollt hätte. Also verzichteten wir gemeinsam auf die Operation. Am nächsten Tag, Sonntag, 1. März 2024 schlief er dann friedlich ein. Obwohl wir so unsere Differenzen hatten und uns gegenseitig nicht immer verstanden zu Lebzeiten, traf mich sein Tod unerwarteterweise sehr hart, auch wenn ich mir so etwas nach außen hin nicht so anmerken lasse. Ich versuchte mit ihm über ein Medium Kontakt aufzunehmen, was auch gelang. Er teilte mir mit, dass alles gut sei. Dass er auf der Seelenebene nicht in das Pflegeheim wollte. Und dass wir alle nicht traurig sein sollten, denn wir sehen uns ja wieder in einer anderen Dimension. Er erzählte mir, dass er mich nicht verstanden habe zu seinen Lebzeiten. Zu weit weg war mein Leben von dem, was er führte. Er verstand nicht meinen riesigen Erfolg, was seine Vorstellungskraft überstieg. Und noch weniger verstand er dann meinen Fall und meine Tragödie, die dann sogar in der Inhaftierung gipfelte. Er erzählte mir, dass er aber eigentlich dadurch bestätigt werde, dass es eben nicht so sei, wie ich ihm immer erklärt habe – dass jeder der Schöpfer seines Lebens sei, dass positive Gedanken und ein starker Glaube tatsächlich Berge versetzen können. Denn genau das glaubte er so nicht. Und umso weniger verstand er dann, in welch kurzer Zeit ich anschließend wieder erfolgreich wurde. Erfolgreicher als jemals zuvor. Erst in den letzten Jahren hat er mehr und mehr dann seine Meinung geändert. Durch das, was ich ihm vorlebte. Und er verstand mich etwas besser. Er konnte dann auch leichter auf mich zukommen, stolz auf mich sein, es mir sagen und mich nicht nur innerlich lieben, sondern es in Worten und Umarmungen ausdrücken. Und das hatte er die letzten Jahre immer getan, wenn wir uns sahen. Und ich sagte ich, dass ich sehr stolz auf seinen Werdegang sei, wie er es schaffte, ohne Eltern als Junge und Jugendlicher zu überleben. Wie er immer für uns dagewesen sei, die Familie aufgebaut habe, und dass ich ihn ebenfalls sehr liebe. Nun, ob diese Sitzung mit dem Medium tatsächlich Realität war? Wie dem auch sein, du musst das nicht glauben, aber mir hat das geholfen, was ich dort von ihm erfuhr und ihm sagen konnte. Dadurch konnte ich ihn in

Liebe loslassen. Und fühlte mich ebenfalls von ihm geliebt. Mach's gut, Papa. Wir sehen uns wieder, aber ich hoffe, noch nicht ganz so bald …

November 2024. Ich halte eine Auszeichnung der Zeitung *Financial Times* in den Händen. Sie ermittelte die »300« LONG TERM GROWTH COMPANIES IN EUROPE« von 2014–2024. Und die Jürgen Höller Academy landete auf Platz 287! Und war damit das einzige Unternehmen im Bereich von Seminaren und Consulting, die es in die besten 300 Wachstumsfirmen in Europa schaffte. Europas Nr. 1 in der Weiterbildung.

Ich weiß, dass ich nicht immer ein einfacher Chef bin. Ich bin fordernd, ich bin ungeduldig. Ich vergesse manchmal (oder häufig), zu loben, zu wertschätzen, anzuerkennen. Es gibt liebe, nette, gute Menschen, die mit meinem Tempo nicht Schritt halten können, die ich mit meiner Energie einfach überrolle. Aber das sind dann eben nicht die richtigen Mitarbeiter oder Partner für mich.

Ich bin jetzt 62 Jahre alt – und habe vor, noch 40 weitere Jahre unternehmerisch tätig zu sein. Ich bin also gerade einmal bei der Hälfte angekommen. Mit 19 war ich zum ersten Mal selbstständig. Jetzt, mit 62, ziehe ich eine erste Zwischenbilanz – in Form meiner Autobiografie.

Aber wie geht es weiter?

Ich habe mich entschlossen, nochmals ein ganz neues Unternehmen zu starten. Mit 62 gehen die meisten in den Ruhestand oder haben diesen bereits deutlich vor Augen. Ich starte nochmal neu durch. Denn noch immer gibt es meine große Vision: Bezahlbare Weiterbildung für jeden Menschen auf dieser Welt möglich zu machen, die mich antreibt und die ich bisher nicht ansatzweise erfüllte. Aber jetzt gibt es die neuen Technologien. Jetzt gibt es die digitalen Möglichkeiten, Wissen mit einem Knopfdruck jedem Menschen in jeder Sprache für jeden Bereich zugänglich zu machen. Und deshalb starte ich am 1. Februar 2026 das neue Unternehmen. Ich möchte ein System aufbauen, in dem der Einzelne nicht selbst hochkommt. Ich möchte ein System schaffen, in dem der Einzelne andere mit hochnimmt – dadurch selbst wächst. Ich möchte eine Weiterbildungsplattform schaffen, in der Menschen, egal, wo sie herkommen, egal, was diese für Ziele oder Probleme haben, Lösungen finden. Alle Skills und Tools, die sie während der normalen Schule, Ausbildung, Berufsausbildung und Studium nicht bekommen. Das Ganze in jeder erdenklichen Sprache. Ich stelle mir vor, dass es zahlreiche Hilfen, Tests, Prüfungen, Begleitungen, Vorschläge, digitales Mentoring und Coaching für die Teilnehmer geben wird. Also Themen wie Marketing Online und Offline, Verkaufstraining, Rhetorik, Persönlichkeitsentwicklung, Finanzen, Gewicht, Fitness, Gesundheit, Bewegung, aber auch Spiritualität, Beziehungen und vieles andere. Ich möchte eine Premium-Lernplattform aufbauen, die Weiterbildung, organisches Wachstum und ein neuartiges Vergütungsmodell verbindet. Ich glaube an eine Welt, in der Bildung nicht nur persönliche Entwicklung ermöglicht, sondern auch finanziellen Fortschritt fair verteilt. Die Plattform soll Millionen von Menschen unabhängig von Herkunft, Wohnort, Startpunkt, Religion dabei helfen, zur besten Version ihrer selbst zu werden. Meine Vision ist eine globale Community, in der persönliches Wachstum finanzielle Freiheit und echte menschliche Verbindungen einander stärken. Lernen wird zum Hebel für Freiheit nicht nur im Kopf, sondern auch auf dem Konto. Ich will zeigen, dass ein Unternehmen, das Menschen stärkt, langfristig erfolgreicher ist als eines, das ausnutzt. Ich möchte eine wahre Bewegung starten, um diesen Planeten zu einem besseren Ort zu machen. Lange nachdem ich ihn bereits verlassen habe. Gerade in diesen herausfordernden Zeiten, in denen niemand weiß, wo es hingeht. Eine Community, in der man sich gegenseitig stärkt, gegenseitig nutzt, gegenseitig hilft, gegenseitig mit hochnimmt. Und ich möchte in den innerhalb von 5 Jahren 1000 Einkommens-Millionäre erschaffen. Bist du interessiert, dann komm doch bitte auf die folgende Seite. Und schau dir meinen Einführungsfilm an! Ich würde mich freuen, wenn auch du Teil dieser neuen Bewegung, dieser riesigen Welle bist, die jetzt entsteht.

Schließen möchte ich meine (bisherige) Lebensgeschichte mit meiner ganz persönlichen Lebensvision: »Ich sterbe mit 1 04 Jahren – als gesundes Kind!«

LEARNINGS KAPITEL 12:

1. Das Gesetz von Geben und Nehmen besagt: Alles, was du anderen Menschen gibst, kommt mit Zins und Zinseszins zu dir zurück
2. Beziehungen, Netzwerke, Kontakte sind – neben meinem Wissen – die Grundlage meines Erfolgs.
3. Wenn du glaubst, du bist am Ziel, wartet schon die nächste Herausforderung auf dich.
4. Was ist dein Lebensziel? Meins lautet: Ich sterbe mit 104 Jahren als gesundes Kind

AUTOSUGGESTIONEN:

1. Ich folge immer meinem Herzen.
2. Ich glaube an mich und an meine Träume.
3. Ich bin selbstbewusst.
4. Meine Träume werden Wirklichkeit.
5. Nichts ändert sich, außer ich ändere mich.
6. Wissen ist mein größter Reichtum.
7. Ich lebe meine Berufung.
8. Ich bin ein Schöpfer.
9. Ich arbeite für meine Aufgabe, für meinen höheren Sinn im Leben.
10. Ich schaffe es.
11. Ich kann alles verändern, verbessern und aufbauen, egal, was es ist.
12. Alles was ich anderen Menschen gebe, kommt wieder Zins und Zinseszins!
13. Ich gebe nie, nie, nie, nie – ich gebe niemals auf!